# Tutankamón

Primera edición: enero de 2023
Título original: *Tutankhamun - Pharoah, Icon, Enigma*

© Joyce Tyldesley, 2022
© de la traducción, Joan Eloi Roca, 2023
© de los mapas y el árbol genealógico, Martin Lubikowski, ML Design, 2022
El plano del Valle de los Reyes es un dibujo hecho a partir de un plano de Steve Cross.
© de esta edición, Futurbox Project, S. L., 2023
Todos los derechos reservados.
Se declara el derecho de Joyce Tyldesley a ser reconocida como la autora de esta obra.

Diseño de cubierta: Taller de los Libros
Imagen de cubierta: Tutankhamun embraces Osiris - The History Collection - Alamy Stock Photo
Corrección: Raquel Bahamonde

Publicado por Ático de los Libros
C/ Aragó, 287, 2.º 1.ª
08009, Barcelona
info@aticodeloslibros.com
www.aticodeloslibros.com

ISBN: 978-84-18217-76-0
THEMA: NHC
Depósito Legal: B 1588-2023
Preimpresión: Taller de los Libros
Impresión y encuadernación: Liberdúplex
Impreso en España — *Printed in Spain*

# JOYCE TYLDESLEY

# TUTANKAMÓN

## FARAÓN · ICONO · ENIGMA

**Perdido durante tres mil años,
incomprendido durante un siglo**

Traducción de
Joan Eloi Roca

ÁTICO DE
LOS LIBROS

Barcelona - Madrid

# Índice

# Mapas

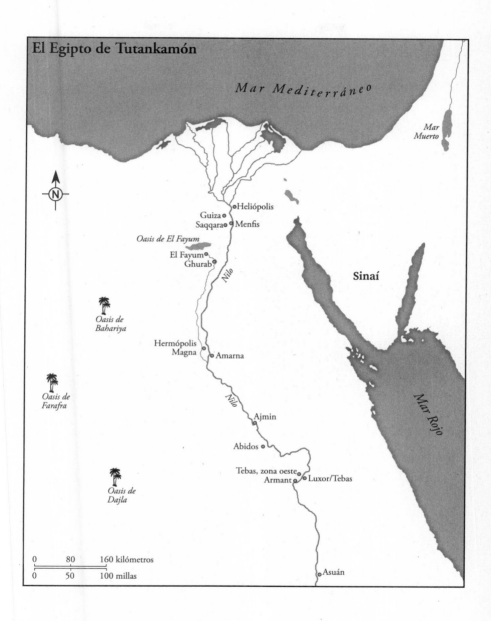

# El Egipto de Tutankamón

*Mar Mediterráneo*

Mar
Muerto

N

Guiza ● ● Heliópolis
Saqqara ● ● Menfis

*Oasis de El Fayum*
El Fayum ●
Ghurab ●

*Nilo*

Sinaí

*Oasis de
Bahariya*

Hermópolis
Magna ● ● Amarna

*Oasis de
Farafra*

*Nilo*

Ajmin ●

Abidos ●

*Mar Rojo*

Tebas, zona oeste ●
Armant ● ● Luxor/Tebas

*Oasis de
Dajla*

0      80      160 kilómetros
0      50      100 millas

Asuán ●

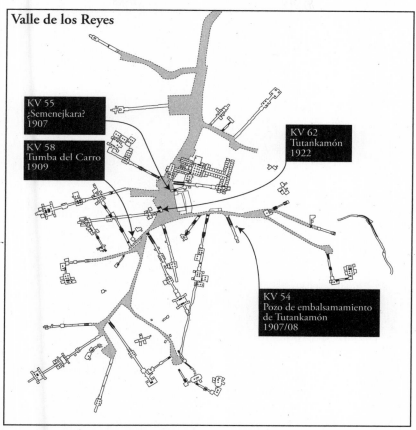

# Valle de los Reyes

KV 55
¿Semenejkara?
1907

KV 58
Tumba del Carro
1909

KV 62
Tutankamón
1922

KV 54
Pozo de embalsamamiento
de Tutankamón
1907/08

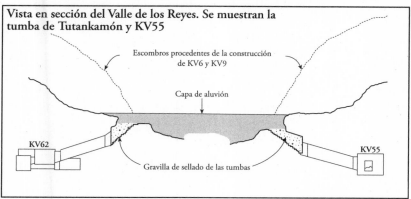

# Vista en sección del Valle de los Reyes. Se muestran la tumba de Tutankamón y KV55

Escombros procedentes de la construcción
de KV6 y KV9

Capa de aluvión

KV62

KV55

Gravilla de sellado de las tumbas

# Tutankamón en su contexto

No es posible estudiar a Tutankamón —ni, de hecho, a ningún faraón— sin conocer la historia, geografía y tradiciones del antiguo Egipto. Esta sección preliminar proporciona la información clave sobre la que se apoyará nuestra investigación en profundidad sobre la vida y muerte de Tutankamón.

El período que llamamos dinástico —la época en la que Egipto era gobernado por un rey (conocido hoy como «faraón»)— comenzó aproximadamente en el año 3100 a. C., con la unificación de las ciudades-Estado independientes repartidas por el valle del Nilo y el Delta, y terminó en el año 30 a. C. con el suicidio de Cleopatra VII y la absorción de Egipto por el Imperio romano. A lo largo de tres mil años, los egipcios dinásticos desarrollaron un funcionariado altamente eficiente, una prodigiosa capacidad de construcción, un espectacular arte bidimensional y tridimensional, un panteón de dioses y diosas, y una sofisticada teología de la muerte que incluía la preservación del cadáver con vendas para intentar mantener una apariencia de vida. Durante gran parte de este período, Egipto fue la nación más rica y poderosa del mundo mediterráneo oriental.

Para el turista ocasional, el Egipto dinástico puede parecer perfecto, coherente e inmutable de principio a fin. Una visita a uno de los muchos cementerios de élite mostrará figuras casi idénticas que realizan felizmente acciones casi idénticas en las paredes de piedra; una visita a un templo antiguo mostrará reyes de piedra tridimensionales que se alzan altos, orgullosos e impávidos para adorar los dioses y diosas que sus antepasados habían venerado durante generaciones. La datación de estos monumentos parece casi irrelevante. ¿Tienen cuatro mil años o solo tres mil? En realidad, no importa, ya que son, en esencia, iguales. Esta reconfortante sensación de visitar un lugar aislado del mundo exterior e insensible al paso del tiempo es, por supuesto, una quimera: la visión selectiva y seductora que ofrecen los artistas empeñados en mostrar lo mejor y más tradicional de su tierra.

Un examen más detallado de las pruebas escritas y arqueológicas deja claro que la vida sí cambió a lo largo de los años, con la llegada de nuevos pueblos, nuevas tecnologías, nuevas creencias y nuevas modas. En su mayor parte, estos cambios se produjeron de forma gradual. Pero hay períodos en los que cambios repentinos —una invasión o una guerra civil, por ejemplo— provocaron una gran conmoción. Una de ellas fue la coronación del «rey hereje» Akenatón en el 1352 a. C.: un cambio teológico sin precedentes que atacó muchos siglos de estabilidad religiosa e hizo que la corte adoptase una nueva forma de vida y muerte en una nueva ciudad regia. Justo en este ambiente de incertidumbre religiosa nació Tutankamón.

Los sacerdotes egipcios eran muy conscientes del paso del tiempo. Tenían el encargo de hacer ofrendas periódicas —a menudo cada hora— a los dioses en nombre del rey. Estas ofrendas debían complacer a las deidades, quienes, en agradecimiento, permitirían que Egipto y su rey prosperasen. Por tanto, la exactitud en la medición del tiempo era un asunto de gran importancia. Los sacerdotes vigilaban los movimientos del sol y las estrellas para calcular las horas, y mantenían las Listas Reales —un extenso registro de nombres regios y duración de los reinados que se remonta a la era mítica en la que los dioses, más que los reyes, gobernaban Egipto— para registrar el paso de los años. Estos años se contaban según los sucesivos reinados, y cada nuevo rey reiniciaba el ciclo con un nuevo año 1. Tutankamón fechó los acontecimientos haciendo referencia a su propio reinado: año 3 del reinado de Tutankamón, año 4 del reinado de Tutankamón, y así sucesivamente. Los egiptólogos utilizan a menudo este antiguo sistema; no para desconcertar a los no especialistas, sino porque es en extremo preciso. Logramos ser muy exactos cuando decimos que una determinada jarra de vino fue sellada en el año 9 de Tutankamón, pero nos cuesta vincular su año 9 a nuestro propio calendario lineal. ¿La vasija de vino se selló en el 1328 o en el 1327 a. C.?

Cuando un rey cambia de nombre, se añade una nueva capa de complejidad. Akenatón llegó al trono como Amenhotep, y su sucesor, Tutankamón, llegó al trono como Tutanjatón; ambos cambiaron su nombre por razones religiosas poco después de su llegada.

Para hacer manejable la enorme lista de reyes, los historiadores de finales del dinástico separaron a sus monarcas en «dinastías»: líneas sucesivas de reyes que estaban conectados, pero no necesariamente eran parientes de sangre. En tiempos más recientes, estas dinastías se han agrupado en épocas de gobierno centralizado (imperios) intercaladas con épocas de control descentralizado o extranjero (períodos intermedios):

Período dinástico temprano (3100-2686 a. C.): Dinastías i-ii
Imperio Antiguo (2686-2160 a. C.): Dinastías iii-viii
Primer período intermedio (2160-2055 a. C.): Dinastías ix-xi
    (en parte)
Imperio Medio (2055-1650 a. C.): Dinastías xi (en parte)-xiii
Segundo período intermedio (1650-1550 a. C.): Dinastías xiv-xvii
Imperio Nuevo (1550-1069 a. C.): Dinastías xviii-xx
Tercer período intermedio (1069-664 a. C.): Dinastías xxi-xxv
Período tardío (664-332 a. C.): Dinastías xxvi-xxxi
Período macedónico y ptolemaico (332-30 a. C.)

Se trata de una clasificación que dista mucho de ser perfecta e ignora las ricas complejidades de la larga historia de Egipto. Las divisiones entre los imperios y los períodos no son en absoluto tan claras como sugiere el sistema, pero es una clasificación que está profundamente arraigada en el pensamiento egiptológico, y no se puede ignorar. Por tanto, Tutankamón pertenece a finales de la xviii dinastía. Según un sistema de datación diferente, igual de problemático, gobierna Egipto durante la Edad del Bronce tardía.

Los reyes y reinas de finales de la xviii dinastía, familia de Tutankamón y contemporáneos, son:

Tutmosis IV *(r.* 1400-1390 a. C.) y la reina Nefertari

Amenhotep III *(r.* 1390-1352 a. C.) y la reina Tiy

Amenhotep IV/Akenatón *(r.* 1352-1336 a. C.) y la reina Nefertiti

Semenejkara *(r.* 1338-1336 a. C.) y la reina Meritatón

Tutanjatón/Tutankamón *(r.* 1336-1327 a. C.) y la reina Anjesenpaatón/Anjesenamón

Ay *(r.* 1327-1323 a. C.) y la reina Tiye

Horemheb *(r.* 1323-1295 a. C.) y la reina Mutnedymet

El breve reinado de Semenejkara se solapa con el de Akenatón: parece que fueron corregentes y que Semenejkara disfrutó de un breve reinado en solitario o murió antes de gobernar de forma independiente. Las reinas Tiy (consorte de Amenhotep III) y Tiye (consorte de Ay) tienen el mismo nombre: he utilizado variantes ortográficas para distinguirlas. Ay no nació en la realeza, pero pudo haber tenido vínculos con la familia real mediante su hermana —que fue, tal vez, la reina Tiy— y su hija —que quizá fue la reina Nefertiti—. Horemheb también era un plebeyo, pero su esposa, Mutnedymet, pudo haber sido una hermana de Nefertiti con el mismo nombre. Su reinado marca el final de la XVIII dinastía. El siguiente rey, su amigo y corregente Ramsés I *(r.* 1295-1294 a. C.), se considera el primer rey de la XIX dinastía. Le sucedió su hijo Seti I *(r.* 1294-1279 a. C.) y su nieto Ramsés II *(r.* 1279-1213 a. C.), conocido popularmente en la actualidad como Ramsés el Grande. Por lo tanto, los primeros ramésidas están más estrechamente relacionados con los reyes de Amarna de lo que quizá les gustaría que supiéramos.

La familia de Tutankamón incluye algunos de los personajes más conocidos del mundo antiguo. Akenatón y Nefertiti, en particular, han fascinado a los historiadores durante más de un siglo; él por sus singulares convicciones religiosas, y ella, en un principio, por su gran belleza y, más recientemente, por el poder político que se le presume. Cada uno de ellos ha dejado un arte tan sorprendente que es reconocible al instante tres mil años después de su muerte. La época en la que el «hereje» Akenatón gobernó

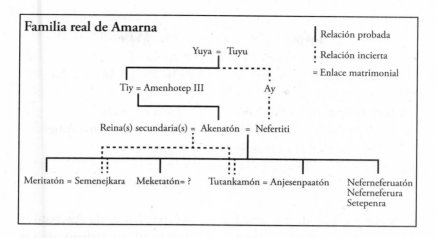

Egipto desde su aislada ciudad construida a tal efecto ha recibido su propio nombre moderno: el período de Amarna.

Es imposible contar la historia de Tutankamón sin hacer referencia a sus orígenes de Amarna. Sin embargo, estos relatos de la vida en Amarna amenazan constantemente con sobrepasar la propia historia de Tutankamón, por lo que corre el peligro de convertirse en una mera nota a pie de página en su propia biografía. En este libro he permitido que Tutankamón ocupe el centro de la escena, recordándolo no como se lo suele ver —un trágico niño-rey enterrado con un ingente ajuar funerario de oro—, sino como él hubiera deseado que lo recordaran. Mi Tutankamón es un faraón tradicional nacido en tiempos difíciles, que se propone restaurar el orden en una tierra desamparada. Gobierna Egipto durante diez años de paz y está en camino de lograr sus ambiciones cuando le llega la muerte.

## El Egipto de Tutankamón

Tutankamón heredó una tierra con dos mitades muy diferentes, unidas por la dependencia del «Río». El Río entraba en Egipto por la ciudad fronteriza del sur, Asuán, y fluía hacia el norte a lo largo de casi mil kilómetros antes de dividirse en múltiples brazos y desembocar en el mar Mediterráneo. Es difícil sobrestimar su importancia. El Río trajo agua y prosperidad a una región que de otro modo sería árida, permitiendo a la gente pescar, cazar, criar animales y cultivar alimentos, lino y papiro. Sirvió de carretera, lavadero y alcantarillado, y proporcionó el espeso barro necesario para crear cerámica y proporcionar un suministro inagotable de ladrillos de adobe. Hoy el Río es más conocido como el Nilo.

El norte de Egipto, o Bajo Egipto, era el amplio y llano delta del Nilo: una vasta y húmeda superficie de campos, canales y pantanos de papiro cuya extensa costa y el puente terrestre del Sinaí posibilitaban el contacto con el extenso mundo mediterráneo. La ciudad principal, Inebu-hedy o 'Murallas Blancas' (más conocida hoy en día como Menfis), ocupaba un lugar estratégicamente importante en la confluencia del Alto y el Bajo Egipto, cerca del actual El Cairo. Menfis se fundó en la época de la unificación y mantuvo su importancia durante toda la época dinástica. Durante el Imperio Nuevo fue un importante centro de comercio internacional, con barcos procedentes del Mediterráneo oriental que llegaban a través de la rama pelusiaca del Nilo para descargar cobre, madera y resina y recoger grano, vidrio y oro egipcios. Los burócratas que vivían y trabajaban en Menfis construyeron impresionantes tumbas de piedra en el cercano cementerio de Saqqara, que albergaba las primeras pirámides de Egipto. El dios principal de Menfis era el artesano-creador amortajado Ptah. En su época de esplendor, el complejo de templos de Ptah era un espectáculo magnífico, con templos mayores y menores, santuarios de menor importancia, puertas monumentales, vías procesionales y lagos sagrados. Hoy, la mayor parte de la antigua Menfis ha desaparecido.

El sur de Egipto, o Alto Egipto, era el largo y estrecho valle del Nilo. Se trataba de una tierra más cálida y seca alrededor del río. Las casas de adobe para los vivos se construían en el límite de la tierra fértil que bordeaba el río —la Tierra Negra— y las casas de piedra para los muertos se construían en el vasto e inhóspito desierto —la Tierra Roja—, que se encontraba más allá. La ciudad principal, Uaset, conocida por los lugareños simplemente como «la Ciudad» —y más conocida hoy en día como la antigua Tebas o la moderna Luxor—, debía su elevado estatus a los gobernantes locales que habían unido Egipto tras el primer y el segundo períodos intermedios y que, posteriormente, utilizaron su riqueza para desarrollar su ciudad natal y promover a sus dioses locales. Gran parte de la Tebas de la xviii dinastía se construyó en la orilla oriental del Nilo, alrededor y entre los complejos de templos de Karnak y Luxor. En la actualidad, esta antigua ciudad se ha perdido casi por completo bajo la moderna ciudad de Luxor. El dios principal de Tebas era Amón, 'el oculto', que se había fusionado con el dios del sol para formar la deidad compuesta Amón-Ra. Se le rendía culto en su extenso entramado de templos de Karnak y, modestamente velado para proteger su secreta persona, caminaba con frecuencia por las calles, y viajaba al sur, al templo de Luxor, para celebrar el festival anual de Opet, o navegaba por el río para visitar los templos mortuorios reales que se bordeaban el límite del desierto.

En la orilla oriental del Nilo, a medio camino entre Tebas y Menfis, Ajetatón, u 'Horizonte de Atón', fue la flamante ciudad real construida en terreno virgen por el predecesor de Tutankamón, Akenatón. Hoy en día, Ajetatón es más conocida como Amarna o El Amarna. La Amarna conservada en el arte de Akenatón es una ciudad jardín llena de palacios, templos solares y árboles: una ciudad bañada por el sol y con gente feliz. La Amarna conservada por la arqueología es un lugar mucho más oscuro: una ciudad en la que los niños trabajan en las obras, los pobres pasan hambre y la élite se ve obligada a abandonar sus expectativas tradicionales de una vida después de la muerte. Tutankamón nació en Amarna: allí comienza su historia.

## Tumbas y números de momias

Durante muchos siglos, los reyes de los Imperios Antiguo y Medio construyeron magníficas pirámides en los cementerios del desierto del norte de Egipto. Los reyes de la xviii dinastía rompieron esta tradición y empezaron a excavar sus tumbas en la roca del remoto Valle de los Reyes, en la orilla occidental del Nilo, frente a la ciudad de Tebas. A cada una de sus tumbas se le ha asignado un número KV (por 'King's Valley') secuencial. Las tumbas del Valle occidental, una rama del Valle de los Reyes principal u oriental, reciben números WV (por 'Western Valley') o KV intercambiables, de modo que la tumba de Amenhotep III puede denominarse KV22 o WV22. Solo veinticinco de las tumbas KV son tumbas reales. Otras fueron construidas para la élite egipcia que no formaba parte de la realeza, mientras que algunas ni siquiera son tumbas. El mismo sistema se aplica en toda la vasta necrópolis tebana: las tumbas del valle de Deir el-Bahari reciben números DB específicos y otras tumbas reciben denominaciones más generales, según números TT (Tumba Tebana).

En 1922 la tumba de Tutankamón recibió el siguiente número de la secuencia, por lo que se la denominó la KV62. Desde entonces, se han descubierto dos tumbas: la KV63 (hallada en 2005) es una cámara de almacenamiento o taller de momificación, y la KV64 (descubierta en 2011) pertenecía originalmente a una mujer desconocida de la xviii dinastía, pero había sido robada y usurpada durante la xxii dinastía.

El número de la tumba puede utilizarse para identificar cualquier momia anónima encontrada dentro de esa tumba en particular. Así, por ejemplo, en la tumba-taller del Valle de los Reyes KV55 ha aparecido el muy discutido varón anónimo conocido simplemente como «momia KV55», mientras que en la tumba-escondrijo KV35, la tumba original de Amenhotep II, han aparecido, entre otras, las momias femeninas conocidas como KV35EL ('Elder lady', la Dama Mayor) y KV35YL ('Younger lady', la Dama Joven). Estas tres momias desempeñan un papel en la historia de Tutankamón.

La tumba de Tutankamón consta de cuatro cámaras, un corto pasillo y una escalera. Los nombres utilizados para describir las cámaras —antecámara, anexo, cámara funeraria y tesoro (originalmente llamado almacén)— no son los nombres que Tutankamón habría reconocido, sino nombres modernos potencialmente erróneos dados por los excavadores.

Los ajuares funerarios, o los grupos de ajuares funerarios, recibieron un número de referencia antes de ser retirados de la tumba. A algunos ajuares funerarios se les ha dado también un

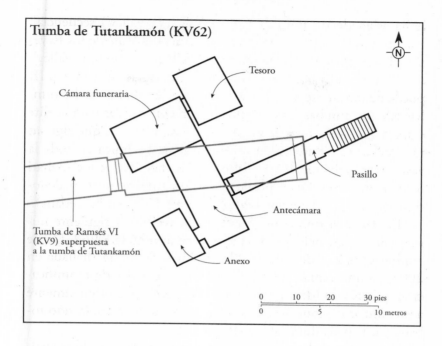

Tumba de Tutankamón (KV62)

Tesoro

Cámara funeraria

Pasillo

Antecámara

Tumba de Ramsés VI
(KV9) superpuesta
a la tumba de Tutankamón

Anexo

| 0 | 10 | 20 | 30 pies |
| 0 | | 5 | 10 metros |

nombre moderno, que en muchos casos también puede inducir a error: una característica silla de ébano con incrustaciones y asiento curvado (n.º 351), por ejemplo, se conoce hoy como «trono eclesiástico» simplemente porque le recordaba a Howard Carter los asientos que utilizan los obispos modernos, mientras que un cáliz de alabastro con dos asas en forma de loto se conoce hoy como la «copa de los deseos» (n.º 14) porque su inscripción expresa el anhelo de una apacible vida después de la muerte: «Que tu espíritu viva, que pases millones de años, tú que amas Tebas, sentado con el rostro vuelto hacia el viento del norte, tus ojos contemplando la felicidad». Los números de referencia se asignaron a los ajuares funerarios a medida que el equipo de excavación se habría paso por la tumba de la siguiente manera:

1-3: Exterior de la tumba y escalera
4: Primera puerta
5-12: Pasillo
13: Segunda puerta

14-170: Antecámara

171: Barrera de bloqueo del anexo

172-260: Cámara funeraria (la momia de Tutankamón es el n.º 256)

261-336: Tesoro

337-620: Anexo

Estos números de referencia se utilizarán para denotar artefactos concretos a lo largo de este libro.

Tras los trabajos de conservación en el Valle de los Reyes, la mayor parte del ajuar funerario se trasladó al Museo de El Cairo, y el material botánico, al Museo de Agricultura de El Cairo. En 2020-21 se trasladaron gradualmente al Gran Museo Egipcio de Guiza. La mayoría de las momias reales de la XVIII dinastía se encuentran ahora en el Museo Nacional de la Civilización Egipcia. Tutankamón, sin embargo, aún reposa en su tumba del Valle de los Reyes.

# Prólogo

## Dos relatos (por lo menos) de un mismo rey

Tutankamón sabía que la muerte no tenía por qué ser el final de su vida. Como rey muerto, tenía varias opciones emocionantes. Podía fusionarse con el dios vendado Osiris para gobernar a los difuntos que labraban el Campo de Juncos. Podía unirse a la tripulación de la barca solar de Ra y luchar contra los demonios de la noche que amenazaban con impedir la salida del sol. Incluso podía convertirse en una estrella, titilando eternamente en el profundo cielo azul. Pero también sabía que estos futuros estaban lejos de estar garantizados. Para alcanzar cualquier vida después de la muerte, Tutankamón tenía que ser recordado. Si lo olvidaban —si se borraba todo rastro de él en el mundo de los vivos— sufriría una segunda muerte de la que no habría retorno. Era un destino demasiado horrible para dejarlo al azar. Durante todo su reinado, Tutankamón se esforzó por imponer su presencia en sus dominios para que su historia fuese recordada por las generaciones venideras. Sin embargo, diez años no fueron suficientes. Tutankamón murió inesperadamente joven, con sus ambiciones incumplidas. No fue una cuidada planificación, sino una sucesión de acontecimientos imprevistos más un chaparrón inesperado lo que le permitió convertirse en el rey más recordado de Egipto.

Tutankamón ha dejado no una, sino dos historias muy diferentes, separadas por más de tres mil años. La primera, contada en la primera y más larga parte de este libro, es la historia que él mismo reconocería; la biografía del rey vivo, su muerte y entierro. Desgraciadamente, es una historia muy poco detallada. A falta de un registro oficial de su reinado y de relatos de testigos presenciales, que dotarían de cierto carácter personal a los pueblos del pasado antiguo, los egiptólogos se han visto obligados a hacer de detectives. La vida de Tutankamón se ha reconstruido como una serie de acontecimientos inconexos a partir de pistas extraídas de la arqueología, el arte y las inscripciones monumentales aparecidas al azar. Las lagunas en nuestra información se han rellenado con especulaciones fundamentadas, aunque, en ocasiones, con más imaginación que realismo. A medida que han ido surgiendo nuevas pruebas, estos datos fragmentarios se han reevaluado y reorganizado para producir una nueva versión de la misma historia. Después de haber enseñado egiptología a distintos niveles durante muchos años, sé que algunos lectores encontrarán frustrante esta falta de una línea argumental clara, y considerarán la discusión de los más nimios detalles como nada más que una minucia académica. A estos lectores solo puedo pedirles disculpas. He escrito este libro para quienes ven la historia egipcia un reto intelectual y disfrutan de la oportunidad de examinar la evidencia, encontrar pistas clave y utilizarlas para reconstruir su particular versión del pasado. Para estos lectores, la incertidumbre —la sensación de una historia a punto de ser revelada— contribuye al placer de estudiar el mundo antiguo.

Es obvio que los relatos más antiguos sobre la vida de Tutankamón, escritos antes del descubrimiento de su tumba y de haber desenvuelto su momia, estarán desfasados y se prestarán a la confusión. Es mucho menos obvio que las «biografías» escritas en un pasado más reciente puedan contar historias muy distintas. Mientras que un egiptólogo podría creer que Tutankamón era hijo del poderoso faraón Amenhotep III, otro podría argumentar convincentemente que era hijo del rey hereje Akenatón, y un tercero podría, con pruebas convincentes, considerarlo hijo del misterioso corregente de Akenatón, Semenejkara. Mientras tanto, la madre de Tutankamón podría, con igual validez, ser cualquiera de una lista que incluye, pero no se limita a, las reinas Tiy y Nefertiti, las princesas Meritatón y Meketatón, la reina secundaria Kiya o la extranjera Taduhepa, quien, habiendo sido enviada a Egipto para casarse con Amenhotep III, sobrevivió a su prometido y se casó con su hijo. Para hacer complicar más las cosas, algunos han sugerido que Nefertiti o Kiya podrían ser en realidad Taduhepa. Esta falta de seguridad sobre los acontecimientos clave es una constante en la vida de Tutankamón —¿cuál fue su camino hacia el trono?, ¿gobernó en Amarna?, ¿participó en acciones de guerra?, ¿padeció cojera?— y alcanza también a su muerte, que se ha atribuido a la tuberculosis, a la malaria, al asesinato, a heridas de batalla, a un accidente de carro a alta velocidad o a que lo arrolló un hipopótamo.

Mi propio enfoque de la historia de Tutankamón se basa en el principio de la navaja de Ockham: «los entes no deben multiplicarse más allá de lo necesario» o, en otras palabras, que, en igualdad de condiciones, la explicación más sencilla suele ser la correcta. Ante dos o más teorías que compiten entre sí, tiendo a aceptar la más simple. He aplicado este enfoque a lo largo de este libro, pero he destacado las cuestiones en las que otros adoptan legítimamente un punto de vista distinto y, en ocasiones, he planteado preguntas que, por el momento, no tienen respuesta.

Por muy escasas e inconexas que sean, las pruebas dejan clara una cosa: Tutankamón no fue un rey típico. Nacido en Amarna, la aislada ciudad construida por Akenatón, fue educado para adorar a un solo dios: el disco solar conocido como Atón. Durante la infancia de Tutankamón, Atón derramó su luz vivificadora sobre el rey de Egipto, permitiéndole gobernar como un ser semidivino. Los dioses tradicionales del Estado, relegados a la sombra, solo podían observar. La élite, los que rodeaban al rey, también se vieron obligados a observar cómo, lenta e inexorablemente, el poder real disminuía tanto dentro de las fronteras de Egipto como en todo el imperio que se extendía más allá. La muerte de Akenatón puso fin a su experimento religioso. No había hecho lo suficiente para convencer a su corte de que Atón ofrecía el camino hacia la verdadera iluminación. Así que, con la ayuda de sus consejeros, Tutankamón dedicó su reinado a la restauración de los gloriosos días anteriores a Amarna. Días que él era demasiado joven para haber experimentado.

Diez años después de heredar su deslucido trono, se habían logrado muchas cosas, y, tras haber abandonado Amarna, restablecido el panteón, reabierto la necrópolis real, y con el ejército a punto de conseguir las victorias que asegurarían su imperio, parecía que Tutankamón estaba destinado a convertirse en uno de los grandes faraones. Entonces, una inoportuna expedición puso fin a todo con brusquedad. Mientras Egipto lloraba la pérdida de su rey, la familia real se desmoronó ante la presión de encontrar un sucesor adecuado. La era de los reyes del sol había terminado: la era de los reyes guerreros estaba a punto de comenzar.

La otra historia de Tutankamón, contada en la segunda y más breve parte de este libro, es la historia mucho mejor documentada del descubrimiento y excavación de su tumba, y de la reinvención del rey que siguió a su resurrección. En noviembre de 1922, un equipo de egiptólogos británicos, financiado por lord Carnarvon y dirigido por Howard Carter, se propuso descubrir al apenas recordado rey de la XVIII dinastía, Tutankamón. Esperaban encontrar a un anciano cortesano que, tras obtener su corona mediante el matrimonio con la familia real, murió de viejo poco después. En cambio, para su gran sorpresa, descubrieron a un «niño-rey» que yacía en un nido de ataúdes dorados, rodeado de un asombroso conjunto de 5398 objetos funerarios. Su excavación despertó un interés mundial sin precedentes por Tutankamón y sus elaborados preparativos para la muerte que, impulsado por las ocasionales exposiciones itinerantes de ajuares funerarios reales y réplicas, ha continuado hasta hoy.

Tal y como se suele contar, este descubrimiento es una historia épica de aventuras, muerte repentina y oro reluciente, que muestra al arqueólogo como un héroe que lucha por revelar el pasado a un mundo lleno de admiración. Pero no todos consideraron la excavación un triunfo. Ya en la década de los veinte, muchos empezaron a cuestionar el derecho divino, que con tanta facilidad asumían los arqueólogos, a visitar una tierra extranjera y arrancar a un joven —y no a cualquier joven, sino a un rey— no solo de su tumba, sino también de las vendas que garantizaban su vida en el más allá. Mientras tanto, excluido de la excavación, el pueblo egipcio solo podía ver cómo la cultura occidental primero absorbía a Tutankamón como uno de los suyos y luego empezaba a discutir sobre lo que había hecho. Cuando empezaron las disputas sobre la propiedad de Tutankamón y su ajuar funerario —¿pertenecía al mundo, al pueblo egipcio o a lord Carnarvon?—, la prensa comenzó a cuestionar la conveniencia de excavar lo que se había considerado una «tumba maldita». Se trataba, sin duda, de una peligrosa intromisión en lo oculto de la que no podía salir nada bueno.

Por desgracia, Carter murió antes de poder completar la exposición formal y académica de la tumba y su contenido, dejando solo tres libros de divulgación popular y un montón de informes en revistas y periódicos donde contaba, con distinto grado de precisión, su gran aventura. El ajuar funerario de Tutankamón se encuentra en el Museo de El Cairo y, mientras escribo, está en proceso de traslado al nuevo Gran Museo Egipcio, cerca de las pirámides de Guiza, donde se expondrá en espléndidas galerías de última generación. Hace treinta años, cuando empecé a escribir sobre el antiguo Egipto, este traslado los habría hecho inaccesibles para la mayor parte del mundo. En aquella época anterior a internet, los recursos se limitaban a los museos y las bibliotecas especializadas, de forma que el estudio del antiguo Egipto estaba en efecto restringido a quienes tenían la suerte de vivir cerca de los recursos o eran lo bastante ricos como para visitarlos. Hoy en día, internet permite, cada vez más a todo el mundo, visitar museos y bibliotecas, examinar artefactos concretos e investigar el material archivado. El Instituto Griffith de la Universidad de Oxford ha dado un fantástico ejemplo en este sentido, al poner a disposición del público los registros de la excavación de Tutankamón —el archivo de Howard Carter (notas, tarjetas, fotografías y diapositivas), los diarios de Arthur Mace, las notas tomadas por Alfred Lucas y la fotografía de Tutankamón de Harry Burton— en la exposición *online* «Tutankamón. Anatomía de una excavación».[1] Espero que los lectores inspirados por la historia de Tutankamón accedan a este archivo, examinen las fotografías y utilicen los registros originales para llevar a cabo su propia reexcavación casera de la tumba. Para ayudar a esta investigación privada, he incluido los números de referencia de Carter para los ajuares funerarios significativos que se tratan en este libro. Estos números se indican así (n.º 541).

La muerte de una persona joven causa siempre un gran impacto, incluso si esa muerte ocurrió hace miles de años. Queremos saber qué pasó: ¿cómo pudieron salir las cosas tan mal? Por eso no resulta asombroso que, mientras que el ajuar funerario de Tutankamón sigue sin analizarse ni publicarse en su totalidad, su cuerpo haya sido objeto de cuatro grandes investigaciones médicas. En 1925, un equipo dirigido por el profesor de anatomía Douglas Derry llevó a cabo el desenrollado inicial y la autopsia de la momia, pero no pudo radiografiar los restos. En 1968, un equipo de la Universidad de Liverpool, dirigido por el anatomista Ronald Harrison, volvió a examinar y radiografiar a Tutankamón. Una década después, el doctor James Harris, dentista de la Universidad de Míchigan, dirigió un tercer examen, centrado en la cabeza y los dientes del rey.

La fase más reciente de la investigación, llevada a cabo por el Consejo Supremo de Antigüedades (actual Ministerio de Antigüedades), liderada por el doctor Zahi Hawass, director general del Consejo Supremo de Antigüedades, fue el primer reexamen que obtuvo autorización para sacar el cuerpo del rey de su tumba, lo que permitió al equipo trabajar lejos de las miradas curiosas de los turistas. Su trabajo comenzó en 2005 con una autopsia virtual utilizando tecnología de escáner de última generación y continuó con la recogida de muestras de ADN con el objetivo de de establecer el árbol genealógico de Tutankamón. Los resultados de sus investigaciones se han difundido y discutido, y las pruebas de ADN, en particular, han suscitado un acalorado debate entre egiptólogos y científicos. A pesar de los dramáticos titulares —«El rey Tut, la reina Nefertiti y su incestuoso árbol genealógico» es uno de los ejemplos más comedidos—, muchos expertos creen que aún no estamos cerca de afirmar cuál es la familia biológica de Tutankamón.[2] Debido a su carácter polémico, he presentado las pruebas de ADN de la familia de Tutankamón por separado, como epílogo del capítulo 10.

Se han escrito muchos libros sobre Tutankamón, su vida, muerte y vida en el más allá. ¿Hay espacio para más? Creo firmemente que sí. Por supuesto, como autora de dos libros sobre Tutankamón, estoy obligada a pensar así. Pero, examinando las pruebas con objetividad, está claro que la suya es una historia que sigue en evolución, tanto en términos de las pruebas arqueológicas y textuales que continúan apareciendo, como en términos de la lente cultural a través de la que vemos estas pruebas. Hace una década escribí sobre Tutankamón, centrándome en la excavación de su tumba y el desarrollo del mito de la «maldición de Tutankamón». Ahora puedo presentar pruebas que me permiten centrarme mucho más en la vida y la época de Tutankamón. Sigo contando la historia de su posteridad —su vida después de haber descubierto su momia—, pero, aunque he incluido material suficiente para explicar por completo la historia del hallazgo a quienes no estén familiarizados con ella —con perdón de los lectores que consideren que esta historia ya ha recibido suficiente atención mía y de otros autores—, se han reducido los detalles del descubrimiento en sí, ya que son menos relevantes en lo que al propio rey respecta.

No todo el mundo está de acuerdo en que Tutankamón merezca este nivel de detallado escrutinio. No obstante, la objeción que a menudo plantean los egiptólogos profesionales de que Tutankamón es un rey insignificante que no merece esta atención —pues, de alguna forma, está robando el protagonismo que deberían tener los reyes de más alto nivel, y, con ello, hace que el público general le otorgue una relevancia de la que carece—, yerra el tiro. Nos guste o no, el rey Tut es una celebridad del mundo antiguo y, como ocurre con todas las celebridades, el mundo moderno está deseoso de leer más sobre él. Si los que más saben sobre el antiguo Egipto se alejan de Tutankamón con rictus hastiado, los libros se escribirán de todos modos, pero por quienes saben mucho menos.

Cuestiono la afirmación de que Tutankamón es insignificante, tanto en vida como en muerte. El joven monarca comenzó su reinado como un niño bajo el control de sus consejeros y familiares, y lo terminó como el hombre más influyente del mundo mediterráneo de la Edad del Bronce. Desapareció durante tres mil años, y luego reapareció como embajador del mundo antiguo, incitando al mundo moderno a aprender más sobre el glorioso pasado de Egipto. Las ocasionales exposiciones itinerantes de su ajuar funerario y artefactos asociados (reales y réplicas) han generado unos ingresos muy necesarios para Egipto, y han impulsado una industria turística de vital importancia que en el año 2019, antes de la pandemia de coronavirus, generó más de 13 000 millones de dólares.[3] Muchos egiptólogos profesionales que trabajan hoy en día en museos y universidades del Reino Unido admitirán haberse sentido inspirados por la exposición itinerante de Tutankamón de 1972 y por las publicaciones y documentaciones de gran calidad que la acompañaron. Lo sé porque soy uno de ellos.

Tutankamón, más que ningún otro rey egipcio, ha visto cumplida la esperanza, a menudo expresada, de ser recordado para siempre. Mi propia esperanza es que se lo recuerde con la exactitud y el rigor que merece.

# PRIMERA PARTE

# TEBAS, 1336 A. C.

# 1

## El cuento del príncipe

### Familia y primeros años de vida de Tutanjatón

En un largo poema, esculpido en la pared de una tumba privada, el «rey hereje» Akenatón se dirige a su dios y da cuenta de él:[1]

La tierra se vuelve brillante cuando te alzas en el horizonte y brillas como Atón en el día. Disipas la oscuridad cuando lanzas tus rayos. Las Dos Tierras celebran tu luz, despiertas y erguidas, ahora que las has levantado. Sus cuerpos, puros y vestidos, elevan los brazos adorando tu aparición.

Ahora, toda la tierra se dispone a trabajar. Todos los rebaños están contentos con sus pastos; los árboles y las plantas crecen. Los pájaros echan a volar de sus nidos, sus alas extendidas glorifican tu *ka*. Todo rebaño retoza sobre sus patas, y todo lo que vuela y se posa vive cuando amaneces para ellos. Los barcos navegan hacia el norte y hacia el sur, y todos los caminos se abren cuando te alzas. Los peces del río saltan ante ti, pues tus rayos están en medio del mar.

Cincuenta años después de la muerte de Tutankamón, el rey de origen plebeyo Seti I talló una copia de la Lista Real en la pared de su templo de Abidos, asegurándose de que se lo asociara eternamente con sus ilustres «antepasados». Debería ser fácil para nosotros visitar Abidos, consultar la lista de Seti, identificar a Tutankamón y hacernos una idea de los gobernantes de finales de la

XVIII dinastía. Por desgracia, la egiptología no suele ser tan simple. Seti, al ver a Tutankamón y su familia inmediata como herejes indeseables, hizo que los arrancaran despiadadamente de la historia de Egipto. Su lista de reyes salta desde el respetado Amenhotep III hasta el igualmente respetado Horemheb, omitiendo todos los reinados intermedios. El poder mágico de la escritura jeroglífica era tan fuerte que era como si estos reinados nunca hubieran existido. Sin embargo, nadie pudo borrar todo rastro de los reyes —Akenatón, Semenejkara, Tutankamón y Ay— de su tierra. Desprovista de reconocimiento oficial, la historia de Tutankamón sobrevivió, sin una narración continua, en fragmentos de arqueología, arte e inscripciones monumentales dispersos por todo Egipto. Para reconstruir su vida y muerte, tenemos que reunir estas pruebas y reconstruir la imagen que nos ofrecen.

Cuando, en 1352 a. C., Amenhotep III murió después de treinta y ocho pacíficos años y, en gran medida, sin incidentes en el trono, su hijo Amenhotep heredó su corona, convirtiéndose en Neferjeperura Uaenra ('Las transformaciones de Ra son perfectas', 'el único de Ra') Amenhotep IV. El joven Amenhotep era el segundo heredero; su hermano mayor, Tutmosis, había sido preparado para ser rey, pero había fallecido en algún momento durante la tercera década de gobierno de su padre. La evidencia de la vida de Tutmosis como príncipe heredero es limitada. Sin embargo, una pequeña estatuilla de esquisto nos permite verlo, semiprosternado y vestido con una falda, su trenza lateral y la capa de piel de leopardo de un sacerdote, mientras muele ritualmente el grano para el gran Ptah de Menfis. Las inscripciones grabadas alrededor de la figura lo presentan como «[...] el hijo del rey, el sacerdote Tutmosis. [...] Soy el servidor de este noble dios; su molinero [...]». El sarcófago de piedra caliza de su gato mascota, Ta-Miu ('el Gato'), confirma su título completo y definitivo como «Príncipe de la Corona, supervisor de los sacerdotes del Alto y Bajo Egipto, sumo sacerdote de Ptah en Menfis y sacerdote de Ptah». Por último, una segunda estatuilla de esquisto lo muestra como una momia vendada, recostada en un féretro.[2] La tumba de Tutmosis nunca se ha encontrado, y no podemos decir nada más sobre él.

Amenhotep IV comenzó su reinado como un rey típico de la XVIII dinastía, coronado por el dios Amón-Ra y gobernando desde los centros administrativos gemelos de Menfis en el norte y Tebas en el sur. Mientras los obreros comenzaban a tallar su tumba en el Valle occidental, la ramificación del Valle de los Reyes donde ahora yacía su padre, las obras de construcción continuaban en el complejo del templo de Amón-Ra en Karnak y sus alrededores. Aquí, Amenhotep demostró su intención de preservar la *maat* ('el estado correcto de las cosas') al completar los proyectos inacabados de su padre. Sin embargo, tres años después de su coronación, Amenhotep dio la espalda al panteón tradicional y dedicó su vida al servicio de un solo dios: un antiguo pero hasta entonces insignificante ser solar conocido como «Atón» («el Disco'). Amenhotep ('Amón está satisfecho') se convirtió en Akenatón ('Espíritu vivo de Atón'). Para complacer a su dios, Akenatón fundó una ciudad real en tierra virgen, a medio camino entre Tebas y Menfis. Llamó a su ciudad Ajetatón ('Horizonte de Atón'), hoy más conocida como Amarna o El Amarna. El período de apenas de veinte años en que Egipto fue gobernado desde Amarna se conoce como el período de Amarna o amarniense.

Los egiptólogos tienden a aislar y magnificar este breve período, centrándose en la nueva ciudad y en su singular religión, y considerándola algo muy distinto a los períodos anteriores y a los que estaban por venir. En efecto, fue una época muy distinta, y esta diferencia afectó directamente tanto a la élite que rodeaba a Akenatón como a la gente común que se vio obligada a trasladarse a la ciudad de Amarna para trabajar para el rey y su dios. Sin embargo, para la gran mayoría de la población, los campesinos que vivían en las aldeas del valle del Nilo y el Delta, la vida durante el período de Amarna trascurrió de forma muy similar a como acontecía en las épocas anteriores.

La ciudad de Akenatón, al igual que su religión, tuvo poca vigencia. Ambas fueron abandonadas enseguida tras su muerte. Mientras que la arquitectura doméstica de ladrillos de adobe —las casas, los palacios y los lugares de trabajo— se degradó para formar un valioso suelo fértil que en los tiempos modernos quedaría esparcido por los campos y arruinaría la estratigrafía arqueológica, miles de bloques de piedra con inscripciones de los templos de Amarna fueron rescatados e incorporados a los edificios sagrados de la vecina ciudad de Hermópolis Magna (la actual el-Ashmunein). Este reaprovechamiento no era nada inusual; resultaba mucho más fácil desmenuzar edificios antiguos que cortar y transportar piedra nueva, y a lo largo de la época dinástica fue práctica común que los bloques más antiguos se incorporasen a los nuevos edificios, con sus caras ya inscritas vueltas hacia dentro. Es en uno de estos bloques de templo reaprovechados y muy dañados donde se encuentran las primeras menciones a un príncipe llamado Tutanjatón ('Imagen viva de Atón'), al que se describe como «el hijo del rey de su cuerpo, su amado».[3] Pocos años después de esta talla, Tutanjatón cambiaría su nombre y su adhesión religiosa para convertirse en Tutankamón ('Imagen viva de Amón'). Él sería el encargado de poner fin al experimento de Amarna.

Los reyes de Egipto celebraron sus mayores logros en piedra. Batallas épicas, lucrativas expediciones comerciales, obras de construcción sin par, generosos actos de devoción a los dioses: se conmemoró todo esto y mucho más en las extensas inscripciones jeroglíficas y en las suntuosas imágenes talladas y pintadas en las paredes de múltiples templos. Por ello, Akenatón celebró su nueva ciudad en una serie de inscripciones y sus respectivas estatuas talladas en los acantilados de ambas orillas del Nilo, en los alrededores de Amarna. Sus «estelas fronterizas» cuentan la historia de la fundación de su ciudad, definen sus límites e incluso hacen una breve mención a su creciente familia de hijas:[4]

> Atón da la vida eternamente y mi corazón se regocija en la esposa del rey junto con sus hijos, lo que hace que la esposa del rey, Neferneferuatón Nefertiti, llegue a la vejez en estos millones de años [...] estando ella al cuidado del faraón, y lo que hace que la hija del rey Meritatón y la hija del rey Meketatón lleguen a la vejez, estando ellas al cuidado de la esposa del rey, su madre, para siempre.

Sin embargo, este es el detalle más personal que puede leerse en sus inscripciones. Los reyes de la XVIII dinastía no compartían detalles más íntimos de su vida privada en sus monumentos públicos, y los nacimientos de sus hijos no se anunciaban. Nos enteramos de las seis hijas que acabarían naciendo de Akenatón y su consorte, Nefertiti, porque, cada vez con mayor frecuencia, aparecen con sus padres en las imágenes y conjuntos de estatuas que llenaban la ciudad de Amarna. Este arte oficial deja claro que Akenatón estaba rodeado de mujeres que lo apoyaban en todos sus empeños. Pero los hijos —futuros reyes en potencia— fueron excluidos del arte oficial y son, a todos los efectos, invisibles para nosotros. Con demasiada frecuencia, la primera vez que vemos a un príncipe egipcio es cuando sale de las sombras para asumir el papel de príncipe heredero. Esto es lo que le ocurrió al joven Akenatón. Mientras que sus cuatro hermanas aparecen junto a sus padres durante décadas en el arte oficial, él está representado en unas pocas escenas con su padre que probablemente fueron talladas después de la muerte del antiguo rey, además de la etiqueta de una vasija de vino que menciona «la finca del verdadero hijo del rey Amenhotep». La repentina e inexplicable aparición de Tutanjatón en Amarna a una edad en la que podría haberse convertido en el heredero oficial al trono no es nada inusual.

Si queremos saber más sobre el nacimiento del joven príncipe, tenemos que dejar Amarna y viajar al sur, a Tebas. Aquí, oculta a la vista en la orilla occidental del Nilo, se encuentra la remota necrópolis real conocida como el Valle de los Reyes. Aunque la pequeña tumba de Tutankamón era famosa por estar repleta de gran cantidad de «cosas maravillosas» —artefactos sagrados y mágicos para ayudar al rey muerto a garantizar su vida después de la muerte, reliquias familiares, pertenencias personales y objetos más prácticos de la vida cotidiana que le permitirían vivir cómodamente en el más allá—, fue, en un aspecto importante, una gran decepción. No aportó ningún escrito informativo. Al ser la primera tumba real sustancialmente intacta que se descubría en el Valle, los excavadores no sabían qué esperar, pero pensaban que encontrarían un relato escrito del reinado de Tutankamón, detalles de su vida privada y, tal vez, una explicación del régimen herético de Akenatón. Por desgracia, no había documentos personales o únicos, ni correspondencia diplomática, ni información que permitiese crear un árbol genealógico. Lo más decepcionante de todo fue que una «caja de papiros», que los arqueólogos habían bautizado con optimismo como «la biblioteca de Tutankamón», resultó ser una colección de taparrabos de lino descoloridos.

Sin embargo, la tumba contenía pistas indirectas sobre Tutankamón y su identidad. Entre el ajuar funerario dorado había un surtido de vasijas de vino sencillas. Algunas habían sido destrozadas por los sacerdotes que habían llenado la tumba y por las diversas bandas de ladrones que habían intentado saquearla, pero muchas estaban de una pieza y etiquetadas con detalles de la cosecha, el viñedo, el viticultor, el tipo de vino y, sobre todo, el año regio. Gracias a estas etiquetas sabemos que en el año 9 un viticultor jefe llamado Sennefer, que trabajaba en el viñedo conocido como «Casa de Tutankamón, gobernante de Heliópolis [Tebas] en el Alto Egipto, ¡vida!, ¡prosperidad!, ¡salud! Desde el Río Occidental», dio instrucciones a sus trabajadores para que llenasen una vasija de vino con una bebida descrita, de forma poco útil, como «vino» (n.º 541). Sennefer nos ha proporcionado el año regio de Tutankamón más elevado que es posible confirmar. Podemos suponer razonablemente que una vasija que contenía «vino de buena calidad», fechada en el año 10 de un rey innombrado, se llenó asimismo durante el reinado de Tutankamón, pero otra de simple «vino» del año 31, también anónima, debió de sellarse durante el reinado inusualmente largo de Amenhotep III.[5]

El cuerpo de Tutankamón, que yacía en la cámara funeraria del centro de su tumba, protegido por sucesivas capas de vendas de lino y sudarios, tres ataúdes dorados anidados, un sarcófago de piedra y cuatro relicarios de madera dorada, conservaba la evidencia forense que revelaría su edad al morir. Los dientes —su presencia o ausencia— pueden ser de gran ayuda para determinar la edad en el momento de la muerte, ya que es menos probable que su desarrollo se vea afectado por factores como la malnutrición y la enfermedad, que pueden influir en el desarrollo del esqueleto. Sin embargo, durante la autopsia de 1925, el anatomista Douglas Derry descubrió que la boca de Tutankamón se había cerrado por accidente con las resinas y ungüentos vertidos sobre la cabeza de la momia durante el ritual funerario. Esto hizo que sus dientes fueran inaccesibles. Para no dañar la cara de Tutankamón forzando su boca, Derry hizo un corte en la cabeza, por debajo de la barbilla. Este daño fue reparado posteriormente con resina, y hoy es invisible a simple vista. Derry pudo comprobar que las muelas del juicio derechas de Tutankamón, superiores e inferiores, «acababan de salir en la encía y llegaban hasta la mitad de la altura del segundo molar. Las del lado izquierdo no se podían ver fácilmente, aunque parecían estar en la misma etapa de formación».[6] Esta evidencia dental, combinada con un examen visual de las epífisis (las placas de crecimiento en los extremos de los huesos largos), lo llevaron a sugerir que Tutankamón había muerto entre los diecisiete y los diecinueve años, un diagnóstico que se ha confirmado posteriormente al examinar la aparición de sus terceros molares mediante radiografías y TAC.

Si el adolescente Tutankamón gobernó Egipto durante no menos de una década, debió de heredar el trono siendo un niño de aproximadamente ocho años. El propio Akenatón disfrutó de siete años en el trono; la duración de su reinado queda probada por dos etiquetas de vasijas, en una de las cuales se sustituyó la original «Año 17: miel» por «Año 1: vino» del siguiente rey anónimo.[7] Dado que no hay pruebas de que haya un extenso intervalo entre la muerte de Akenatón y la accesión de Tutankamón, podemos concluir que Tutankamón nació probablemente durante el año 9 de Akenatón y, dado que para entonces Akenatón ya había trasladado a su familia a Amarna, podemos deducir que nació en Amarna.

Se pueden obtener más pruebas del niño-rey rebuscando en las cajas y cofres que llenaban las cámaras exteriores de su tumba. Tutankamón fue enterrado con un amplio surtido de ropas de lino hilado a mano tan fino que los arqueólogos han tenido dificultades para reproducir su calidad. Había túnicas con mangas y sin mangas, chales, fajas y cinturones, guantes, tocados para la cabeza y calcetines con un dedo gordo separado para permitirle llevar sus sandalias de dedo. Los accesorios de cuero incluían zapatos, sandalias y los desafortunadamente mal identificados «paños de biblioteca» —eran, al menos, ciento cuarenta y cinco; los ejemplos más dañados se consideraron imposibles de conservar y se desecharon—. Había incluso lo que parecía ser un maniquí:

un modelo de madera del rey coronado, sin brazos ni piernas, que Howard Carter supuso que se utilizaba para presentar sus ropas y joyas (n.º 116). No se trataba de un armario diseñado específicamente para la tumba: el análisis textil ha revelado los minúsculos signos de desgaste y lavado que confirman que estas ropas fueron usadas realmente por el rey vivo.

Un rápido vistazo a cualquier pared de una tumba decorada de la élite de la XVIII dinastía mostrará a los adultos vestidos con un lienzo blanco resplandeciente, y a los niños de todas las clases, desnudos y casi calvos. Así es como muchos nos imaginamos la vida en el antiguo Egipto. Sin embargo, las prendas de Tutankamón revelan un mundo mucho más elaborado y colorido: un mundo en el que las túnicas reales podían estar tan cargadas de flecos, estampados, apliques, bordados, pedrería y lentejuelas que habría resultado imposible lucirlas a diario. Los arqueólogos que vaciaron la tumba estaban confusos, y llegaron a la conclusión —quizá inevitable para un grupo de hombres occidentales de principios del siglo XX— de que algunos de los trajes más elaborados debían de ser prendas femeninas. Así, una túnica ceremonial —un simple rectángulo de tela con flecos y un agujero redondo en el cuello, decorado por todas partes con cuentas de vidrio azules y verdes y lentejuelas de oro batido (n.º 21d)— fue clasificada oficialmente en la ficha de Carter de esta manera:

> Esta prenda con patrón pertenecería a una mujer. Es posible que, al igual que otras prendas de la caja, haya sido una prenda de niño. Puede que el rey, de niño, se vistiera de niña en algunas ocasiones (véase la moderna costumbre de la circuncisión, o que un niño lleve ropa de niña para evitar el mal de ojo).

La diminuta túnica, que mide unos 80 x 50 cm, puede compararse con la «camisa» de hombre, también recuperada en la tumba, que medía 138 x 103 cm. Como señalaron los excavadores, se trataba de una de las varias prendas de tamaño infantil contenidas en la «caja pintada», decorada con gran esmero, de la antecámara (n.º 21). Para gran sorpresa de Carter, se trataba de las prendas de un niño-rey:[8]

Nuestra primera idea fue que el rey podría haber guardado las ropas que llevaba de niño; pero después, en uno de los cinturones y en las lentejuelas de una de las túnicas, encontramos el cartucho real. Por lo tanto, debió de llevarlas después de convertirse en rey, de lo que parece deducirse que era bastante joven cuando ascendió al trono.

Como parece poco probable que el Tutankamón adulto deseara embutirse en prendas en miniatura, debemos preguntarnos por qué empaquetaron su guardarropa de la infancia para el más allá. Aquí, podemos establecer una comparación útil con la ropa de lino que se utilizaba para vestir a las estatuas de los dioses en los templos a diario. Se entendía que estas prendas absorbían una forma de divinidad de las estatuas, lo que las hacía inmensamente valiosas. Parece que también las ropas que llevaban los reyes absorbían un aura de «realeza» y semidivinidad que hacía imposible desprenderse de ellas.

Tutankamón también se llevó a su tumba las joyas de su infancia. Su tesoro incluía pendientes que, en vida, lucían las mujeres y los niños, pero no los hombres adultos. La amplia perforación (7,5 milímetros) en el lóbulo vacío de la oreja izquierda de Tutankamón es presumiblemente el legado de una infancia en que usó pendientes. Es razonable suponer que en el lóbulo de la oreja derecha habría un agujero igual, pero se perdió durante la autopsia. Las orejas del ataúd más interno de Tutankamón, así como las de su máscara de oro, también estaban perforadas para los pendientes, pero estos agujeros se cubrieron más tarde con pequeños discos de oro, posiblemente para indicar que el rey había superado la etapa de llevar joyas infantiles. Por otra parte, una caja vacía, cuya etiqueta fue traducida por Carter como «la trenza lateral del rey cuando era niño», sugería que Tutankamón podría haber guardado la elaborada trenza que los niños de la élite llevaban a un lado de la cabeza, por lo demás afeitada (ya sea el n.º 575 o el n.º 494).[9] Lamentablemente, la traducción de Carter es inexacta, y es más probable que la palabra que tradujo como «trenza lateral» se refiera a una bolsa de lino.

En cuanto a las ideas que apunta Carter sobre una elaborada ceremonia de circuncisión —un rito que, tal vez, marcase la transición de niño a hombre—, no hay pruebas de que fuera una práctica común en el Egipto dinástico. Algunos textos e imágenes sugieren que algunos hombres estaban circuncidados, pero muchas momias, incluidas las reales, no lo están. Varios años después del descubrimiento de la túnica ceremonial, Derry pudo examinar los genitales rasurados de Tutankamón como parte de su autopsia. Descubrió, para su sorpresa, que, mientras el escroto del rey había sido aplastado contra su perineo, su pene, de cinco centímetros de longitud, había sido atado y pegado con resina para conferirle una erección permanente de casi noventa grados. Esto habría fomentado la sexualidad y la fertilidad eternas de Tutankamón —un aspecto importante de la vida masculina egipcia en el más allá—, a la vez que lo relacionaba con el Osiris momificado, un dios tan fértil que engendró a su hijo Horus después de su propia muerte. Derry no pudo determinar si Tutankamón estaba circuncidado.

Como suele ocurrir con los objetos relacionados con Tutankamón, su pene dio lugar a su propia mitología particular. Las fotografías confirman que, separado del cuerpo, pero con el escroto unido, estaba presente cuando el cuerpo de Tutankamón, tras practicársele la autopsia, fue depositado en una bandeja de arena y colocado en su sarcófago. Pero luego desapareció. Durante mucho tiempo se aceptó que el pene había sido robado, probablemente durante la Segunda Guerra Mundial, cuando la seguridad en el Valle de los Reyes era escasa. Esto dio lugar a acusaciones de negligencia grave, a muchas especulaciones sobre su paradero —las tropas indígenas fueron un conveniente chivo expiatorio— y a muchos desafortunados juegos de palabras que hablaban de las «joyas de la corona» perdidas. En 1968, Harrison descubrió que el miembro extraviado se escondía entre la borra de algodón bajo el recipiente de arena y, en lugar de intentar reimplantarlo, lo dejó en la arena. Perdido de nuevo, el pene fue redescubierto durante el último examen del cuerpo del rey.

La evidencia de la tumba nos permite evocar la imagen de un niño pequeño de pie bajo el calor del sol de Amarna, vestido con ropas sofisticadas, pero incómodamente pesadas, luciendo los pendientes y la trenza lateral que indican que, aunque está a punto de convertirse en un ser divino, sigue siendo un niño. Una imagen muy estilizada de este mismo niño se puede ver en una caja de perfume con incrustaciones de oro descubierta en la cámara funeraria, la parte más sagrada de la tumba (n.º 240bis).[10] La caja tiene la forma de un doble cartucho —el recurso jeroglífico que representa un lazo de cuerda que rodea el nombre de reinado y el nombre de nacimiento del rey— situado sobre un pedestal, y cada cartucho está rematado por un disco solar y un doble penacho (la tapa). Como está decorado por delante y por detrás, hay cuatro cartuchos, cada uno de los cuales presenta el nombre de reinado de Tutankamón: Nebjeperura ('Señor de las manifestaciones de Ra'). En su grafía habitual, el componente *jeperu* de su nombre estaría representado por el escarabajo y tres líneas. Aquí, sin embargo, el escarabajo se ha sustituido por una figura en cuclillas del propio Tutankamón. Las cuatro imágenes presentan sutiles diferencias, y se ha sugerido que los colores cambiantes de sus rostros, que varían de claro a oscuro, podrían representar al rey en cuatro etapas distintas de su existencia: rey niño, rey adulto, rey muerto y rey renacido. Pero el hecho de que dos de los Tutankamones lleven una elaborada trenza lateral —los otros dos llevan corona— embrolla esta secuencia, y puede que solo estemos ante dos escenas: Tutankamón equiparado al rey vivo (Horus) y al rey muerto (Osiris). Sea cual sea la interpretación de estas imágenes, está claro que no son verdaderos retratos tal y como entendemos la palabra hoy en día.

Los jóvenes reyes no toman sus tronos por la fuerza: los heredan. La tumba de Tutankamón confirma que nació como hijo o nieto de un rey, pero, y esto es harto frustrante, no nos dice quién podría ser ese rey. El candidato más obvio para el papel de padre de Tutankamón es Akenatón, el rey gobernante cuando nació Tutankamón. Sin embargo, por casualidad, Tutankamón ha dejado dos pruebas que nos incitan a dudar de esta paternidad. La primera es la dedicatoria en el mango de un instrumento astronómico de madera que identifica al «padre de su padre» como Tutmosis IV.[11] Tutmosis IV era el padre de Amenhotep III y el abuelo de Akenatón. La segunda es una inscripción en la base de uno de los «leones de Prudhoe»: una pareja de leones yacentes de granito rojo de la XVIII dinastía, encargados originalmente por Amenhotep III para su templo de Soleb en Nubia, y más tarde reinscritos por Tutankamón.[12] En ellos, Tutankamón se describe a sí mismo como «El que renovó el monumento para su padre, el rey del Alto y Bajo Egipto, señor de las Dos Tierras, Nebmaatra, imagen de Ra, hijo de Ra, Amenhotep gobernante de Tebas».

Tutankamón parece reclamar a Amenhotep III como su padre; esto lo convertiría en el hermano menor de Akenatón. A primera vista esto parece imposible, ya que sabemos que Akenatón gobernó durante diecisiete años. Sin embargo, Amenhotep III podría haber dejado un hijo de ocho años para gobernar después de su hijo mayor, Akenatón, si el propio Amenhotep III hubiera estado vivo durante el reinado de Akenatón. ¿Estamos ante una prolongada corregencia de Amenhotep III y Akenatón, en la que cada rey utilizó sus propias fechas anuales, de modo que el año 1 de Akenatón habría sido también el año 29 de Amenhotep? Dado que los correinados son insólitos en la XVIII dinastía, y como es poco probable que nueve años de gobierno conjunto hayan quedado totalmente sin registrar, esto parece muy improbable.

Afortunadamente, aunque para mayor confusión, no necesitamos leer las declaraciones de Tutankamón de forma literal. La lengua egipcia era muy flexible y, al igual que hoy podemos aplicar el término *hermano* tanto a un hermano biológico como a un amigo, la palabra egipcia *padre* se utilizaba para describir a una variedad de hombres con una relación de parentesco: un padre propiamente dicho, un abuelo, un bisabuelo o un antepasado en un sentido más general, mientras que *hijo* también podía emplearse para referirse a un yerno o a un nieto. Tutankamón no afirma ser el hijo real de Amenhotep III, sino que se alinea de forma intencionada con su distinguido abuelo y su igualmente distinguido bisabuelo y, al hacerlo, se distancia de su menos ilustre padre.

Como Akenatón, igual que todos los reyes de Egipto, tuvo muchas esposas, Tutankamón tiene muchas posibles madres. Si todo se desarrolló según lo previsto, su madre sería la consorte de su padre: Nefertiti, la gran esposa real. Como era la esposa que formaba parte del núcleo de la familia real —el rey, su consorte y sus hijos—, se aceptaba que el hijo de Nefertiti heredaría el trono del padre. Sin embargo, si Nefertiti no producía un heredero, Akenatón recurriría a su harén para encontrar un sucesor. Esto no era nada inusual. El propio padre de Akenatón, Amenhotep III, era hijo de una reina del harén llamada Mutemuia, y su abuelo, Tutmosis IV, era hijo de una reina del harén llamada Tia.

Aunque sabemos que Nefertiti dio a luz a seis hijas vivas, no hay pruebas de que tuviera uno o más hijos varones. Esto, por supuesto, no significa que no fuera el caso; ya hemos visto que era posible que los hijos de la realeza permaneciesen en la sombra durante los reinados de sus padres. Podemos calcular las fechas aproximadas de los nacimientos de las seis hijas de Nefertiti a partir de sus apariciones en el arte auspiciado por su padre. Este sistema dista mucho de ser perfecto —hay muchas razones por las que una hija puede verse apartada de la familia oficial—, pero nos permite recrear con razonable seguridad una familia con cada vez más niñas:[13]

— Meritatón Meritatón ('Amada de Atón'): nacida en Tebas no más tarde del primer año de gobierno de Akenatón, probablemente antes de que este se convirtiera en rey.
— Meketatón ('Protegida de Atón'): nacida en Tebas probablemente en el año 4.
— Anjesenpaatón ('Vida a través de Atón'): nacida antes de finalizar el año 7.
— Neferneferuatón la Joven ('Belleza exquisita de Atón'): nacida en Amarna, probablemente hacia el año 8.
— Neferneferura ('Belleza exquisita de Ra'): nacida en Amarna antes del año 10.
— Setepenra ('Elegida de Ra'): nacida en Amarna antes del año 10.

Sabemos que Nefertiti fue consorte de Akenatón desde el inicio de su reinado hasta su última mención atestiguada en el año 16, pero no sabemos cuánto tiempo llevaban casados antes de que Akenatón se convirtiera en rey. Es muy posible que haya engendrado uno o más hijos, y tal vez a su hija mayor, antes de convertirse en reina. No obstante, según nuestros cálculos, estos hijos serían demasiado mayores para ser Tutankamón. Podemos ver que Nefertiti no dio a luz a una hija por año. Es probable que haya razones perfectamente naturales para estos vacíos —aborto espontáneo, mortalidad infantil o quizá Akenatón se entretuvo con las mujeres del harén—, pero puede ser que estos fueran los años en los que dio a luz a hijos varones. Si, como sospechamos, Tutankamón nació durante el año 9 de Akenatón, es fácil que Nefertiti fuera su madre.

La Tumba Real de Amarna —una tumba de gran tamaño construida por Akenatón como hogar eterno para algunos miembros de su familia— nos permite echar un hipotético vistazo al niño Tutankamón. Situada en el lecho seco de un antiguo río (conocido hoy como Valle Real) que atravesaba los acantilados que formaban el límite oriental, la tumba nunca fue terminada. Sin embargo, las evidencias arqueológicas —bienes funerarios rotos y arte mural dañado— indican que se utilizó para más de un enterramiento antes de abandonar Amarna. Las propias estancias funerarias de Akenatón se encontraban al final de un largo pasillo descendente, en el centro de la tumba. El mismo Akenatón nos cuenta que se diseñaron otras dos estancias para su consorte y su hija mayor: «Que se haga una tumba para mí en la montaña oriental [de Ajetatón]. Que me entierren en ella. [...] Que entierren en ella a la esposa del gran rey, Nefertiti. [...] Que entierren en ella a la hija del rey, Meritatón [...]».[14]

Por desgracia, cuando se descubrió en la década de 1880, la tumba había sido saqueada varias veces, y las momias habían desaparecido. Las paredes talladas y pintadas habían sufrido grandes daños, pero muchas escenas sobrevivieron para mostrar, como era esperable, a Akenatón y su familia siendo bendecidos por los vivificantes rayos de Atón. La estancia funeraria originalmente destinada a Meritatón consta de tres habitaciones, hoy designadas Alfa, Beta y Gamma. En la sala Alfa (pared F), incongruentemente situada junto a unas escenas poco llamativas ambientadas en el Gran Templo de Atón, vemos una estampa íntima y aún sin explicar.[15] Dos imágenes, una encima de la otra, cuentan una única y emotiva historia. La superior, ambientada en palacio, muestra a Akenatón y Nefertiti —innominados, pero identificables por sus distintivas coronas— de pie bajo el disco solar. La pareja se retuerce de dolor; ambos alzan el brazo derecho hacia la cabeza, en señal de duelo, y Akenatón agarra el brazo izquierdo de Nefertiti para darle apoyo. Están de luto por algo o alguien que ha abandonado la escena. Fuera de la sala, las asistentes se lamentan, y un grupo de dignatarios masculinos eleva los brazos en señal de dolor. Una mujer que se encuentra inmediatamente fuera de la sala sujeta en sus brazos a un bebé de sexo incierto, mientras que un ayudante junto a la puerta sostiene un abanico, símbolo de la realeza, sobre el niño. Parece que el niño, la mujer y el abanico salen de la cámara. En la segunda escena se nos muestra el cuerpo de una mujer tumbada en una cama. Akenatón y Nefertiti están nuevamente de luto, y unas figuras de menor tamaño (¿sus hijas?) lloran su pérdida. Fuera de la habitación hay mujeres que lloran, y a una de ellas, en apariencia vencida por la emoción, la sostienen dos hombres. Los daños en la pared impiden determinar si la escena incluía originalmente un bebé.

Parece que una mujer del núcleo de la familia real ha muerto y la lloran el rey, la reina y algunas de las princesas. Es posible que la mujer que se siente abrumada por el dolor fuera de la habitación sea la nodriza que cuidó de la mujer muerta cuando era un bebé. Si llevamos nuestra interpretación más lejos, vinculando la muerte a la aparición del bebé cuyo estatus real señala el abanico, podemos pensar que la mujer ha muerto en el parto. Esto explicaría la presencia de los dignatarios masculinos que, tal vez, se han reunido para registrar un nacimiento real. Sin embargo, debemos ser cautos. El bebé puede ser simplemente una de las hijas de Nefertiti en brazos de su nodriza; incluso puede ser, dado que la cámara funeraria era un lugar de renacimiento, una representación de la mujer fallecida después de la muerte.

¿Quién es la mujer muerta? Sabemos que no es Nefertiti, y no puede ser ni Meritatón ni Anjesenpaatón, ya que sobrevivieron a su padre. Es posible que sea Meketatón, pero es poco probable, ya que su muerte se registra en otra parte de la *suite* de Meritatón, en la sala Gamma (pared A). La escena de la muerte de Meketatón está muy dañada. Su cuerpo y la mayor parte de la pareja real han desaparecido, y la inscripción tallada sobre la princesa muerta está ahora muy oscurecida, pero, como se registró a principios de siglo, sabemos que originalmente decía «Hija del rey de su cuerpo, su amada, Meketatón, nacida de la gran esposa real Nefertiti, que viva por siempre y para la eternidad». De nuevo, vemos a Akenatón y Nefertiti de pie junto a un féretro y, una vez más, fuera de la habitación vemos a una nodriza que lleva un bebé en brazos. La siguen dos ayudantes femeninas que portan abanicos. Aunque tendría poco más de doce años, se sugiere que Meketatón ha muerto en el parto, si bien, de nuevo, hay que tener cuidado a la hora de relacionar a la difunta con el bebé. Una escena posterior en la misma sala (muro B) muestra a Meketatón muerta, o quizá a su estatua, de pie dentro de un cenador, cuyas columnas de papiro están entrelazadas con enredaderas y flores de loto. Meketatón lleva una larga túnica, una peluca corta y un cono de perfume. Está frente a sus desconsolados padres y a tres de sus hermanas, que alzan los brazos en señal de duelo. Debajo de los dolientes hay mesas repletas de comida, bebida y flores. El cenador de Meketatón recuerda a los que utilizaban las mujeres durante el parto; tal vez signifique su propio renacimiento.[16]

Meketatón, que con toda probabilidad nació en el año 4, no pudo haber dado a luz a Tutankamón, quien seguramente nació en el año 9. Sin embargo, suponiendo que no sea Meketatón, la mujer anónima muerta en la sala Alfa podría haber sido la madre de Tutankamón. ¿Quién es ella? Hay varias posibilidades: las tres princesas más jóvenes; la reina madre, Tiy; una de las hermanas de Akenatón o una reina de entre las favoritas del harén. Si estamos en lo cierto al suponer que la mujer murió en el parto, las tres princesas —demasiado jóvenes— y la reina madre —demasiado mayor— quedan descartadas. Por lo tanto, se trata de una de las hermanas de Akenatón o de una reina del harén que, por supuesto, en una tierra de matrimonios reales consanguíneos, podrían ser la misma persona. Hay muchos condicionantes y objeciones a este razonamiento, pero abandonamos la Tumba Real con la sensación de que, posiblemente, la escena de la sala Alfa muestre el nacimiento de Tutankamón —lo que quebrantaría la regla de que los hijos varones no aparecen en las escenas oficiales— y la muerte de su madre, que no es Nefertiti.

En circunstancias normales, cuando la sucesión se desarrollaba según lo previsto, no sabemos nada de las misteriosas reinas que daban a luz a los hijos reales y morían entre las paredes del harén. Sin embargo, Amarna ha aportado una cantidad sorprendente de evidencias sobre la «esposa y gran amada del rey del Alto y Bajo Egipto», Kiya. Los orígenes de Kiya nunca se explicitan, pero su singular protagonismo nos tienta a especular que se trata de una mujer de alta cuna, posiblemente Taduhepa, que cambió su nombre, o, con mayor probabilidad, una de las hermanas «rebautizadas» de Akenatón. El retrato de Kiya ha sobrevivido en los bloques de piedra recuperados de Hermópolis, lo que nos permite reconocer su rostro redondeado, su corta peluca rizada de estilo nubio y sus grandes pendientes de aro. Estos pendientes no son, por supuesto, herencia genética, pero se han asociado tanto a Kiya que se tiende a identificar con ella a cualquier mujer anónima de Amarna que los lleve. En una muestra de la gran importancia de Kiya, se le permite acompañar a Akenatón cuando hace ofrendas y preside ceremonias oficiales, aunque nunca aparece si Nefertiti está presente y, desde luego, no tiene mayor rango que la consorte. Al igual que Nefertiti, la íntima conexión de Kiya con el rey le permite rendir culto a Atón directamente, lo que le posibilita asumir el importante, y podemos suponer que lucrativo, cargo de sacerdotisa en su propia «capilla solar»: un santuario dedicado al culto del sol, situado en un jardín amurallado con árboles y un estanque fuera de la ciudad principal.[17] Además, al igual que Nefertiti, Kiya da hijos a Akenatón. En la tradición de los príncipes invisibles, tenemos imágenes de ella con una hija innominada, pero ningún hijo. Una mujer de tanta importancia seguramente recibiría un entierro de alto estatus. ¿Podría ser Kiya la mujer que muere en la sala Alfa?

Para obtener nuestra siguiente prueba de los primeros años de vida de Tutankamón, tenemos que navegar hacia el norte de Amarna, hasta el ya antiguo cementerio de Saqqara, lugar de enterramiento de la élite que vivía y trabajaba en Menfis. Aquí, en

1996, un equipo dirigido por el egiptólogo francés Alain Zivie descubrió la tumba de la dama Maia excavada en el acantilado de piedra caliza.[18] La tumba había sido saqueada a fondo en la antigüedad. No se encontraron ni la momia de Maia ni su ajuar funerario, y un montón de gatos momificados parcialmente quemados que se halló en una de las cámaras era un vestigio de la época, cientos de años después de la muerte de Maia, en la que la sepultura fue reutilizada como catacumba para enterrar animales dedicados a Bastet, la diosa con cabeza de gato. Por fortuna, las paredes originales, con inscripciones y decoraciones, siguen intactas y cuentan una interesante historia.

Ataviada con un sencillo vestido de tubo y una larga peluca a la moda, Maia es, a primera vista, indistinguible de los cientos de esposas de la xviii dinastía que comparten las tumbas de sus maridos. Sin embargo, es muy distinta de estas mujeres: se ha ganado el derecho a una tumba propia de grandes dimensiones. Liberada de la absorbente presencia de un marido cuyos logros siempre tendrán prioridad sobre los suyos, en las paredes de su tumba puede hablar de su vida con cierto detalle. Aquí nos enteramos de que ha tenido el gran honor de ser tanto «nodriza del rey» como «instructora del cuerpo del dios»; un trozo de cerámica rota añade, además, la información de que era la «principal del harén». El rey en cuestión es Tutankamón. En el interior de la tumba de esta mujer, podemos ver juntos a nodriza y pupilo. Maia, joven, esbelta y enigmática bajo su engorrosa peluca, está sentada en un trono con un Tutankamón de aspecto pesado en su regazo. Esta es la postura que se utiliza tradicionalmente para representar a las nodrizas reales y a sus pupilos. Tutankamón, un adulto en miniatura en lugar de un bebé, lleva la corona azul del rey. Maia levanta una mano en homenaje a su soberano.

¿Quién es Maia? Una vez más nos encontramos con la tumba de alguien cuya familia no se menciona. Lo único que podemos decir con certeza es que, si estamos en lo cierto al traducir el título de *mnat* como 'nodriza', debió de dar a luz al menos a un hijo antes de cuidar a Tutankamón. Durante la xviii dinastía, el papel de *mnat* era honorable y se otorgaba a las mujeres de la élite, que serían recordadas con cariño por sus pupilos reales. Sitre, nodriza de la faraona Hatshepsut, fue recompensada con una estatua de tamaño natural y el honor de una tumba en la necrópolis tebana. Tiye, esposa del destacado cortesano de Amarna, Ay, comenzó su carrera como nodriza de Nefertiti y la terminó como reina consorte de Egipto. Sin embargo, no debemos confiar demasiado en que *mnat*, título femenino que incorpora el jeroglífico que representa un pecho o una mujer amamantando, signifique siempre nodriza, en contraposición a nana, madre adoptiva o incluso tutora. Podemos comparar su uso con el del título masculino *mnay*, que también incorpora el signo de un pecho, y podemos abordar con cierta confusión la autobiografía de la tumba del cortesano (varón) Amosis Pennejeb, quien, a principios de la XVIII dinastía, afirma haber criado a la hija de Hatshepsut, Neferura, «cuando era una niña en edad de que le dieran el pecho». La confusión continúa cuando Neferura, algo más mayor, pasa primero al cuidado del cortesano (varón) Senenmut, que se convierte en su «gran nodriza», y luego al cuidado de Senimen, otra «nodriza real».[19] Independientemente de cuales sean sus funciones, Maia debió de ser un miembro de la élite de Amarna, bien la esposa de un cortesano o, tal vez, una de las reinas menores del harén de Akenatón. La conjetura de que podría haber sido la hija mayor de Akenatón, Meritatón, no se basa en nada más que el hecho de que las dos mujeres se parecen —como la mayoría de las mujeres de la élite de la XVIII dinastía representadas en los muros de las tumbas— y tienen nombres que suenan parecidos a oídos modernos.

Al dejar de estar al cuidado de Maia, perdemos la pista del joven Tutankamón. Podemos imaginarlo recibiendo una educación como la de Neferura —instrucción especializada por parte de una serie de maestros de élite—, y es posible que fuera durante un tiempo alumno del visir Aper-el, cuya tumba de Saqqara, vecina de la de Maia, le reconoce los títulos de «padre del dios» y «guía de los padres y madres adoptivos de los hijos del rey».[20] Otro posible mentor es el anónimo «supervisor de los tutores», cuya tumba se construyó en la ciudad meridional de Ajmín durante el reinado de Tutankamón.[21]

No disponemos de detalles sobre las materias impartidas por estos expertos, pero, dado el enorme énfasis puesto en el papel del escriba a lo largo de la época dinástica («No hay nada mejor que los libros [...]. [El oficio del escriba] es la mayor de las vocaciones»), parece inconcebible que Tutankamón no aprendiera, como mínimo, a leer y escribir las escrituras jeroglíficas y hieráticas.[22] Quizá no tuviera que ser un erudito en vida —podía, si era necesario, ordenar a otros que leyesen y escribieran por él—, pero necesitaría estar completamente instruido en el más allá cuando, como a todos los reyes difuntos, se le pidiera que ejerciese como escriba del dios sol Ra. Para ayudarlo a cumplir con este deber, fue enterrado con una gran cantidad de material de escritorio: diecisiete paletas de escriba —pinceles, plumas y soportes de tinta— y el instrumental asociado, lo que incluye un estuche de plumas, dos cuernos de escritura, un curioso artículo identificado como un pulidor utilizado para alisar el papiro, una goma de borrar de piedra arenisca, pigmentos negros, blancos, amarillos, rojos y azules, además, por supuesto, de papiro para escribir.[23] Mientras que algunas de sus paletas eran modelos hechos específicamente para la tumba —gracias a los hechizos funerarios podrían utilizarse después del funeral—, otras muestran signos de uso. Entre ellas se encuentra una paleta dorada de tamaño infantil que porta la forma temprana de su nombre: Tutanjatón (n.º 271e).

¿Qué otra evidencia de sus primeros años podemos obtener de la tumba de Tutankamón? La escasez de instrumentos musicales —solo dos trompetas militares (n.º 50gg y 175), dos sistros o sonajas sagradas (n.º 75 y 76) y un par de instrumentos de percusión, similares a castañuelas, usados con fines rituales (n.º 620.13)— quizá sugiera que la música no desempeñó un papel importante en su vida. Los juegos de mesa, sin embargo, probablemente sí. En su tumba se han encontrado seis tableros con suficientes piezas, tabas y peones para que Tutankamón pudiera jugar tanto al *senet* (similar al *backgammon)* como a las veinte casillas (parecido a serpientes y escaleras). El juego fue enormemente popular durante toda la época dinástica. Jugaban ancianos y jóvenes, hombres y mujeres, la élite —que gastaba el dinero en hermosos juegos con incrustaciones— y los campesinos —que jugaban con guijarros y tableros provisionales delineados en el suelo—. Los juegos de mesa podían ser un simple entretenimiento, pero también podían servir como un portal que permitía a los muertos comunicarse y jugar con los vivos. En la tumba de Tutankamón, una partida de *senet* contra un oponente invisible podría simbolizar la lucha del alma por alcanzar la seguridad de la vida eterna.

Para recordarnos que no todos sus tutores habrían sido unos eruditos, el ajuar funerario de Tutankamón incluye seis carros desmantelados y un arsenal de arcos, flechas, espadas, cuchillos, hondas, palos arrojadizos y garrotes. Tallada un siglo antes de que Tutankamón ascendiera al trono, una escena de la tumba tebana de Min muestra a un joven príncipe —el probable tatarabuelo de Tutankamón, Amenhotep II— aprendiendo a manejar estas armas. Siguiendo las instrucciones de su tutor («Estira el arco hasta la oreja. Ténsalo [...] [encaja] la flecha...»), Amenhotep dispara a una gran diana rectangular y las flechas dan en el blanco.[24] El joven Amenhotep crecería y se convertiría en un atleta polifacético que destacaría en la carrera, el remo, la equitación y, por supuesto, el tiro con arco:[25]

> Sacó trescientos vigorosos arcos [...] Encontró que habían dispuesto para él cuatro dianas de cobre asiático, de un palmo de grosor. Veinte codos separaban cada poste del siguiente. Su majestad apareció en un carro, igual que Montu, en la plenitud de su poder. Cogió su arco y tomó en su puño cuatro flechas a la vez [...] Sus flechas atravesaron cada objetivo y luego golpeó el siguiente poste. Jamás se había realizado tal hazaña.

El orgullo de Amenhotep por sus propios logros casi sobrehumanos es más que simple jactancia. Está citando sus proezas físicas como prueba de su aptitud para gobernar. La salud del rey estaba estrechamente relacionada con la salud de Egipto, una conexión que inspiró a los artistas reales a representar a sus monarcas como especímenes con un físico de primera categoría, capaces, si era necesario, de blandir garrotes, espadas y lanzas para luchar contra los enemigos que amenazaban constantemente la estabilidad de su tierra.

Los reyes de Egipto no solo eran eruditos y deportistas, sino también sacerdotes. La carrera del hermano mayor de Akenatón, el prematuramente fallecido Tutmosis, sumo sacerdote de Ptah en Menfis, confirma que se esperaba que los herederos al trono pasaran tiempo vinculados a uno o varios de los grandes templos del Estado. En ellos estudiaban los rituales y las rutinas administrativas de los cultos. Se trataba de un asunto de suprema importancia: como única persona viva capaz de comunicarse eficazmente con el panteón, el rey asumía la responsabilidad personal de las ofrendas periódicas exigidas por los dioses. Manteniendo a los dioses contentos, mantenía a Egipto seguro y, por supuesto, a él mismo en el trono. Si observamos las escenas talladas en las paredes de los templos estatales, vemos que este sistema se basa en la reciprocidad. Los reyes hacían ofrendas a los dioses, y los dioses, a su vez, brindaban su apoyo al rey. La magnitud de las ofrendas varía —a veces el rey hace sencillas ofrendas cotidianas, tal que comida, bebida o incienso; en otras ocasiones, ofrece una contundente victoria sobre los enemigos o la erección de un espléndido obelisco—, pero todas deben interpretarse como una señal de que Egipto florece bajo su gobierno. Cuando Akenatón tomó la decisión sin precedentes de adorar a un solo dios, amenazó un sistema que había permitido que Egipto, los dioses y la monarquía prosperasen durante más de mil años. Al hacerlo, puso en peligro su tierra. Nadie sabía las cosas horribles que podrían ocurrir si los dioses se enfadaban con el rey.

Akenatón centró su ira en Amón-Ra y sus asociados. Mientras que a los antiguos cultos de Ptah de Menfis y Ra de Helió- polis se les permitió, en gran medida, continuar como antes, se clausuraron los templos tebanos de Amón-Ra, Mut y Montu, se despidió a sus sacerdotes y se vandalizaron las imágenes y nombres de sus dioses. Amón era *persona non grata;* si se lo mencionaba dentro del nombre personal de un rey anterior, como ocurría en el nombre del propio padre de Akenatón, había que borrarlo. Los templos tebanos controlaban una gran variedad de bienes, como tierras, barcos, canteras y personas, y actuaban como centros de almacenamiento y redistribución de alimentos. Casi de la noche a la mañana, sus almacenes fueron cerrados y las rentas de sus activos fueron desviadas al culto de Atón, donde podían ser controladas por el propio Akenatón.

Nacido después del traslado a Amarna, Tutankamón habría conocido poco, o nada, del panteón tradicional de Egipto. Desde luego, no habría pasado su infancia estudiando los misterios del artesano-creador Ptah, o del oculto Amón-Ra de Tebas. Como «Imagen viva de Atón», fue educado para adorar a un solo dios; un dios que representaba el poder del sol, o la luz del sol, en lugar del sol mismo. El *Gran himno a Atón,* un poema inspirado, si no escrito, por el propio Akenatón, le habría presentado a la preponderante deidad de Egipto:[26]

> Glorioso, apareces desde el horizonte del cielo, oh, Atón vivo, creador de la vida. Te has alzado en el horizonte oriental y has llenado todas las tierras con tu belleza. Eres hermoso, grande y deslumbrante, te elevas por encima de cada tierra. Tus rayos abrazan todas las tierras que has creado [...]. Cuando te ocultas en el horizonte occidental la tierra queda en la oscuridad, como si llegara la muerte.

Los primeros egiptólogos occidentales que estudiaron la época de Amarna estaban muy influenciados por su propia fe cristiana y se inclinaban a ver el antiguo Egipto a través de unas gafas de color rosa. Al interpretar el atonismo de Akenatón como una religión más sofisticada y democrática que el politeísmo anterior, permitieron que la aparente creencia de Akenatón en un solo dios los convenciera de que era un precursor del Moisés bíblico. Al mismo tiempo, dando por verídicas las apacibles escenas de la familia real relajándose bajo el sol, consideraron que la vida en Amarna era idílica para todo el mundo. Se equivocaron. Akenatón no era, como suponían, un monoteísta. Era un henoteísta que reconocía a varios dioses, pero que solo rendía pleitesía a uno. Y, aunque es innegable que la luz del sol estaba al alcance de todos, la suya era una religión nada democrática. Akenatón ejercía un estricto control sobre el acceso a su dios, asegurándose de que la particular luz vital de Atón, representada en forma de largos y delgados rayos con pequeñas manos que sostienen el *anj* de la vida, estuviera reservada únicamente a la familia real.

La vida en Amarna fue, sin duda, muy agradable para Akenatón y su familia. Vivían a menos de tres kilómetros del centro de la ciudad, en una ubicación conocida como la «Ciudad del Norte». Allí, oculto tras un grueso muro de adobe interrumpido por puertas y contrafuertes y rodeado de jardines, el Palacio de la Ribera Norte estaba enlucido, alicatado y pintado con escenas brillantes y paneles de imitación de madera. La familia salía con frecuencia del palacio para recorrer en carro la larga y recta vía real que discurría paralela al río; un viaje que recordaba a los habitantes de Amarna las procesiones divinas que antaño habían desfilado por las calles de Tebas. Podían detenerse en el centro de la ciudad para hacer una ofrenda en el Gran Templo de Atón o cumplir con un deber oficial en el laberinto de edificios administrativos conocido hoy en día como el Palacio, o podían continuar hacia el sur, dejando atrás la ciudad para visitar el remoto templo solar de Maru Atón. Las imágenes en las tumbas de la élite amarniense muestran a la familia real trabajando con ahínco: hacen ofrendas a su dios, se asoman a un balcón para arrojar oro a sus fieles seguidores y, quizá agotados por sus labores, se sientan a disfrutar de una comida, mientras los acarician los rayos del sol. No podemos saber si Tutankamón participaba en alguno de estos rituales más públicos, aunque podemos estar bastante seguros de que disfrutaba de ropas limpias, perfumes y cosméticos, abundante comida y bebida, y acceso a instalaciones para la higiene —una ducha y un retrete sin cañerías eran el colmo del lujo de Amarna—. Y, en caso de que ocurriera lo peor, sabía que sería momificado y enterrado en una tumba excavada en la roca del Valle Real.

En la base de la pirámide social, los cementerios públicos utilizados por los, al menos, diez mil residentes de Amarna que no pertenecían a la élite, ofrecen un marcado contraste con el Valle Real y las tumbas privadas excavadas en la roca.[27] Aquí, la mayoría de los cuerpos se enterraban sin momificar, pero envueltos en lino y esteras, en tumbas individuales o compartidas con un ajuar mínimo. Las tumbas estaban marcadas con amontonamientos de piedras o, en ocasiones, con una simple construcción de adobe. Por muy pobres que fueran estas tumbas, en la antigüedad fueron objeto de numerosos robos, y sus huesos, piedras y ajuares fueron esparcidos por el suelo del desierto. El análisis de los huesos ha demostrado que la mayoría de estas personas «corrientes» murieron siendo bebés, o lo que nosotros clasificaríamos como adultos jóvenes, entre los tres y los veinticinco años. Hubo muy pocos entierros de mayores de cincuenta años, bien porque relativamente pocas personas mayores se trasladaron a Amarna, bien porque la mayoría de la gente nunca llegó a esa provecta edad. Las personas enterradas en los cementerios públicos eran de baja estatura —quizá un indicio de mala alimentación— y muchas habían sufrido daños por sobrecarga tal vez causados por el movimiento de grandes pesos y el acarreo de agua desde largas distancias. En circunstancias normales, nadie tendría la fuerza necesaria para levantar un bloque de construcción de piedra. Sin embargo, Akenatón aceleró el proceso de construcción empleando bloques de pequeño tamaño conocidos como *talatat,* nombre derivado de la palabra árabe para tres, que refleja el hecho de que los bloques tienen tres palmos de longitud. En Tebas, los bloques de Akenatón medían $52 \times 26 \times 24$ cm; en Amarna eran aún más pequeños, lo que facilitaba el transporte y la manipulación en la obra. Los templos solares de Amarna, construidos con bloques de *talatat* con ladrillos de adobe en el centro, en lugar de piedra, no estaban bien construidos, y el yeso tallado y pintado que cubría sus paredes ocultaba un trabajo chapucero. Los arquitectos de Akenatón eran conscientes y, cuando murió, ya estaba en marcha un programa de restauración.[28]

La élite de Amarna, atrapada entre la familia real y el proletariado urbano, estaba bien alimentada y gozaba de buena salud, pero tenía sus propios problemas. Al negárseles el acceso directo al único dios admisible, se veían obligados a rendirle culto utilizando a su rey y a su consorte como intermediarios. Los más sabios lo hacían de forma muy evidente. Sus lujosas villas incluían llamativas imágenes de la familia real —losas de piedra tallada (estelas) o pequeñas estatuas— que servían de altares para el culto privado, mientras que sus tumbas, excavadas en lo alto de los acantilados al este de la ciudad, estaban decoradas con escenas protagonizadas por la familia real, de forma que los difuntos se convertían en personajes secundarios de sus propias vidas en el más allá. Privados de acceso a Osiris y al Campo de Juncos, los cortesanos de Akenatón eran conscientes de que deberían habitar estas tumbas, rodeadas de imágenes de Akenatón, su dios y su familia, hasta el fin de los tiempos. No podemos saber lo que pensaban de esta situación; no hay documentos escritos que sugieran que alguien no estuviera más que encantado de vivir en Amarna. Pero si observamos con atención las escenas en las paredes de las tumbas de la élite, podemos ver que Akenatón quizá no esté tan seguro como nos quiere hacer creer, ya que se rodea constantemente de guardaespaldas. Mahu, jefe de la *medjay* ('policía') y «general del ejército del señor de las Dos Tierras», era una importante figura de Amarna que fue recompensada por su lealtad con oro y una tumba excavada en la roca. Aquí podemos ver a Mahu en acción mientras él y sus soldados corren junto al carro real. Sin embargo, el peligro en esta escena tiene lugar en el interior del carro. Akenatón lleva las riendas de los dos enérgicos caballos, pero su atención se centra por completo en Nefertiti, a la que parece besar. Con sus padres distraídos, la joven Meritatón golpea a los caballos con un palo.[29]

En el segundo mes del año 12, Akenatón organizó un espléndido pero inexplicable (al menos para nosotros) festival. Amarna, una ciudad normalmente aislada del mundo exterior, se llenó durante un breve período de tiempo de exóticos visitantes convocados desde todos los rincones del imperio para rendir homenaje a Akenatón y a su dios. Merire II, un cortesano cuyo título de «supervisor de los aposentos reales y de los apartamentos de la gran esposa del rey» demuestra su estrecha relación con la reina Nefertiti, conmemoró las celebraciones en una gran escena en la pared oriental de la capilla de culto de su tumba en Amarna.[30] Como era de esperar, Akenatón y Nefertiti dominan los acontecimientos; mucho más grandes que todos los demás, están sentados uno al lado del otro en una plataforma con dosel y, aunque la reina no es más que un contorno dibujado alrededor de la figura de su marido —un recurso posiblemente empleado para expresar la unidad de rey y reina—, parece que están cogidos de la mano. Sus seis hijas están en pie detrás de ellos, vigiladas por sus nodrizas. Desde la comodidad de su sombreado trono, Akenatón inspecciona a «los jefes de todas las tierras», una multitud de embajadores y representantes de Nubia, Libia, las islas mediterráneas y Oriente Próximo que se ven obligados a permanecer de pie bajo el caluroso sol y a inclinarse ante él. Acepta amablemente una gran cantidad de «tributos», como caballos, carros, armas, oro, marfil, huevos y plumas de avestruz, y esclavos y esclavas. Tutanjatón está, como era de esperar, ausente de la escena.

Esta es la última vez que vemos a la familia real oficial —el rey, la consorte y las seis princesas— junta. El año 12 fue una época de plagas en Oriente Próximo y es posible que la fiesta internacional de Akenatón fuese un acontecimiento de gran envergadura que llevó algo más que tributos a Amarna. Sabemos que la segunda princesa de mayor edad, Meketatón, murió poco después de la celebración, posiblemente ya en el año 13, y, dado que sus tres hermanas menores, Neferneferuatón, Neferneferura y la bebé Setepenra, fueron omitidas a partir de entonces de las escenas oficiales, parece probable que también estuvieran muertas. Kiya no solo desapareció, sino que fue en parte borrada de la historia de Amarna. Varias de sus imágenes fueron torpemente alteradas para que representaran a la princesa Meritatón, y sus inscripciones en la pared del templo solar de Maru Atón fueron sobrescritas para que también hicieran referencia a la hija mayor de Akenatón. Esta parece una curiosa manera de tratar a una esposa favorita. Solo tiene sentido cuando nos damos cuenta de que las alteraciones no han de leerse en clave de desagrado real. De hecho, no pretenden llamar la atención en absoluto. Son una respuesta práctica, aunque poco sutil, al hecho de que el papel religioso vital de Kiya ha pasado a Meritatón.

Por muy tentador que resulte, no podemos asumir que todas las mujeres de la realeza que han desaparecido han muerto. La «desaparición» temporal de Nefertiti es un conveniente recordatorio del dicho arqueológico «la ausencia de pruebas no es prueba de ausencia». Durante muchos años se aceptó que Nefertiti desapareció de Amarna poco después de la muerte de Meketatón, lo que llevó a los egiptólogos a imaginar complicadas historias para explicar su destino. Mi propia interpretación de la evidencia —de su falta— era simple: «La inferencia obvia es que ella también murió; posiblemente fue otra víctima de la plaga que parece haberse cobrado a tantos miembros de su familia».[31] Otros sugirieron que había sido desterrada a un remoto palacio de Amarna tras desafiar las convicciones religiosas extremas de su marido, o que la habían exiliado a Tebas por promover sus propias convicciones religiosas extremas.[32] En 2012, la publicación de un grafito fechado en el año 16 de Akenatón puso fin a todas las especulaciones. El grafito nombra a la «esposa del gran rey, su amada, señora de las Dos Tierras, Neferneferuatón Nefertiti», confirmando que la consorte estaba viva y desempeñaba sus funciones habituales hasta poco antes de la muerte de Akenatón.[33]

La devastadora pérdida de su madre, una esposa favorita y cuatro de sus hijas parece haber impulsado a Akenatón a planificar el futuro. La repentina aparición de Tutankamón en Amarna indica un cambio de estatus que le permitió salir de las sombras y convertirse, por primera vez, en un miembro «visible» de la familia real. La carrera del joven Ramsés II, un rey bien documentado que gobernó casi seis décadas después de Tutankamón, ofrece aquí un interesante paralelismo. Con no más de diez años, tras una infancia oculta de los ojos del público, Ramsés fue reconocido oficialmente como el «hijo mayor» de su padre o príncipe heredero, aunque, al ser el único hijo de Seti, seguramente se trató de una formalidad:[34]

Fue Menmaatra [su padre, Seti I] quien me educó. El propio señor de todo me guio desde que era un niño hasta que me convertí en gobernante. Incluso cuando estuve apartado me asignó la tierra. Los funcionarios besaron el suelo ante mí cuando se me instituyó como hijo mayor y representante en el trono de Geb. Dirigí los asuntos de las Dos Tierras como comandante de la infantería y de los carros.

En otra inscripción, sus aduladores cortesanos confirman este cambio de estatus y añaden más detalles de la vida de Ramsés como heredero natural:[35]

Tomasteis decisiones mientras permanecisteis apartado, en vuestro papel de hijo del heredero natural. Los asuntos de las Dos Tierras os fueron comunicados cuando aún erais un niño con una trenza lateral. No se erigía ningún monumento si no estaba a vuestro cargo. Actuasteis como jefe del ejército cuando erais un joven de diez años.

Más allá de la hipérbole, vemos que Ramsés ha sido ascendido a aprendiz de su padre. Aprende su oficio pasando tiempo con el ejército, supervisando obras públicas y, suponemos, trabajando con otras ramas de la administración pública y el sacerdocio. Al joven Tutanjatón, según parece, se lo ha ascendido de modo similar. Ahora está en la línea de sucesión.

Sin embargo, Tutanjatón no es la única persona de la realeza que emerge en la última parte del reinado de Akenatón. De hecho, ni siquiera es la persona más importante que surge de la nada. Ese honor debe compartirlo con el misterioso Anjeperura Semenejkara ('Forma viva de Ra', 'El alma de Ra se afirma') y la aún más misteriosa Anjeperura Neferneferuatón ('Forma viva de Ra', 'Belleza exquisita de Atón'). Dado que estos dos personajes desempeñan un papel importante, aunque breve, en el camino de Tutanjatón al trono, debemos investigarlos con más detalle.

No hay duda de que Semenejkara y Neferneferuatón existieron; sus nombres se encuentran, escritos en cartuchos, en varios contextos de Amarna, e incluso dentro de la tumba de Tutankamón. Pero no podemos dar cuenta de ellos, y es imposible estar seguros de si estamos ante una o varias personas no vistas con anterioridad o, de hecho, ante personas a las que ya conocíamos antes, pero que ahora tienen un nuevo nombre. En su día se creyó que ambos podían ser Nefertiti, que fue cambiando de nombre a medida que pasaba de ser una reina consorte convencional a convertirse en corregente junto a su marido (Neferneferuatón) y luego, tras la muerte de Akenatón, a ejercer de reina en solitario (Semenejkara).[36] Sin embargo, ahora sabemos que Nefertiti seguía siendo la reina consorte, y que aún utilizaba su nombre original poco antes de la muerte de Akenatón. Que ella «heredase» la corona de su esposo hubiera supuesto un golpe de Estado sin precedentes y difícil de justificar, ya que habría desplazado de la sucesión a Tutanjatón y a sus dos hijas supervivientes nacidas en la realeza, Meritatón y Anjesenpaatón. Aunque la idea de que Nefertiti gobernó Egipto como reina se ha ganado recientemente el favor del público, no hay ni una sola prueba que demuestre que esto ocurrió en realidad.

Para resolver el misterio de Semenejkara tenemos que volver a la tumba amarniense de Merira II. Aquí, en la pared norte, vemos una escena muy dañada, una pintura que apenas es un esbozo.[37] Un rey y una reina están de pie bajo los rayos de Atón mientras gratifican a la miniatura de Merira con collares de oro. Se trata de una ceremonia típica de Amarna y, a primera vista, la pareja se parece mucho a Akenatón y Nefertiti, aunque la reina no lleva la característica corona alta y plana de Nefertiti. Se han arrancado de la pared los nombres que originalmente identificaban al rey, pero, por suerte, ambos habían sido copiados por los visitantes del siglo XIX antes de que los saqueadores modernos atacaran, por lo que podemos estar seguros de que nos encontramos ante el «rey del Alto y Bajo Egipto, Anjeperura, hijo de Ra, Semenejkarazoserjeperu» y la «gran esposa del rey, Meritatón, que viva eternamente». La escena no está fechada, pero el hecho de que esté incompleta indica que se inició después de la vecina escena de homenaje del año 12. Semenejkara es ahora rey de Egipto, con la hija mayor de Akenatón, Meritatón, a su lado como consorte.

¿Gobierna Semenejkara solo? ¿O participa en una breve corregencia con Akenatón? En Amarna se han hallado, en ocasiones, imágenes sin título que muestran a dos individuos coronados, pero solo podemos conjeturar sobre sus identidades y funciones. Para encontrar pruebas firmes de que los reyes Akenatón y Semenejkara compartieron reinado hemos de regresar al Valle de los Reyes. Tutankamón fue enterrado con más de trescientos cincuenta litros de preciados aceites y ungüentos almacenados en más de ochenta recipientes de piedra, algunos de los cuales llevaban los nombres de reyes anteriores que se remontaban a más de un siglo, hasta el reinado de Tutmosis III. Estos aceites eran inmensamente valiosos, lo que los convertía en el principal objetivo de los saqueadores que atacaron la tumba en la antigüedad. Por suerte para nosotros, los ladrones decantaron los aceites en vasijas más grandes y dejaron los recipientes vacíos. Un frasco globular de calcita lleva una inscripción: dos cartuchos dobles, incisos y pintados de azul (n.º 405). Sin embargo, esta inscripción había sido parcialmente borrada antes del entierro. Carter leyó los nombres como Amenhotep III y Akenatón; en adelante se ha considerado que son Akenatón y su sucesor Semenejkara.[38] Los dos nombres no prueban una corregencia, pero sí insinúan una estrecha conexión.

Una vez más nos vemos obligados a reconstruir el pasado en base a pruebas incompletas. Siguiendo el principio de que la explicación más sencilla es la más probable, es posible sugerir que Semenejkara era un hijo de Akenatón y de una de sus esposas de mayor rango. Era el hermano o medio hermano de Tutanjatón, y el hermano —o medio hermano— y marido de Meritatón, la mayor y más importante de las princesas de Amarna. El ascenso de Semenejkara al papel de príncipe heredero permitió a Tutanjatón —temporalmente, se supone— dar un paso adelante como heredero al trono. Un hijo de Semenejkara y Meritatón, o cualquier hijo de Semenejkara, habría reemplazado a Tutanjatón en la línea sucesoria, pero esto nunca tuvo lugar. Semenejkara sucedió brevemente a Akenatón, pero murió joven, y su corto reinado dejó pocas huellas en el registro arqueológico. Como el año regio más elevado de su reinado lo proporciona una etiqueta de vino fechada en el año 1, es posible que muriera el mismo año que su padre. La muerte de Semenejkara despojó a Meritatón de su papel de consorte y situó al joven Tutanjatón en el trono.

Neferneferuatón es una figura mucho más nebulosa. Aunque su nombre es epiceno, en ocasiones va unido al epíteto «diligente para su marido», por lo que sabemos que se trata de una mujer.[39] Emplea un doble cartucho, pero también lo hace Nefertiti. Al parecer, en Amarna, el doble cartucho puede indicar a un rey o a su consorte. Entonces, ¿quién es ella? Ya había dos Neferneferuatones en la familia real: una de ellas era la cuarta hija de Akenatón, presuntamente fallecida después del año 12, y la otra era la consorte Neferneferuatón Nefertiti, que había añadido un segundo elemento a su nombre en el momento de la conversión religiosa de Akenatón. Sin embargo, sabemos que el rol de Nefertiti no había cambiado en el año 16. Si buscamos una mujer de la realeza cuya importancia crece hacia el final del reinado de Akenatón, debemos centrar nuestra atención en Meritatón. Meritatón, la hija mayor de Akenatón, recién enviudada consorte de Semenejkara, tiene un impecable pedigrí real y, lo que es más insólito, su importancia política la confirman evidencias originadas lejos de Egipto.

En 1887, una campesina que cavaba en busca de tierra fértil entre las ruinas de Amarna descubrió cientos de tablillas de arcilla secadas al sol y estampadas con curiosos signos. Los egiptólogos, desconocedores de la escritura cuneiforme y la antigua lengua babilónica, desestimaron las tablillas como ingenuas falsificaciones. Cuando se reconoció que se trataba de valiosas antigüedades, la colección se había dispersado, y muchas cartas se habían perdido; hoy en día no hay más de cuatrocientas en museos y colecciones privadas de todo el mundo. Ahora sabemos que estas «cartas de Amarna» son los restos del archivo que almacenaba la correspondencia diplomática entre el rey de Egipto y otros reyes y vasallos en Oriente Próximo. La mayoría son, como cabría esperar, cartas escritas a Egipto, pero unas pocas son copias de cartas enviadas desde Egipto. Abarcan un período de aproximadamente treinta años, desde el final del reinado de Amenhotep III hasta finales del período de Amarna, y proporcionan una sugerente visión de los personajes que gobernaban los grandes Estados de la Edad del Bronce. Los consortes no se incluyen, por lo general, en esta correspondencia, y no hay mención a Nefertiti. Se habla de la reina Tiy, y la correspondencia deja claro que se la considera una figura de gran influencia en la vida de Akenatón. No solo se hace referencia a Meritatón, sino que Burna-Buriash de Babilonia le envía un valioso regalo: «[...] en relación a vuestra hija Mayati, como he oído hablar de ella, le mando como obsequio un collar de gemas de lapislázuli en forma de grillo, un total de 1 048».[40]

Es fácil reconstruir el impresionante currículo de Meritatón. Como hija mayor del rey Akenatón, es la princesa que más destaca en el arte oficial de Amarna. Asiste a su madre en los rituales femeninos del culto a Atón antes de heredar su propia capilla solar, donde realiza sus propios ritos. En tanto que consorte del efímero Semenejkara, se convierte en reina de Egipto, un papel que le hace suscitar la atención de los gobernantes de todo el Oriente Próximo antiguo. Finalmente, como reina experimentada, se desempeña como regente del joven Tutanjatón, ya casado con su hermana Anjesenpaatón. Era una tradición muy arraigada que a un rey lo guiara la viuda consorte, que solía ser su madre o madrastra. Por lo tanto, que Meritatón guiara a Tutanjatón en los primeros años de su reinado parece algo totalmente natural. Cabría esperar que el Tutankamón adulto reconociera este apoyo y, en uno de sus monumentos —su templo funerario, quizá—, nombrase también a su madre biológica. El hecho de que no llegue a hacerlo es un buen indicio de que no esperaba morir tan joven.

Esta reconstrucción de las relaciones dentro de la familia real abre otra perspectiva. ¿Podrían Meritatón y Semenejkara ser los padres de Tutankamón? Esto permitiría que la sucesión fluyera como debería, sin interrupciones, de bisabuelo a abuelo, padre e hijo —de Amenhotep III a Akenatón, Semenejkara y Tutankamón—. Como no tenemos ni idea de cuándo o dónde nacieron Meritatón o Semenejkara, es teóricamente posible que sean los padres de un niño nacido entre los años 6 y 9 de Akenatón. Volveremos sobre esta idea en el capítulo 6.

Como príncipe, posiblemente uno de los muchos príncipes que un día podrían convertirse en rey, Tutanjatón pasó gran parte de su infancia oculto de nuestra vista. No figuraba en el arte oficial ni en los altares privados que adornaban Amarna, y no lo vemos montar en la carroza real ni comer con el rey y la reina. Su destino aún no estaba decidido. Pero le habrían enseñado que era portador de una divinidad latente que lo separaba del pueblo llano. Si sobrevivía a su padre y ascendía al trono, esta divinidad se activaría con su coronación. Algún tiempo después del año 12, experimentó un importante cambio de estatus que le permitió salir de las sombras y convertirse, por primera vez, en un miembro «visible» de la familia real. Tutanjatón se había convertido en un heredero directo.

# 2

# El cuento del rey

## Tutankamón el Restaurador

En un texto escrito para impresionar a sus dioses, el rey Tutankamón se jacta de los heroicos esfuerzos que ha realizado para restaurar su dañada tierra:[1]

Ha restaurado lo que estaba arruinado, en monumento a la eternidad. Ha expulsado la maldad de las Dos Tierras y ha establecido la *maat*.

Tras un breve período de confusión, recuperamos la certeza histórica cuando, aproximadamente en el 1336 a. C., el joven Tutanjatón asciende al trono de Egipto apoyado por la reina viuda, Meritatón, su hermana y esposa, Anjesenpaatón, y, tal vez, si aún está viva, Nefertiti. Entre sus consejeros, todos ellos supervivientes de Amarna, se encuentran «Ay, padre del dios», el jefe del Tesoro, Maya, y los dos visires, Pentu y Usermontu. El general en jefe Horemheb no solo es el comandante supremo del ejército, sino el «representante del rey en toda la tierra» y el «noble del Alto y Bajo Egipto». Todo quedaba en casa. Ay era el marido de la nodriza de Nefertiti, Tiye, y hay importantes indicios —entre los que se incluyen el uso del título de «padre del dios», que antes ostentaba Yuya, padre de la reina Tiy— que sugieren que era tanto el hermano de Tiy como el padre de Nefertiti. El general Horemheb estaba casado con una mujer llamada Mutnedymet, que podría haber sido la hermana menor de Nefertiti, con quien compartía nombre, y, por tanto, hija de Ay. Tanto Ay como Horemheb acabarían por ascender al trono.

Como todos los reyes antes que él, el nuevo faraón eligió un repertorio de cinco nombres formales, cada uno de ellos precedido por un título que sería una breve declaración de intenciones de su reinado. Solo dos nombres —los dos últimos— se inscribían en un cartucho.

> —Nombre de Horus: Imagen de los nacimientos
> —Nombre de las Dos Damas: El que es bueno en leyes, el pacificador de las Dos Tierras/El que satisface a todos los dioses
> —Nombre de Horus de Oro: El poseedor de las formas del dios/su padre Ra
> —Prenombre o nombre del trono: rey del Alto y Bajo Egipto Nebjeperura ('señor de las manifestaciones de Ra')
> —Nombre personal: Hijo de Ra Tutanjatón ('imagen viva de Atón'). (Pronto lo cambiaría por Tutankamón ['imagen viva de Amón'])

Su penúltimo nombre, Nebjeperura, es el nombre por el que lo conocía su pueblo.

Tras su coronación, Tutanjatón pasó de ser un niño extremadamente importante a convertirse en un ente semidivino y tan alejado de su pueblo que sus súbditos no podían mirarlo directamente a la cara. Fue un importantísimo ritual que cambió su vida, y, sin embargo, no sabemos casi nada de la ceremonia. Aunque hay escenas en los templos que muestran a varios reyes siendo coronados por dioses, solo Horemheb ha dejado una descripción, parte de una biografía más larga, de su propia ceremonia tebana. Esta descripción, inscrita en el reverso de una dañada estatua doble de granito gris del rey y su consorte, Mutnedymet, no es tan específica como desearíamos:[2]

> Entonces se dirigió a la casa del rey, cuando él [Amón] lo hubo colocado [a Horemheb] ante sí mismo, al Per-Uer [Gran Santuario] de su noble hija, la grande en la magia [Uret Hekau],

con sus brazos en señal de gratitud, y ella abrazó su belleza y se concentró en su frente. Toda la Enéada, la Per-Neser [Casa de la Llama] se exaltó ante su aparición [...]. [Diciendo:] «He aquí que Amón ha venido al palacio, con su hijo al frente, a la orden de Palacio para coronar su cabeza.

La diosa serpiente con cabeza humana Uret Hekau puede equipararse a la diosa ureo Uadyet de Buto: la serpiente que se yergue sobre la frente del faraón. Se creía que había amamantado al rey y que, al hacerlo, lo había preparado para su coronación.

Las comparaciones con otros reinados sugieren que la accesión de Tutankamón podría haberse celebrado con una ceremonia de coronación relativamente sencilla en un entorno palaciego, seguida de una serie de rituales a lo largo de un año ejecutados en templos de todo Egipto.[3] Pero ascendió al trono en tiempos anómalos, y es posible que su celebración fuera más breve y se realizase íntegramente en Amarna. Solo una estatua fragmentaria insinúa que pudo ser coronado en Tebas. El Museo Metropolitano de Arte, en Nueva York, alberga una cabeza de Tutankamón bellamente tallada en piedra caliza endurecida. El rey aparece muy joven, con las mejillas redondeadas, una boca bien definida y una nariz, por desgracia, rota. La cabeza formaba parte de una pieza de mayor tamaño que representaba al rey de pie ante un dios sedente mucho más grande. Mientras que la mano derecha del dios aún descansa en un lado de la corona azul de Tutankamón en Nueva York, la parte inferior de su cuerpo se ha encontrado en un almacén de Karnak, y la parte superior ha desaparecido.[4] Dada su procedencia, parece razonable suponer que el dios desaparecido es Amón-Ra de Tebas. Los egiptólogos han interpretado la estatua como si el dios estuviera coronando al joven rey, o como si el dios extendiera su protección al nuevo rey.

El ritual puede haberse perdido en el tiempo, pero algunas de las prendas de coronación han sobrevivido. No hay ninguna corona —es digno de destacar que no tenemos la corona de ningún faraón o consorte del Egipto dinástico—, pero la tumba de Tutankamón ha proporcionado dos conjuntos de cayado y mayal, los símbolos de autoridad que ostentaron todos los reyes egipcios desde el divino Osiris en adelante. Uno de ellos es de tamaño infantil y lleva la inscripción de Tutanjatón (n.os 269d y 269f); el otro es de tamaño adulto y lleva la inscripción de Tutankamón (n.os 269h y 269e).[5] Sus bandas de vidrio azul, obsidiana y oro hacen que estos objetos sean hermosos por derecho propio; su simbolismo los convierte en objetos de extraordinario poder.

Igual de imponente es una túnica de tamaño infantil decorada por delante y por detrás con bordados y lentejuelas doradas, con un patrón repetido de jeroglíficos *heb sed* (n.º 44t). La fiesta Sed era una celebración destinada a renovar y reforzar el derecho divino del rey a gobernar. En teoría, se celebraba después de treinta años en el trono y, a partir de entonces, cada tres años aproximadamente, pero como treinta años era un período de tiempo casi inimaginable, los reyes se saltaban las normas para disfrutar de las festividades por adelantado. Amenhotep III, uno de los pocos que gobernó durante más de tres décadas, celebró tres jubileos legítimos en Tebas (años 30, 34 y 37). Akenatón celebró una fiesta Sed en Tebas apenas tres años después de su ascenso al trono y aprovechó la ocasión para consagrarse a sí mismo, a su familia y a su pueblo al servicio de un nuevo dios. Tutanjatón aún no habría nacido en el año 3 de Akenatón; por lo tanto, su túnica debió de utilizarse en una celebración posterior en Amarna —¿el festival del año 12 de Akenatón, quizá?— o en un ritual realizado como parte de su propia coronación.

Las sillas eran un signo de riqueza y autoridad en una tierra donde la madera era escasa y la mayoría de la población, al carecer de sillas y mesas, acostumbraba a sentarse o acuclillarse en el suelo. Las sillas reales, o tronos, tenían un significado mitológico añadido: estaban estrechamente vinculadas a la diosa Isis, esposa y protectora del dios Osiris, que lucía el jeroglífico del trono a modo de tocado. Como las palabras escritas de Egipto (jeroglíficos) eran imágenes, las imágenes egipcias podían considerarse palabras, de modo que cualquier representación de un rey sentado en su trono puede «leerse» como un rey apoyado por la divina consorte, Isis. Por tanto, podemos añadir las seis sillas encontradas en la tumba de Tutankamón a su lista de accesorios ceremoniales. Una de ellas, una silla de ébano sin inscripción y decorada con incrustaciones de marfil y pan de oro, tiene solo setenta y un centímetros de altura, y es de suponer que el rey la utilizó de niño (n.º 39). Otra, la silla de tamaño adulto con incrustaciones e inscripciones de ébano y marfil que Carter denominó engañosamente «trono eclesiástico» (n.º 351), es de la época en que el rey cambió de nombre. Aunque el diseño de esta silla es el habitual utilizado por la élite durante todo el Imperio Nuevo, su panel trasero está decorado con una hilera de cobras con discos solares en la cabeza y un gran buitre con las alas extendidas, y estos motivos confirman que se trata de un asiento hecho para la realeza. La mayoría de las inscripciones de la silla se refieren a su propietario como Tutanjatón, pero dos incrustaciones repuestas aluden al «dios perfecto» —un título tradicional anterior a Amarna— Tutankamón, lo que sugiere que la silla fue creada para Tutanjatón y luego reparada cuando gobernó como Tutankamón. Una caja de juego de marfil tallada, recuperada en el anexo, refuerza esta sensación de un rey que ha heredado lealtades religiosas en conflicto (n.º 585r):[6]

> Que viva el buen dios, imagen de Ra, hijo de Amón [sic] en su trono, fuerte señor que domina todas las tierras, el rey del Alto y Bajo Egipto, Nebjeperura, tenga vida y salud por siempre.
>
> Que viva el buen dios, hijo de Amón, hijo de Atón en el cielo, el rey del Alto y Bajo Egipto Nebjeperura, hijo de Ra, Tutankamón, gobernante de Tebas, que viva por siempre.

El escultor Tutmosis había logrado un gran éxito en Amarna. Director de un extenso taller, había sido responsable de muchas de las estatuas de piedra que decoraban la ciudad. Sus recompensas incluían una lujosa villa en una prestigiosa zona de las afueras, un pozo privado y un almacén de grano, un costoso carro y dos caballos igualmente caros para tirar de él. Si visitamos su bien equipado complejo, podemos encontrar pruebas —un fragmento de vasija de vino fechado en el año 1 de un rey anónimo y un anillo de loza roto con el nombre de «Nebjeperura»— que confirman que seguía viviendo allí y, presumiblemente, aún producía estatuas reales en grandes cantidades al comienzo del reinado de

Tutanjatón.[7] Pero casi de inmediato se tomó la decisión de revertir el experimento religioso de Akenatón. Había que degradar a Atón, los antiguos dioses debían ser reinstaurados y la corte tenía que volver a Tebas. Para enfatizar este trascendental giro, el rey cambió su nombre por el de Tutankamón ('Imagen viva de Amón'), y la reina cambió el suyo por el de Anjesenamón ('Vida a través de Amón').

Cuando quedó claro que esta decisión nunca sería revocada, los que servían a la familia real y los que servían a los que servían a la familia real no tuvieron más remedio que recoger sus pertenencias y trasladarse. Amarna, sin la familia real, no tenía nada que ofrecerles. Poco a poco, la población de cincuenta mil habitantes estimados fue reduciéndose, y la ciudad de adobe empezó a desmoronarse. Solo la Villa de los Trabajadores y la Villa de la Piedra —los hogares de los constructores de tumbas de Amarna y de otras personas dedicadas a actividades en el desierto— sobrevivieron para ser reocupadas, e incluso crecieron antes de ser abandonadas durante el reinado de Horemheb. Tutmosis el escultor clausuró su mansión y navegó hacia el norte, hacia una nueva vida en Menfis y, finalmente, hacia su entierro en la necrópolis de Saqqara.[8] Dejó atrás un armario repleto de esculturas de piedra y cabezas de yeso que representaban a la ahora desacreditada corte de Akenatón. Entre ellas se encontraba el mundialmente famoso busto de Nefertiti con su característica corona azul, que en la actualidad se exhibe en el Neues Museum de Berlín.[9]

No tenemos una fecha precisa para este cambio trascendental, pero el hecho de que solo se haya descubierto una mención del «rey Tutanjatón» fuera de su tumba —una pequeña estela que originalmente mostraba al rey coronado haciendo una ofrenda a Amón-Ra, «rey de los dioses», y a su consorte, Mut, «dama celestial, señora de los dioses»— indica que ocurrió poco después de su ascenso.[10] Debió suceder antes —probablemente varios años antes— de que el escriba Tyai, por lo demás desconocido, escribiera un grafito en el que registraba su visita a la pirámide escalonada de Saqqara el tercer día del cuarto mes de verano, en el cuarto año del rey «Tutankamón».[11]

Cuando los vivos se marcharon, también llegó el momento de que los muertos abandonasen Amarna. La mayoría de las tumbas excavadas en la roca para la élite estaban, en esencia, inacabadas, y parece que solo una, la tumba de Huya, mayordomo de la reina Tiy, había sido realmente utilizada. En cambio, el Valle Real albergaba, como mínimo, los enterramientos de Akenatón, Semenejkara, Meketatón, Kiya, Tiy, Neferneferuatón, Neferneferura y Setepenra. No sabemos cuándo murió Nefertiti, pero un único *shabti* (figurita funeraria) roto insinúa que ella también fue sepultada en Amarna.[12] El traslado de la corte dejaría estos enterramientos desprotegidos y muy vulnerables a los saqueadores. El Valle Real tendría que ser vigilado noche y día y, aun así, ¿podría garantizarse que no lo saquearían? ¿Quién vigilaría a los guardias?

Se tomó la decisión de trasladar los enterramientos reales a la seguridad del Valle de los Reyes. Esto debió de suponer una pesadilla logística y de seguridad. Hubo que abrir las tumbas selladas y las cámaras sepulcrales, y transportar las momias y su ajuar funerario, o arrastrarlos en trineos, a través de once kilómetros de desierto y tierra cultivada hasta el barco que las llevaría río arriba, a Tebas. Allí, los bienes funerarios más codiciados se destinaron a la creciente dotación funeraria de Tutankamón. Las momias se enfrentaron a un segundo y prolongado viaje por el desierto hasta llegar por fin a un taller temporal en la pequeña tumba privada que conocemos como KV55. Aquí se las procesó —despojándolas, podemos suponer, de todos sus objetos de valor, excepto los más personales, para después envolverlas de nuevo— antes de asignarles un lugar de descanso apropiado. La reina Tiy es la más fácil de rastrear de estas momias. Sabemos que pasó algún tiempo en la KV55 antes de volver a ser enterrada en la tumba del Valle occidental donde yacía su marido. La gran caja dorada que rodeaba su sarcófago fue trasladada a Tebas con bastante dificultad, como podemos imaginar, y se abandonó en KV55 cuando su tamaño convirtió su traslado en un engorro.

El nuevo rey había decidido que había que restaurar Egipto. Una gran estela de granito rojo descubierta en la sala de columnas (hipóstila) del templo de Karnak de Amón-Ra, pero que probablemente procedía de un lugar más público dentro o fuera del recinto del templo, explica su política con cierto detalle. La doble imagen tallada en la parte superior de la estela mostraba en un principio a dos Tutankamones presentando ofrendas a Amón-Ra y a Mut, mientras Anjesenamón permanecía de pie apoyando a su esposo. Hoy en día, ella ha desaparecido casi por completo de la escena. Las dos escenas son parecidas, pero no son imágenes especulares: uno de los reyes lleva la corona azul y ofrece flores, mientras que el otro luce un *nemes* (un paño que cubre la corona, la parte posterior de la cabeza y la nuca, y tiene una gran solapa de tela que desciende por detrás de cada oreja hasta el hombro) y ofrece una libación. Al igual que muchas de las obras de Tutankamón, la estela de Karnak fue usurpada por Horemheb, que talló burdamente su propio nombre sobre el del propietario original. El texto de Tutankamón sigue siendo legible, pero la fecha está dañada, por lo que solo sabemos que se talló en el «cuarto mes de la inundación, día 19»:[13]

> [...] Ha restaurado lo que estaba arruinado, en monumentos a la eternidad. Ha expulsado la maldad de las Dos Tierras y ha establecido la *maat* [...].
>
> Cuando su majestad se alzó como rey, los templos y ciudades de los dioses y diosas, desde Elefantina hasta las marismas del Delta, estaban en ruinas. Sus santuarios languidecían y se habían convertido en montículos cubiertos de maleza. Era como si nunca hubieran existido sus santuarios; sus templos eran una vía pública. La tierra estaba sumida en la confusión y los dioses la habían abandonado. Si se enviaba [un ejército] a Dyahi para ampliar las fronteras de Egipto, no lograba el éxito. Si se rezaba a un dios con una petición, este no respondía. Si uno rezaba a una diosa de la misma manera, ella no acudía de ningún modo [...].
>
> Después de algunos días, [su majestad] apareció en el trono de su padre; gobernó las Orillas de Horus. La Tierra Negra y la Tierra Roja estaban bajo su dominio, y todas las tierras se inclinaban ante su poderío [...].

Entonces su majestad recurrió al consejo de su corazón, buscando toda acción excelente, procurando beneficios a su padre Amón…

La estela nos dice que Tutankamón vivía en un palacio del norte, construido por su antepasado Tutmosis I, cuando afianzó su proyecto de restaurar a los dioses tradicionales. Varios fragmentos arquitectónicos de piedra dispares en Menfis y sus alrededores, todos ellos muy dañados, muchos de ellos tallados por reyes posteriores y algunos incorporados a edificios más tardíos, pero que aparentemente llevaron el nombre o la imagen de Tutankamón, sugieren con fuerza que este encargó su(s) propio(s) edificio(s) en esta zona. Sin embargo, no hay pruebas suficientes para confirmar qué construyó exactamente.

La estela explica que el padre divino de Tutankamón, Amón-Ra, recibirá una estatua hecha de electro, lapislázuli, turquesa «y todas las piedras preciosas», así como una nueva barca sagrada que le permitirá «navegar» desde su templo, llevada a hombros por sus sacerdotes. Ptah de Menfis recibirá una donación parecida, aunque algo menos espléndida, y otros dioses, que no se nombran, recibirán estatuas. Habrá nuevos santuarios, y el nuevo y amplio personal asegurará que los rituales diarios del templo puedan realizarse correctamente. Atenderán los templos sacerdotes de alta cuna y cantantes y bailarinas «que han sido doncellas en la casa del rey». En los talleres del templo trabajarán esclavos y esclavas «capturados en tributo a su persona». Esta última frase sugiere que Tutankamón tenía acceso a los prisioneros de guerra, pero no es necesariamente el caso, ya que los reyes que nunca libraron batallas utilizaron la misma fórmula.

No era extraño que un nuevo faraón hiciese grandes afirmaciones sobre la restauración de la *maat* (el estado correcto de las cosas) en una tierra sumida en el caos y sin dioses. Se suelen rechazar estas afirmaciones como propaganda, sobre todo cuando no hay pruebas que sugieran que Egipto se encontraba en algo parecido a un estado de caos. La reina-faraón Hatshepsut, de la XVIII dinastía, por ejemplo, no parece que sintiera ninguna vergüenza al afirmar que había «hecho resurgir lo que estaba hecho pedazos, por primera vez desde que los asiáticos se instalaron en Avaris de la Tierra del Norte», aunque «los asiáticos» habían sido expulsados de Egipto muchos años antes de que ella llegara al trono.[14] Hatshepshut, como reina-faraón, se sentía del todo justificada a reivindicar los logros de sus predecesores como propios. Sin embargo, sabiendo que el Egipto de fuera de Amarna había sido, en efecto, descuidado, y que Amón-Ra y su familia habían sido despiadadamente perseguidos por Akenatón, es tentador leer la declaración de Tutankamón como un genuino intento de subsanar los errores cometidos durante el período de Amarna.

Esto no significa que debamos aceptar sus palabras demasiado al pie de la letra. Tutankamón había nacido en Amarna y se había criado en el culto a Atón; no había conocido otra forma de vida ni adorado a otros dioses. Su decisión de poner fin al experimento de Amarna fue tomada por consejeros que no sentían ninguna devoción personal por Atón —y quizá incluso culpaban a Atón de la patente decadencia de Egipto—, y consideraban que Amarna era una ciudad inadecuada para gobernar un imperio. Su decisión de presentar a Tutankamón como un faraón tradicional del Imperio Nuevo —guerrero valiente, sacerdote escrupuloso y administrador sabio— pudo haber sido una devota tentativa de restaurar la *maat,* pero es igualmente probable que fuese un cínico intento de relanzar la monarquía y distinguir al nuevo rey, y a ellos mismos, de sus predecesores inmediatos sin, en realidad, culparlos del caos que ahora amenazaba con abrumar a Egipto.

Si Tutankamón hubiera vivido mucho tiempo, este plan de «restauración» probablemente hubiera tenido éxito. Pero se necesitarían más de diez años para restaurar del todo la *maat.* Cinco años después de la muerte de Tutankamón, Horemheb, que ya era rey de Egipto, consideró necesario promulgar un decreto en que se establecía un programa de reformas destinadas a proteger los bienes del Estado y del templo. Durante su reinado asistimos a un abandono de la reticencia que, hasta ahora, nos ha resguardado de las realidades más duras de la vida en el Imperio Nuevo. Por primera vez, se detallan las duras penas por el comportamiento antisocial que ha estado asolando Egipto:[15]

[Si alguien] roba un barco que pertenece a cualquier soldado o a cualquier persona en toda la tierra, que se le aplique la ley cortándole la nariz y enviándolo a Tyaru.

Pero en cuanto a cualquier alcalde o sacerdote del que se oiga que se sienta a administrar justicia en el tribunal que se ha establecido para ello y, sin embargo, actúe incorrectamente en un caso digno, se considerará que ha cometido un gran crimen, merecedor de la muerte.

Fuera de Egipto, había mucho trabajo por hacer si Tutankamón quería recuperar el lugar que le correspondía como líder del mundo mediterráneo oriental. Akenatón había heredado un poderoso imperio. Más allá de la frontera meridional, Nubia estaba plenamente integrada en la administración imperial egipcia y aportaba valiosos ingresos al tesoro de Egipto. En el norte, una dinámica red de vasallos y aliados se extendía por Oriente Próximo en los actuales Israel/Palestina, Líbano, Jordania y Siria. Sabemos que Amarna no floreció a partir de sus propios recursos; se importaban alimentos, lino y otros productos necesarios desde el interior de Egipto, y las cartas de Amarna atestiguan una animada correspondencia diplomática y un intercambio de regalos con gobernantes más allá de las fronteras de Egipto. Sin embargo, parece que Akenatón trató el mundo fuera de su ciudad con una indiferencia rayana en el desprecio, haciendo oídos sordos a los cambios de poder que empezaban a desestabilizar Oriente Próximo. Abdi-Astarti de Qiltu (ubicación incierta) no fue el único vasallo que suplicó en vano ayuda cuando fue atacado:[16]

Di al rey, mi señor: mensaje de Abdi-Astarti, servidor del rey. Caigo a los pies del rey, mi señor, siete veces a los pies del rey, mi señor, y siete veces, aquí y ahora, tanto sobre el estómago como sobre la espalda. Que el rey, mi señor, sea informado de que la guerra contra mí es dura, y que le parezca bien al rey, mi señor, enviar un gran señor a protegerme. Por lo demás, el rey, mi señor, me ha enviado órdenes y las estoy cumpliendo. Yo

acato todas las órdenes del rey, mi señor. Por la presente [...]
envío diez mujeres [...]

La historia de Aziru de Amurru (el actual Líbano), que puede
rastrearse a través de las cartas de Amarna, da testimonio de la
incertidumbre política de la época. A pesar de ser un vasallo egipcio, Aziru había invadido los territorios vecinos, y Rib-Adda de
Biblos se vio obligado a escribir a Akenatón para pedir protección. Rib-Adda acabó siendo exiliado y asesinado, y Akenatón
convocó a Aziru a Amarna para que explicase sus actos. Mientras
tanto, en lo que hoy es Turquía, el ascendente Imperio hitita empezaba a medir sus fuerzas. Tras un año en Egipto, se concedió a
Aziru regresar a su país. No tardó en abandonar a los egipcios y
unirse a los hititas. Amurru siguió siendo territorio hitita hasta la
XIX dinastía:[17]

> [...] las tropas de Hatti al mando de Lupakku han capturado
> ciudades de Amqu [...]. Además, hemos escuchado lo siguien-
> te: Zitana ha llegado, y noventa mil soldados de infantería han
> venido con él. Sin embargo, no hemos confirmado el informe,
> si realmente están allí [...].

Aziru no fue el único vasallo que trasladó su lealtad y su tributo a los hititas. Mitani (ubicado en la actual Siria y el oeste de
Irak), que antaño había sido el aliado más poderoso de Egipto en
Oriente Próximo, además del lugar de nacimiento de Taduhepa,
una de las esposas más prominentes de Akenatón, se quedó solo
frente al nuevo enemigo.

Muchos faraones comenzaron sus reinados con una breve
campaña militar destinada a demostrar su capacidad de some-
ter a los enemigos de Egipto. Algunas eran campañas con todas
las de la ley; otras eran pequeñas refriegas diseñadas adrede para
permitir al rey atribuirse una gran victoria, y sospechamos que
otras simplemente «se tomaban prestadas» de reinados anteriores
y más exitosos. Ya hemos visto a Tutankamón hacer referencia a
esclavos y esclavas «capturados en tributo a su persona», y nos
hemos preguntado si esta fórmula debe tomarse al pie de la letra.

Los bloques tallados con imágenes fragmentadas de una capilla tebana desmantelada en la orilla este, llamada «Mansión de Neb-jeperura, amado de Amón, fundador de Tebas», sugieren que sí. Aunque no hay un texto que explique en profundidad los detalles de su(s) campaña(s), podemos «leer» la historia en forma de viñeta de las aventuras del ejército de Tutankamón: vemos al rey asaltando una ciudadela siria, recibiendo un botín que incluye tanto prisioneros como manos enemigas cortadas ensartadas en lanzas, volviendo a casa con un prisionero atado, amarrado a la barca real, y ofreciendo los prisioneros y otros botines de guerra a los dioses del templo de Karnak. Otras escenas proporcionan «pruebas» de una campaña nubia.[18] Las evidencias de la mansión están respaldadas por escenas que muestran a asiáticos y nubios rindiendo tributo en la tumba tebana del virrey Amenhotep-Huy (TT40), y por escenas que muestran largas hileras de asiáticos y libios que aparecen tanto como prisioneros como pidiendo la paz en la tumba del general Horemheb en Saqqara. No obstante, el hecho de que los primeros reyes ramésidas tuvieran que pasar muchos años restableciendo la frontera norte de Egipto indica que, con independencia de lo que quieran hacernos creer, Tutankamón y Horemheb no lograron restaurar el imperio perdido de Akenatón.

Si sus ejércitos lucharon para mantener su imperio, ¿podemos suponer que Tutankamón luchó con ellos? Las escenas de la mansión indican que sí estuvo presente, y esta impresión se ve reforzada por su ajuar funerario. El primer artefacto recuperado de la antecámara —el cofre de madera conocido como la «caja de caza»— había sido enlucido y pintado en toda su superficie exterior con escenas del rey realizando valerosas hazañas en su carro (n.º 21). En la tapa dirige a sus hombres en una trepidante y potencialmente peligrosa cacería en el desierto, y en el cuerpo de la caja conduce a sus hombres a la victoria contra un ejército de asiáticos, a quienes se ha identificado como sirios o hititas. En ambas escenas, Tutankamón está de pie y solo en su carro, con sus dos corceles rampantes controlados por las riendas atadas a su cintura, mientras dispara una flecha al enemigo. Es una pose regia convencional que se ve en varias paredes exteriores de templos del

Imperio Nuevo: en la vida real sería casi imposible controlar un carro de esa forma, y se esperaría que el rey estuviera acompañado por un conductor y, probablemente, también por un escudero.

La naturaleza convencional de estas escenas, y la falta de detalles escritos que las respalden, nos hace cuestionar su exactitud. Todas las escenas reales son propaganda: no tienen por qué decir la verdad tal y como reconocemos ese concepto hoy en día. Podemos entender esto más fácilmente si consideramos el papel del rey como sacerdote. Estamos acostumbrados a ver imágenes convencionales del rey, y solo del rey, haciendo una ofrenda a los dioses en las paredes de los templos estatales, pero no caemos en la trampa de suponer que el rey hacía todas las ofrendas en todos los templos, porque sabemos que eso habría sido imposible. Aunque, en teoría, el rey era la única persona que podía comunicarse eficazmente con los dioses, en la práctica nombraba representantes —sacerdotes— para que hicieran las ofrendas en su nombre. El general Horemheb era el jefe del ejército de Tutankamón: es probable que también fuera su delegado en el campo de batalla.

En la tumba de Tutankamón aparecen otras proezas físicas menos creíbles. Un escudo ceremonial muestra al rey mientras agarra a un león por la cola para golpearlo; otro lo representa adoptando la forma de una esfinge con cabeza humana y corona para pisotear a los enemigos humanos (n.os 379b y 379a). Las figuritas doradas rescatadas del tesoro lo muestran balanceándose sobre una frágil barca para arponear a un hipopótamo —un «enemigo» tradicional del faraón Horus durante su reinado en vida, que se omite en la escena para que no cobre vida por arte de magia en la tumba— y montando a lomos de un animal que parece ser un leopardo o una pantera (n.os 275c, 275e, 289a, 289b). También caza en las paredes de la mansión, donde lo vemos en su carro, persiguiendo antílopes y leones. Se nos dice que un toro salvaje muerto ha sido abatido por el rey. Al vencer físicamente a las fuerzas del caos, ya sean enemigos humanos o animales salvajes, Tutankamón cumple con su deber de preservar la *maat* y, al hacerlo, complace a los dioses. Al mismo tiempo, arponear al hipopótamo equipara a Tutankamón con el dios Horus, que arponeó a su tío Seth transmutado en hipopótamo en su desesperada lucha por la corona.

Para respaldar esta imagen de Tutankamón como hombre de acción, en su tumba se ha encontrado una gran cantidad de equipo militar y de caza. Los objetos más llamativos son seis carros desmantelados, cada uno con un diseño algo distinto: tres vehículos profusamente decorados y relativamente ligeros que, con toda probabilidad, se utilizaron en apariciones ceremoniales (n.os 120, 121, 122) y un carro menos ornamentado y más robusto, además de dos vehículos ligeros pero sin decoración que, por el momento, se han identificado como carros de caza (n.os 161, 332, 333). Estos carros iban acompañados de un impresionante arsenal de armas que incluía dieciséis arcos, flechas y una gran variedad de clavas, hondas, palos arrojadizos, espadas y puñales. Para proteger al rey había cuatro escudos ceremoniales, cuatro escudos más ligeros y prácticos, y una coraza sin mangas hecha con escamas de cuero cosidas sobre un forro de lino (n.º 587a).[19]

Pero, aunque Tutankamón fue enterrado con las armas de un cazador y soldado, se ha señalado que quizá no fuera lo bastante ágil o fuerte para manejar este equipo. Mientras que Derry creía que era un joven bien alimentado y con una salud bastante buena, el análisis publicado por el Consejo Supremo de Antigüedades sugirió que había sido un rey físicamente débil que sufría los efectos de la endogamia y estaba plagado de enfermedades y discapacidades, como malaria, escoliosis y un pie izquierdo deforme, con signos de pie zambo *(talipes equinovarus),* metatarsalgia y la falta de un hueso en uno de los dedos.[20] Si este diagnóstico es correcto, las imágenes de Tutankamón realizando hábiles —y en varias ocasiones temerarios y claramente ficticios— actos de valor deben interpretarse como una típica propaganda que representa al rey, sea cual sea su aspecto y carácter reales, como físicamente perfecto y asombrosamente valiente. Esto parece razonable, y, sin duda, explicaría los ciento treinta bastones recuperados de su tumba.

Sin embargo, como ocurre a menudo en la egiptología, el diagnóstico no es tan claro como cabría esperar. No es infrecuente que el «pie equinovaro» en las momias sea el resultado de una deformación causada por los demasiado apretados vendajes. Es más, una radiografía tomada por el equipo de Harrison en 1968 parece revelar un pie izquierdo sano con huesos normales. Como los metatarsos defectuosos y el hueso que falta están situados cerca de una zona dañada, esto sugiere la posibilidad de que dichas alteraciones hayan sido causadas con posterioridad a 1968.[21] En apoyo al diagnóstico de ausencia de deformidad, los zapatos y las sandalias de Tutankamón no muestran ninguna de las diferencias de confección que podríamos esperar encontrar en un calzado diseñado para alguien con pie zambo.

Mientras los médicos sigan discutiendo sobre el pie izquierdo de Tutankamón, debemos ser muy cautos a la hora de categorizar sus numerosos bastones como ayudas para caminar.[22] A lo largo de la época dinástica, el bastón era un símbolo de la autoridad masculina en las élites y, como tal, lo llevaban con frecuencia los hombres que no tenían dificultades para caminar. Aunque sobre todo era un indicador de estatus, el bastón podía utilizarse si hacía falta. Las palizas ocasionales eran, para los menos privilegiados, gajes de la vida cotidiana. A los niños de la escuela los golpeaban sus profesores; a los sirvientes, sus capataces; a las clases bajas, sus superiores; y los recaudadores de impuestos iban armados con palos que los ayudaban a maximizar sus ingresos. En la *Historia del campesino elocuente* del Imperio Medio, el inolvidable Jun-Anup, el héroe del relato, es golpeado injustamente tanto por el villano Dyehutynajt como por el funcionario Renesi, y acepta estas agresiones con resignación como el orden natural de las cosas. Aunque el sabio del Imperio Antiguo Ptahhotep nos dice que «desgraciado es quien hiere a un pobre», también aconseja a sus lectores varones de las élites: «Castigar con firmeza, castigar con fuerza».[23]

Al verse en acuciante necesidad de obtener recursos para financiar su programa de restauración, Tutankamón encargó a Maya, jefe del Tesoro, la puesta en marcha de una despiadada campaña de recaudación de fondos. Al visitar los principales templos del Estado desde la frontera sur hasta el mar Mediterráneo, Maya se aseguró de que los impuestos que Akenatón había desviado al culto de Atón volvieran a llenar las arcas de los templos, y que estos, a su vez, pagaran sus cuotas a la corona:[24]

Año regio 8, tercer mes de Peret, día 21 [...].

Este día, su majestad [Tutankamón] encargó al príncipe heredero y conde, al portador del abanico a la derecha del rey, al escriba del rey, a Maya, tesorero, gravar toda la tierra y dotar de ofrendas divinas a todos los dioses de Egipto [...].

La restauración —el derribo de los efímeros templos de Atón de Akenatón y la reparación de los vandalizados y descuidados templos tradicionales— se produjo en todo Egipto, aunque como Tot de Hermópolis Magna, Ra de Heliópolis y Ptah de Menfis habían conseguido mantener un perfil bajo durante toda la época de Amarna, en muchos casos la única restauración consistió en volver a tallar el nombre de Amón allí donde aparecía como parte del nombre compuesto Amenhotep.

En el norte de Egipto la evidencia de restauración y reconstrucción es escasa. Un marco de puerta pétreo con inscripciones recuperado en la meseta de Guiza menciona tanto a Tutankamón como a Anjesenamón como «amados de Horón», y puede que sea un vestigio de una nueva capilla dedicada al dios cananeo asociado a la Gran Esfinge.[25] Este marco de puerta fue usurpado posteriormente por Ramsés II, de la XIX dinastía, que cubrió las inscripciones originales con yeso y talló su propio nombre. Un dintel de piedra que conserva una restauración de Horemheb, escrita sobre el nombre de otro rey, sugiere que los obreros de Tutankamón también estuvieron activos en Avaris, en el Delta oriental.[26] Sin embargo, como muestran el marco de la puerta y el dintel, Tutankamón no fue el único restaurador de finales de la XVIII dinastía y principios de la XIX que se empleó en el norte. Sus sucesores Ay, Horemheb y los primeros reyes ramésidas también llevaron a cabo restauraciones, y Horemheb, en particular, suele atribuirse la obra de Tutankamón.

Al sur de la frontera de Asuán, Nubia estaba bajo el firme control del virrey Amenhotep-Huy, «hijo del rey de Kush, portador del abanico a la derecha del rey, supervisor de las tierras de oro de Amón, supervisor del ganado de Amón en esta tierra de Kush, el valeroso de su real persona en la caballería, el escriba del rey».[27] Hubo que realizar trabajos de reconstrucción en Gebel Barkal y en

Soleb, donde Akenatón había vandalizado el nombre de su padre, sustituyendo el teológicamente poco sólido «Nebmaatra Amenhotep» por el repetitivo pero más aceptable «Nebmaatra Nebmaatra». Kawa recibió un nuevo templo, cuyos relieves mostraban a Tutankamón adorando a Amón-Ra, Ra-Horajty, Atum, Min y Tot, y el centro administrativo amurallado de Faras disfrutó de un nuevo templo y un nuevo grupo de estatuas con Tutankamón sentado, como un dios, entre Amón y Mut.[28] Fue aquí, en Faras, donde la viuda de Amenhotep-Huy, Tamwadjsi, construyó una capilla en memoria de su marido. Los revestimientos de piedra tallada adosados a las paredes de la capilla de adobe han sobrevivido para confirmar que el edificio estaba asociado al culto del divino Tutankamón. Amenhotep-Huy aparece adorando los cartuchos gemelos de Tutankamón, mientras que se describe a su hermano como «segundo sacerdote de Nebjeperura [Tutankamón]» y a su esposa como «jefa de las ayudantes femeninas de Nebjeperura».

En Faras, está claro, Tutankamón ha logrado sin dificultad el sueño de Akenatón: se lo adora como a un dios vivo. Este alejamiento de la ortodoxia puede equipararse con las pruebas de Kawa, donde Tutankamón era considerado la encarnación viviente de Amón-Ra. En teoría, los reyes vivos de Egipto eran semidivinos. Solo se convertían en plenamente divinos después de la muerte. Sin embargo, este sutil punto teológico no siempre estaba claro para su pueblo. Las colosales estatuas erigidas por Amenhotep III no eran tan solo enormes obras de arte. Eran estatuas divinas, colocadas deliberadamente fuera de los muros del templo para que pudiesen constituir un foco de culto accesible para aquellos —el pueblo llano— a quienes se negaba el acceso a los dioses del templo. Cada estatua desarrolló su propio culto, su propio sacerdocio y sus propios devotos. En teoría, estas estatuas eran representaciones de aspectos divinos del rey vivo más que imágenes del propio rey vivo, pero es dudoso que todos los que dejaban ofrendas y dirigían peticiones a las estatuas comprendieran esta sutil distinción. Más allá de las fronteras de Egipto, parece que esta compleja teología podía relajarse. Habían adorado a Amenhotep III y Tiy como dioses vivos en Nubia; ahora Tutankamón también es divino.

Las pruebas más detalladas del programa de restauración de Tutankamón proceden, como era de esperar, de la zona tebana. Aquí, una vasta franja de tierra, que se extendía desde las tumbas y los templos mortuorios de la orilla occidental del Nilo hasta la ciudad y los templos de la orilla oriental, formaba un paisaje sagrado dedicado al dios Amón —o su variante del Imperio Nuevo, Amón-Ra— y a su familia divina. Amón-Ra llevaba una vida oculta en el complejo de templos de Karnak, pero, como exigían los ritos anuales, realizaba ocasionales visitas a las moradas de otros dioses. Oculto en la cabina de su barca sagrada, llevado a hombros por sus sacerdotes, se dirigía al vecino templo de Luxor o cruzaba el río para visitar a los dioses de los templos funerarios reales. Los momentos en que el dios abandonaba su reclusión se consideraban una fiesta nacional: ocasiones de festejo, bebida y celebración públicos en los que los habitantes de Tebas y alrededores estaban tan en comunicación con su dios como les era posible.

La venganza de Akenatón contra Amón lo llevó a atacar no solo los templos estatales y el arte oficial, sino también las tumbas privadas y la estatuaria no regia, en un intento desesperado por borrar de Tebas toda mención al denostado dios. Tutankamón tenía poco interés en restaurar los monumentos privados profanados —eso podía dejarse en manos de las familias implicadas—, pero le motivaban los grandes gestos, y estaba particularmente interesado en asociarse con su ilustre antepasado Amenhotep III.[29] Por ello, completó y decoró la columnata de entrada de Amenhotep en el templo de Luxor, y restauró los textos y relieves vandalizados del templo funerario de Amenhotep en la orilla este, en Kom el-Hetan. En Karnak se encargaron las estatuas de Amón-Ra, Mut y Amonet —la esposa y variante femenina de Amón—, se restauró el granero conocido como «Amón rico en provisiones» y se repararon los textos y relieves del templo. La figura del rey se incluyó junto a la de Amenhotep III en el tercer pilono —una puerta monumental dentro del complejo del templo—, y su nombre se inscribió en los pilonos sexto y octavo. Mientras tanto, se reanudaron las obras de construcción del décimo pilono, una tarea iniciada por Amenhotep III y abandonada por Akenatón. Tutankamón utilizó bloques de los templos desmantelados de Akenatón para rellenar la puerta, mientras que las esfinges androcéfalas decapitadas, diseñadas originalmente para los templos solares de Akenatón, se adaptaron para crear una avenida de esfinges con cabeza de carnero que discurría entre el décimo pilono y el templo de Mut. Entre las patas de las esfinges había figuras en miniatura del propio Tutankamón sosteniendo el cayado y el mayal con los brazos cruzados.

A medida que los templos de Atón fueron demolidos, sus bloques de piedra con inscripciones se reaprovecharon en nuevas construcciones que, con el paso de los siglos, en ocasiones se reaprovecharían a su vez en edificios aún más nuevos, lo que genera una gran confusión arqueológica. Los bloques de la desaparecida mansión tebana de Tutankamón son una muestra excelente de la compleja vida de un bloque de templo. En origen cortados para uno de los templos solares de Akenatón en Karnak, los bloques fueron primero reaprovechados por Tutankamón y luego por Ay, que completó la mansión como monumento a su predecesor. Tras la muerte de Ay, Horemheb alteró en un principio las inscripciones para sugerir que él había restaurado la mansión, pero luego cambió de parecer y la desmanteló. Esta supresión del edificio de Tutankamón es un reflejo de la cada vez más severa actitud de Horemheb hacia el período de Amarna y todos los que estaban asociados con la ciudad. Tal vez al darse cuenta de que la historia no trataría con amabilidad a los reyes «herejes», había resuelto desvincularse de su pasado inmediato. Muchos de los bloques de Tutankamón se utilizaron como relleno en los pilonos segundo y noveno de Karnak. De ahí pasaron a los edificios medievales que surgieron alrededor del complejo de templos de Karnak. Finalmente, a medida que las casas medievales se han ido demoliendo, los bloques se han incorporado al sistema de museos.

El templo de Karnak no solo iba a ser restaurado: se pretendía mejorarlo. Un nuevo relieve en la pared exterior fue decorado con pan de oro que resplandecía a la luz del sol. En él, el dios de la inundación Hapi y la diosa de la cosecha Renenutet estaban flanqueados por dos escenas idénticas que mostraban a Tutankamón acercándose a Amón-Ra, Mut y su hijo, Jonsu. Lamentablemente, el relieve está hoy muy dañado, el pan de oro ha sido robado y el nombre de Tutankamón, sobrescrito por Horemheb. En el interior del templo, muchas de las estatuas de culto estaban dañadas, por lo que los escultores de Tutankamón cogieron sus cinceles y se pusieron a reparar las figuras destrozadas de Amón-Ra y su familia, que eran cruciales para el buen funcionamiento del culto. Los historiadores del arte pueden identificar fácilmente su trabajo, ya que no intentaron replicar el estilo original, sino que añadieron partes del cuerpo y elementos estilísticos de finales de la xviii dinastía en esculturas que, en algunos casos, eran considerablemente más antiguas. Es posible que cuando se pintaron las estatuas, como les pasó a todas, estas discrepancias de estilo fueran menos evidentes.

Con la mayoría de las estatuas del templo dañadas sin posibilidad de reparación, hubo que encargar reemplazos. También se necesitaban estatuas del nuevo rey. Tutankamón fue representado a tamaño natural y colosal, ya fuera como él mismo o como un dios con su cara, tanto en el templo de Karnak como en el de Luxor. Hoy en día sigue sentado, a tamaño natural, en el templo de Luxor, con Anjesenamón a su lado. Técnicamente, la díada representa a la pareja divina Amón-Ra y Mut, pero los redondeados rostros son inequívocamente los del joven rey y su reina. Esta convención de aplicar los rasgos del rey a su dios fue una constante durante todo el reinado de Tutankamón.

Para conocer mejor al hombre Tutankamón, tenemos que recurrir al «escondrijo de Karnak», una colección de más de dos mil objetos del templo, obsoletos y no deseados, que fueron enterrados en una fosa dentro del complejo del templo a finales de la época dinástica y desenterrados en 1903. Entre las casi ochocientas estatuas de piedra se encuentran dos imágenes casi idénticas de Tutankamón, de tamaño ligeramente inferior al natural, cada una de ellas con la pierna izquierda adelantada. Tutankamón está tocado con un *nemes* y viste una elaboradísima falda plisada, prominente sobre su cuerpo y sus sandalias; su complexión es viril, musculosa y de proporciones perfectas, con un pecho ancho y caderas estrechas. Sus manos, abiertas con las palmas hacia abajo sobre la falda, forman el tradicional gesto de humildad que asume un mortal en presencia de un dios. No se trata de un «niño-rey»: es un gobernante reflexivo y maduro, un rey en oración.[30]

Este Tutankamón maduro reaparece en las dos estatuas de madera a tamaño natural que custodiaban la entrada bloqueada de su cámara funeraria (n.os 22 y 29). Estas representan al rey con una piel negra pintada con resina, y ojos y cejas resaltados en oro. Cada una de ellas lleva un tocado dorado: uno es un *nemes,* y el otro, un tocado *jat* —una versión simplificada del *nemes*—. Lucen joyas doradas, tienen el pie izquierdo adelantado y portan un bastón en la mano izquierda. Las dos faldas doradas llevan inscritas el nombre y los títulos de Tutankamón, y una de ellas —la del tocado *jat*— afirma que es el *ka*, o espíritu, del rey y, tal vez, el de su estatua hermana: «el buen dios, del que uno se enorgullece, el soberano del que se jacta, el *ka* real de Horajty, Osiris, el rey señor de las Tierras, Nebjeperura».[31] Los egiptólogos, que anhelaban encontrar documentos escritos dentro de la tumba, especularon en su día con la posibilidad de que las faldas, prominentes sobre su cuerpo, pudieran haber servido de escondite para la correspondencia perdida de Tutankamón. Lamentablemente, el examen con rayos X ha confirmado que no es así.

No podemos esperar que las estatuas de Tutankamón nos ofrezcan un retrato exacto. Siempre lo presentarán como el rey egipcio ideal: un soberano prácticamente indistinguible de todos los demás reyes. Si queremos saber cómo era en verdad Tutankamón, tenemos que examinar su cuerpo y los demás indicios que contiene su tumba. En este punto, un examen de sus ropas resulta útil. Las prendas están en mal estado de conservación, pero ha sobrevivido el suficiente tejido como para que los expertos textiles de la Universidad de Leiden puedan tomar medidas y crear reconstrucciones modernas.[32]

La momia del rey, medida por Derry durante la autopsia, tenía una longitud de 1,63 metros. Teniendo en cuenta el encogimiento durante el proceso de desecación, esto sugiere que medía 1,67 metros: la misma altura que sus dos estatuas guardianas. Habría sido alto para un egipcio antiguo, pero no demasiado. La parte superior del cuerpo de Tutankamón ha sufrido grandes daños, pero las medidas tomadas del «maniquí» de tamaño casi real indican una circunferencia de pecho de 79,6 centímetros. Su cintura, estimada mediante la combinación de las medidas tomadas de sus cinturones, fajas y el maniquí, medía unos estrechos 70-75 centímetros, y la variación en el tamaño refleja el hecho de que las fajas y los cinturones estaban diseñados para ser usados sobre las prendas. En cambio, las caderas de Tutankamón, medidas a partir de sus taparrabos, tenían una sorprendente anchura de 108 centímetros.[33] Esta combinación de cadera ancha y cintura estrecha es la forma que vemos en las representaciones de Akenatón, lo que nos lleva a especular que el arte exagerado de Akenatón en Amarna tan solo llevaba al extremo su propia e inusual forma corporal. Las estatuas doradas recuperadas del tesoro confirman otro rasgo físico inusual: cada una de ellas, en mayor o menor medida, muestra al rey como un individuo de complexión pequeña con evidentes senos. Los senos no siempre son un indicio de feminidad, por supuesto. El hecho de que Akenatón también parezca tener pechos en muchas de sus estatuas sugiere que la ginecomastia era cosa de familia.

¿Y el rostro de Tutankamón? Mientras que la piel de su cuerpo era gris, quebradiza y agrietada, su rostro, que había estado protegido de los ungüentos fúnebres por la máscara funeraria, era de un tono más oscuro, con una gran lesión o costra en la mejilla izquierda. Sus labios estaban ligeramente separados, mostrando los prominentes dientes delanteros que se observan en otras momias reales de la XVIII dinastía. Para Carter, el recién revelado Tutankamón parecía:[34]

> [...] de un tipo extremadamente refinado y culto. El rostro tiene rasgos hermosos y bien formados. La cabeza muestra un gran parecido estructural con Aj-en-atón, lo que sugiere la misma afinidad que se aprecia en los monumentos. Un parecido en el carácter que hace que uno se sienta inclinado a buscar [una] relación de sangre.

Es una tarea difícil e ingrata —incluso inútil— intentar reconstruir el rostro de un rey fallecido hace tiempo. Independientemente de la experiencia y las intenciones del científico/artista, el resultado siempre está a merced de las críticas de quienes consideran que no se ajusta a sus propias expectativas. El tono de piel supone un problema particular: ¿cómo de oscura o clara sería la piel de un faraón de finales de la XVIII dinastía? El arte no ayuda en absoluto, ya que los artistas reales pintaban siempre su obra con los colores brillantes que estipulaba la tradición.

Se han intentado varias reconstrucciones científicas y muchas representaciones artísticas de Tutankamón. La más real es probablemente una de las tres caras encargadas como parte de la autopsia virtual de 2005. Las reconstrucciones fueron creadas por equipos de especialistas independientes con sede en Egipto, Francia y Estados Unidos, utilizando datos de tomografía computarizada y el cráneo —o un modelo de plástico del cráneo, en el caso de los equipos de Francia y Estados Unidos—. No obstante, a dos de los equipos se les reveló a quién pertenecía el rostro que estaban recreando y, como se señala en un comunicado de prensa del Consejo Supremo de Antigüedades, «tomaron como referencia imágenes antiguas de Tutankamón», por lo que hay que cuestionar la exactitud de sus reconstrucciones. El equipo estadounidense, que trabajó a ciegas, dio a Tutankamón el aspecto de un joven norteafricano con la barbilla retraída y la nariz prominente. El director del proyecto, Zahi Hawass, nos ha resumido los tres rostros:[35]

> Las tres reconstrucciones —la francesa, la estadounidense y la egipcia— son muy similares en cuanto a la inusual forma del cráneo, la forma básica de la cara y el tamaño, la forma y la colocación de los ojos. Las narices de las tres son distintas, aunque las versiones francesa y estadounidense son más parecidas entre sí que la egipcia. Además, el mentón es similar en las reconstrucciones estadounidense y francesa; la egipcia tiene una mandíbula y un mentón más fuertes. En mi opinión como estudioso, la reconstrucción egipcia es la que parece más egipcia, y las versiones francesa y estadounidense tienen personalidades más singulares.

Le han seguido otras reconstrucciones faciales y de cuerpo entero más sensacionalistas, que a menudo incorporan la discutida debilidad y deformidad de la pierna izquierda identificada por el examen del Consejo Supremo de Antigüedades. Esta frágil versión moderna de Tutankamón contrasta con la imagen fuerte y poderosa que él mismo quiso presentar al mundo.

A medida que avanzaba el reinado de Tutankamón, la élite volvió a construir tumbas familiares que reflejaban la feliz expectativa de una vida eterna después de la muerte junto a Osiris en el Campo de Juncos. El arte funerario había vuelto más o menos a la «normalidad»: las características figuras de Amarna habían desaparecido, los dioses tradicionales habían sido restaurados y el propietario de la tumba volvía a ser el centro de su propio destino. Algunos notables refugiados de Amarna construyeron tumbas en el cementerio de Saqqara, entre ellos, como ya hemos visto, la nodriza Maia, el visir Aper-el y el escultor Tutmosis. Las tumbas más espléndidas fueron las construidas por el tesorero de Tutankamón, Maya, y el general Horemheb. En la tumba no utilizada de Horemheb, podemos ver a Tutankamón en acción. Es un hombre adulto que se asoma al balcón del palacio con Anjesenamón a su lado, y recompensa al fiel Horemheb con un presente de collares de oro.[36] Los animales, al igual que las personas, podían ser enterrados en Saqqara. Cuando el toro Apis, la encarnación viviente de Ptah de Menfis, murió, Tutankamón lo hizo momificar y enterrar en el Serapeo de Saqqara, el cementerio sagrado de los toros. El sepulcro del toro fue saqueado en la antigüedad, pero se conservan cuatro vasos canopes androcéfalos, tres colgantes de loza con el prenombre de Tutankamón y varios fragmentos de ataúd de madera.[37]

Más de seiscientos kilómetros río arriba, la profusamente decorada tumba tebana de Amenhotep-Huy nos permite ver de nuevo a Tutankamón en el ejercicio de sus funciones civiles.[38] El rey está sentado bajo un dosel ceremonial, vestido con un elaborado traje plisado; lleva la corona azul y sostiene el cayado y el mayal. Observa cómo un anónimo «supervisor del Tesoro» —presumiblemente el ubicuo Maya— inviste a Amenhotep-Huy como virrey, y con ello nos recuerda que Nubia era un recurso económico muy valioso. En otra escena, Tutankamón está de nuevo sentado mientras recibe el tributo nubio de

Amenhotep-Huy, que se encuentra ante él agitando un abanico de avestruz.

Tras diez años en el trono, Tutankamón murió. Visto desde el punto de vista moderno, parece una tragedia sorprendentemente repentina; después de haber sobrevivido al nacimiento y a la infancia, y de no haber sufrido —suponemos— ni malnutrición ni soportado las condiciones de un duro entorno laboral, podríamos haber tenido la razonable esperanza de que viviera otros veinte o treinta años. Sus contemporáneos, más acostumbrados a la idea de que la muerte podía llegar en cualquier ocasión, quizá se sorprendieron menos que nosotros. Un reinado de diez años, en una tierra donde los hombres adultos de las élites tenían una esperanza de vida de aproximadamente cuarenta años, era un tiempo considerable. Tutankamón había sobrevivido a muchos de sus coetáneos y miembros de su familia, y falleció siendo un hombre, no un niño. Su muerte no se anuncia ni se explica en ninguna parte, pero no cabría esperar que así fuera. En cualquier caso, las flores que hay en sus ataúdes —una corona que adorna el ureo del segundo ataúd, una guirnalda en el pecho también del segundo ataúd y un collar floral en el tercero— florecen desde mediados de marzo hasta finales de abril.[39] Suponiendo que estas flores se recogieran para el funeral, y suponiendo, además, que la momia pasó en la casa de embalsamamiento los setenta días que establecía la tradición, las pruebas que proporcionan las flores se añaden a las que ofrecen las vasijas de vino fechadas para indicar que Tutankamón murió en enero o febrero de su décimo año de reinado.

Como en las mejores historias de detectives, tenemos que examinar el cuerpo para determinar la causa de la muerte. Sin embargo, no es una cuestión fácil. El cuerpo de Tutankamón sufrió grandes daños antes de que lo vendaran. Si fue en el taller del enterrador o en un ataque o accidente, es difícil decirlo. Se dañó de nuevo cuando el equipo de excavación utilizó lo que hoy se considerarían unos métodos salvajes —una combinación de calor, cuchillos calientes y fuerza bruta— para separarlo de su ataúd y máscara en contacto con su cuerpo. Para empeorar las cosas, los tres mil años que pasó tumbado sobre un lienzo empapado de grasa habían resultado en la carbonización de la piel del rey y la destrucción de sus vendas. Como explica Howard Carter:[40]

> [...] cuanto más avanzábamos, más evidente era que tanto las envolturas como la momia se encontraban en un estado lamentable. Estaban completamente carbonizadas por la acción de los ácidos grasos de los ungüentos, que las habían saturado.

El lienzo endurecido por la resina que envolvía la cavidad torácica impidió a Derry realizar un examen completo de la parte superior del torso y le imposibilitó sugerir una causa de la muerte. Esto abrió las puertas a la especulación. Pronto se rumoreó —sin pruebas— que Tutankamón había muerto de tuberculosis. Aún más fascinante fue que un miembro del equipo de excavación, Arthur Mace, ya había especulado con la posibilidad de que Tutankamón hubiera sido asesinado:[41]

> El resto es pura conjetura [...] Tenemos razones para creer que era poco más que un niño cuando murió, y que fue su sucesor, Eye [Ay], quien apoyó su candidatura al trono y actuó como su consejero durante su breve reinado. Además, fue Eye quien organizó sus ceremonias fúnebres, e incluso es posible que organizara su muerte, al considerar que había llegado el momento de asumir él mismo las riendas del gobierno.

Las radiografías de Harrison de 1968 revelaron lo que Derry no había podido ver: grandes daños en el pecho y el esternón, con parte de la caja torácica desaparecida. El equipo de 2005 pudo añadir los huesos de la pelvis y el corazón a la lista de partes del cuerpo que faltaban. A Harrison le intrigó un pequeño trozo de hueso desprendido en el lado izquierdo de la cavidad craneal:[42]

> Podría tratarse de una parte del hueso etmoides [el hueso que separa la cavidad nasal de la craneal], que se había desprendido de la parte superior de la nariz cuando se pasó un instrumento por la nariz hasta la cavidad craneal durante el proceso de embalsamamiento. Por otra parte, las radiografías también sugie-

ren que este trozo de hueso está unido al resto del cráneo, y esto podría ser coherente con una fractura deprimida que se había curado. Esto podría significar que Tutankamón murió de una hemorragia cerebral causada por un golpe en el cráneo con un instrumento romo.

Este fragmento de hueso —en realidad hay dos en el lado derecho— ha suscitado un gran debate. Aunque en un principio se creyeron que eran pruebas de un golpe mortal en la cabeza, ahora se acepta que los fragmentos son partes de la vértebra superior de Tutankamón, desprendidas durante la autopsia de Derry. No están incrustados en la resina, sino que se mueven libremente dentro del cráneo, por lo que deben ser posteriores a la aplicación de la resina y a la muerte de Tutankamón.

Harrison consideró que la base del cráneo de Tutankamón era inusualmente delgada. Que en esta región una zona tenga una apariencia tan oscurecida podría tal vez indicar una hemorragia producida por un golpe con un objeto romo. La idea de que Tutankamón podría haberse golpeado en la cabeza tuvo una gran aceptación popular, y aún hoy es común en internet. Sin embargo, un nuevo examen de las radiografías de Harrison ha demostrado que la delgadez del cráneo es una ilusión óptica causada por el ángulo del cráneo durante las radiografías, y el equipo de 2005 ha confirmado que no hay signos de un golpe mortal.[43] Aunque hay que reconocer que no todas las formas de asesinato dejan huellas que puedan detectarse tres mil años después de la muerte, no hay ninguna prueba que demuestre en absoluto que Tutankamón fue asesinado.

La investigación de 2005 consideró que, al no haber signos de grandes traumatismos en otras partes de su cuerpo, los daños en el pecho de Tutankamón debían haberse producido después de su muerte. El equipo de investigadores centró su atención en el muslo izquierdo del rey, que se había roto en el momento de la muerte o muy poco antes. Derry y Harrison ya se habían percatado de ello, pero como los frágiles huesos del faraón se habían fracturado muchas veces *post mortem,* no le habían dado importancia. Ahora se especulaba con la posibilidad de que esta lesión hubiera causado su muerte: «Es posible que esta herida se infectara y matase al rey».[44] Las interpretaciones alternativas de las pruebas sugirieron que la pierna izquierda destrozada podía haber desencadenado una embolia grasa, o que Tutankamón podía haber muerto desangrado. Más tarde, se propuso q los efectos de la malaria en un cuerpo debilitado tal vez hubieran causado su muerte. Esto parece poco probable, ya que, aunque la malaria es una amenaza para la vida de los más pequeños, los adultos suelen haber desarrollado inmunidad a la enfermedad.

Por supuesto, no hay necesidad de buscar pintorescas o extrañas causas de la muerte. En el Egipto de la XVIII dinastía, la diarrea o incluso un diente podrido podían matar. Pero su cuerpo destrozado es un clamoroso indicio de que el joven Tutankamón no murió por causas naturales. El hecho de que, según parece, su corazón se hubiera podrido antes de que pudiera ser preservado sugiere una negligencia en el taller del enterrador o una demora en la entrega del cuerpo a los embalsamadores. Esto podría indicar una muerte en un campo de batalla extranjero, pero, como ya hemos visto, no hay pruebas de que Tutankamón pisara realmente uno. Por lo tanto, una muerte accidental, lejos de casa, parece más probable. Quizá, como se ha sugerido en tiempos recientes, lo arrolló un hipopótamo, aunque cabría esperar que, tras un accidente así, el resto del cuerpo presentase mas daños.[45]

Hay otra posibilidad mucho más plausible. El abanico dorado de plumas de avestruz de Tutankamón se recuperó entre las paredes del tercer y cuarto santuario de su cámara funeraria, cerca del cuerpo del rey (n.º 242). Una inscripción en su mango revestido de aluminio nos dice que las cuarenta y dos plumas blancas y marrones que adornaban la parte superior del abanico fueron tomadas de avestruces capturadas por el rey mientras cazaba en el desierto al este de Heliópolis (cerca del actual El Cairo). La escena grabada en la parte superior semicircular del abanico muestra, en una cara, a Tutankamón partiendo en su carro para cazar avestruces y, en el reverso, a Tutankamón triunfante, regresando con su presa. La caza de avestruces era una forma ideal para que un rey demostrara su control sobre las fuerzas caóticas de la naturaleza. Era un deporte de jóvenes, aderezado con velocidad y peligro. Habría sido extremadamente impropio —con toda posibilidad incluso peligroso— describir la muerte de cualquier rey en el interior de su tumba. Pero nos queda la duda de si el abanico que se colocó tan deliberadamente cerca del cuerpo del rey podría estar allí como una críptica pista de su prematuro fallecimiento.

Tutankamón había gobernado Egipto por solo diez años, muchos de los cuales los pasó bajo la dirección de sus consejeros y parientes femeninos. En este tiempo revirtió el experimento de Amarna e hizo mucho para restaurar el daño causado por la dejadez de Akenatón. Solo podemos conjeturar sobre lo que habría venido después si se le hubiese concedido más tiempo.

# 3

## El cuento del enterrador

### Tutankamón se prepara para su vida en el más allá

Grabado en su sarcófago de piedra, las diosas Serket y Neftis juran proteger al difunto Tutankamón (n.º 240):[1]

Palabras pronunciadas por Serket: Mis brazos envuelven al que está entre ellos para que yo pueda proteger al hijo de Ra, Tutankamón. No morirá por segunda vez en la sepultura, sino que existirá como un gran dios en presencia de los dioses de la Duat [inframundo].
Palabras pronunciadas por Neftis: He venido [para] servir detrás de mi hermano Osiris, hijo de Ra, Tutankamón [...]. Existirás como un *ba* [espíritu o alma] viviente, asumiendo todas las formas que desees. Tu *ba* no se separará de tu cuerpo. Seguirás a Ra en la barca de los millones y, junto con él, te pondrás en el horizonte occidental.

Tutankamón creía que su vida terrenal no era más que un momento fugaz de su existencia eterna. Al igual que su coronación lo había unido a todos los reyes que habían vivido en Egipto, su muerte lo vincularía con sus divinos difuntos. Como ya hemos señalado, la teología real ofrecía varias posibilidades emocionantes. Un rey muerto podía titilar como una estrella eterna, vigilando permanentemente las Dos Tierras. Podía hacerse uno con el Osiris momificado, y juzgar a los difuntos y gobernar sobre aquellos que pasasen la eternidad trabajando en el Campo de Juncos.

O bien podía unirse a la tripulación de la barca solar capitaneada por Ra, el dios con cabeza de halcón, para luchar contra los seres malignos que amenazaban al sol durante las peligrosas horas de oscuridad. Se permitía cierto grado de flexibilidad, por lo que el faraón incluso podía tomar elementos de cada vida divina en el más allá y combinarlos para componer su propio destino.

Sin embargo, una cosa era evidente. Para alcanzar su potencial, volverse plenamente divino y vivir para siempre, Tutankamón tuvo que confiar en la buena voluntad de su sucesor. Por mucho que lo planeara, sin los rituales adecuados —momificación, ajuar funerario apropiado, un funeral y un culto mortuorio efectivo— no lograría esta crucial transformación. En reconocimiento a la vulnerabilidad de los muertos, se había decretado que el nuevo rey debía confirmar su derecho a gobernar enterrando a su predecesor como era debido.

De forma única, podemos ver este sistema en acción. Pintado en la pared norte de la cámara funeraria de Tutankamón, Ay cumple con su deber de encargarse de su predecesor al realizar la ceremonia de la apertura de la boca y los ojos. El momificado Tutankamón aparece envuelto en lino blanco, con la cabeza coronada, el barbado rostro al descubierto y los brazos cruzados agarrando el cayado y el mayal que simbolizan su realeza. Ha adoptado la forma del rey de los muertos, Osiris. Frente a él, un Ay de aspecto vivaz asume el papel del hijo y heredero de Osiris, Horus. Lleva la corona azul y una falda blanca, y el manto de piel de leopardo de un sacerdote le cubre los hombros. Empuñando una azuela ceremonial, Ay abre ritualmente la boca y la nariz y destapa las orejas de su predecesor, lo que le garantiza la posibilidad de reanimación.

La aparición de Ay como sucesor de Tutankamón es una gran sorpresa. La biografía de Horemheb, que consultamos al buscar detalles de una coronación de la XVIII dinastía, da cuenta en términos claros de su vida como heredero al trono bajo el gobierno de un rey sin nombre que, seguramente, debe ser Tutankamón:[2]

Así, este dios distinguió a su hijo a la vista de todo el pueblo […]; el corazón del rey se contentó con su trato y se alegró de su elección. Para guiar las leyes de las Dos Regiones lo nombró jefe supremo de la tierra y príncipe heredero de toda esta tierra. Era único, sin igual.

Dado que se trata de Horemheb contando su propia historia, podríamos sospechar que exagera su importancia en la corte de Tutankamón, y tal vez incluso trata de desviar la atención de su poco ortodoxo camino hacia el trono reclamando un vínculo con un rey que ya no está vivo para desmentirlo. Pero su relato se apoya en inscripciones realizadas durante el reinado de Tutankamón. Una puerta de piedra, que forma parte de un edificio de adobe ya desaparecido, nos dice que el general Horemheb es el príncipe heredero, y su tumba de Saqqara, decorada con profusión, deja muy claro que es a la vez príncipe heredero y representante del rey.[3] Esta tumba se abandonaría cuando el rey Horemheb pasó a tener derecho a una tumba real en el Valle de los Reyes.

En circunstancias normales, Horemheb habría seguido siendo el heredero del trono hasta que Tutankamón hubiese engendrado un hijo varón con una madre de rango adecuado. Esto nunca ocurrió, y el hecho de que sea Ay quien se erija como rey nos recuerda que las circunstancias que rodearon la muerte de Tutankamón estaban lejos de ser normales. Resulta tentador especular que Horemheb se encontraba lejos de Tebas, quizá en el norte de Siria, cuando ocurrió la tragedia. Hay indicios que sugieren —sin ninguna prueba concreta— que en el año 9/10 las tropas de Tutankamón combatieron —y fracasaron— para retomar la ciudad siria de Kadesh, que había caído bajo la influencia del rey hitita, Suppiluliuma.[4] Tenemos pocos detalles específicos de esta campaña, pero las escenas talladas recuperadas de la mansión de Nebjeperura, además de las escenas de homenaje esculpidas en el templo de Karnak y en las paredes de la tumba de Horemheb en Saqqara, sugieren, tomadas en conjunto, que los egipcios se enfrentaron a una coalición de fuerzas sirio-palestinas, y no hititas. Horemheb no participó en los preparativos del funeral de Tutankamón, lo que parece extraño: aunque estuviera luchando en Siria, el largo proceso de embalsamamiento le habría dado tiempo suficiente para regresar a Tebas. Si somos generosos, podemos conjeturar que, con la acuciante necesidad de un rey en Egipto, Ay, como representante del representante, se ofreció voluntario. Con mayor cinismo, podemos sugerir que Ay vio una oportunidad y la aprovechó. Tras haber servido a Amenhotep III, Akenatón y Tutankamón, ya era un hombre mayor, y no era razonable esperar que gobernara más de uno o dos años. Sin embargo, superó las expectativas al reinar durante cuatro años. Ay no nombró a Horemheb como su sucesor.

Por más de un milenio, la forma de morir de la élite había sustentado la economía egipcia. El anhelo de construir las pirámides —gigantescas escaleras hacia el cielo— había puesto en marcha la administración pública, con la necesidad de abastecer las obras del norte de materias primas y muchos miles de trabajadores, lo que conllevó una empinada curva de aprendizaje. Ahora, los burócratas egipcios destacaban en la redacción de informes, la recaudación de impuestos y la logística. La era de las pirámides había terminado, pero, aun así, en todo el país, arquitectos, albañiles, obreros, marineros, carpinteros, contables, artistas, productores textiles, metalúrgicos, alfareros y muchos más participaban a diario, directa o indirectamente, en el aprovisionamiento de los muertos para la eternidad. Una vez que la tumba estaba llena, la momia instalada y la puerta sellada, las familias y los sacerdotes se encargaban de proporcionar ofrendas periódicas de comida y bebida que sustentarían a los difuntos para toda la eternidad. En muchos casos, estas ofrendas se financiaban con los ingresos obtenidos por las generosas donaciones de tierras que el propietario del sepulcro había legado a la tumba. Mientras tanto, los saqueadores hacían su propia contribución a la economía al recuperar y reciclar el ajuar funerario tan cuidadosa y costosamente elegido para el fallecido. No todo el mundo, por supuesto, tenía el privilegio de ser momificado y enterrado en una tumba de piedra. La gran mayoría de la población era sepultada como siempre, en simples fosas en los cementerios del desierto. Pero los que aspiraban a una clase de muerte mejor —los que querían tumbas de piedra y momificación— se enfrentaban a una grave merma de sus recursos familiares.[5]

Como parte vital de la extensa industria funeraria, la momificación se había convertido en un ritual de enorme importancia. Incluso Akenatón, cuyas creencias religiosas distaban mucho de ser tradicionales, hacía que envolvieran a sus familiares muertos como a Osiris. Por eso es frustrante que sepamos muy poco sobre el proceso en sí. ¿Eran los misterios de los enterradores demasiado sagrados para ser compartidos con los no iniciados? ¿Eran un secreto comercial? ¿O podemos suponer que, aunque todo el mundo sabía lo que ocurría en el taller del enterrador, nadie sentía la necesidad de hablar de ello? Por fortuna, no todo el mundo era aprensivo. Mil años después de la muerte de Tutankamón, el historiador griego Heródoto deleitó a sus lectores con un extenso relato de su visita a Egipto: una curiosa tierra de pirámides, atrevidas mujeres y los rituales funerarios más extraños que se puedan imaginar. Nos cuenta que había tres métodos de momificación: el barato, el menos barato y el caro. Podemos suponer, sin temor a equivocarnos, que los enterradores reales utilizaron «el más perfecto de los procesos» con Tutankamón:[6]

[...] primero, con un gancho de hierro, extraen el cerebro por las fosas nasales, así es como sacan parte del cerebro; el resto, en cambio, vertiendo drogas por el mismo conducto. Luego, con una afilada piedra de Etiopía sacan, mediante una incisión longitudinal practicada en el costado, todo el intestino, que limpian y enjugan con vino de palma, y que vuelven a enjugar, posteriormente, con substancias aromáticas molidas.

Después, llenan la cavidad abdominal de mirra pura molida, de canela y de otras substancias aromáticas, salvo incienso, y cosen la incisión. Tras estas operaciones, «salan» el cadáver cubriéndolo con natrón durante setenta días —no deben «salarlo» un número superior— y, una vez transcurridos los setenta días, lo lavan, y fajan todo su cuerpo con vendas de cárbaso finamente cortadas, que por su reverso untan con goma, producto que los egipcios emplean, por lo general, en lugar de cola. Por último, los deudos recogen el cuerpo y encargan un féretro antropomorfo de madera; una vez listo, en él meten el cadáver.

Heródoto no siempre es preciso en sus observaciones, y omite los detalles que nos ayudarían a comprender realmente el proceso. Por ejemplo, aclara que el natrón —un compuesto natural de carbonato de sodio, bicarbonato de sodio, sulfato de sodio y cloruro de sodio que los egipcios utilizaban como jabón y conservante— se utilizaba en el proceso de momificación, pero ¿se aplicaba el natrón en seco o se sumergían los cuerpos en un baño de natrón? A pesar de la falta de detalles, su descripción, basada en los hechos, encaja bien con las pruebas obtenidas en las autopsias de las momias modernas y en los experimentos realizados con cadáveres de animales y, ocasionalmente, de seres humanos. Sin embargo, subestima un aspecto importante del proceso que se destaca en los pocos papiros de fecha tardía que describen los rituales de momificación.[7] Estos dejan claro que la momificación era mucho más que un elaborado método de preparar el cadáver para la tumba. Era un rito religioso, el primer paso importante en el camino hacia la vida eterna, y los embalsamadores eran sacerdotes que manejaban herramientas arcaicas, pronunciaban hechizos y se ponían la máscara con cabeza de chacal del dios Anubis mientras transformaban al muerto en un dios latente.

Para entender por qué la momificación se consideraba un rito tan importante, hay que tener en cuenta lo que ocurrió inmediatamente después del fallecimiento de Tutankamón. El rey había muerto, pero aún no estaba desprovisto de vida. Cuando su cuerpo comenzó su descomposición física, liberó una serie de poderosas entidades regias que permanecieron a la espera de los rituales que les permitirían comenzar sus nuevas vidas. Estas entidades, a menudo interpretadas como almas, espíritus o esencias vitales, incluían un ser conocido como el *ka*. Si volvemos a la escena pintada en la pared norte de su cámara funeraria, podemos ver el *ka* de Tutankamón, idéntico al propio rey pero con el signo jeroglífico de dos brazos levantados sobre su cabeza, sosteniendo a Tutankamón mientras Osiris lo recibe en el más allá.

Liberado del cuerpo, el *ka* era un ser con las mismas necesidades básicas que los vivos. Precisaba un hogar —la momia dentro de la tumba— y un abastecimiento constante de comida y bebida. Lo ideal era que este sustento se proporcionase en forma de ofrendas periódicas realizadas por los descendientes del difunto o sus representantes, pero también podía suplirse con imágenes y menciones de comida y bebida en las paredes de la tumba, con modelos de comida y procesos de producción de alimentos incluidos en el ajuar funerario, y con comida y bebida reales enterradas con la momia. Los excelentes vinos incluidos en el ajuar funerario de Tutankamón habrían sido un acompañamiento adecuado para las carnes, legumbres, especias, miel, pasteles y frutas ofrecidas en un banquete eterno. Sorprendentemente, aunque la cerveza era un alimento básico de la dieta egipcia y se sabía que era una de las favoritas de los dioses, la tumba de Tutankamón no incluía vasijas de cerveza. Esto no importaba: tenía todos los materiales necesarios para hacerse la suya. Un modelo de granero lleno de grano (n.º 277) habría permitido al rey difunto —o a su *ka*— hornear un inagotable suministro de pan que podría ser regado con una sabrosa cerveza elaborada en la tumba.

Los muertos de Egipto estaban separados de los vivos, pero seguían formando parte de su mundo. Los cementerios acogían a los visitantes, y la mayoría de las tumbas de élite incluían una capilla decorada en la que los vivos podían contemplar imágenes coloridas, tal vez disfrutar de una merienda y, en última instancia, dejar una ofrenda adecuada para el finado, cuyo cuerpo yacía oculto en el pozo funerario. No obstante, el cuerpo de Tutankamón iba a ser alojado en una tumba excavada en la roca de un *uadi* remoto. No esperaba que los visitantes hicieran el largo camino hasta el Valle de los Reyes para regalarle una barra de pan o una vasija de cerveza. En su lugar, siguiendo un precedente establecido a principios de la XVIII dinastía, separó su capilla de ofrendas de su sepultura y construyó un llamativo templo funerario o conmemorativo —su «Mansión de Millones de Años»— en el límite del desierto. Los dos elementos —la tumba y el templo funerario— estaban físicamente separados, pero formaban una unidad, y el *ka*, que convivía con la momia, podía pasar mágicamente del uno al otro.

El templo funerario de Tutankamón desapareció hace muchos siglos, pero podemos hacer una conjetura sobre su ubicación. Parece inconcebible que un autoproclamado tradicionalista no hubiera situado su propio templo en línea con los templos funerarios de la XVIII dinastía que ya dominaban la orilla oeste del Nilo frente al templo de Karnak. Además, podemos suponer que lo construyó, al menos en parte, utilizando bloques de los templos tebanos en honor a Atón construidos por Akenatón, que habían sido desmantelados. Las ruinas del templo de Ay y Horemheb, en la orilla oeste, dan una pista sobre su posición.[8] Situado cerca de los restos del templo funerario de Tutmosis II y no muy lejos del templo funerario del rey de la XX dinastía, Ramsés III, de fecha más tardía y menos alterado, de este templo provienen los restos de varias estatuas colosales, dos de las cuales muestran a un rey avanzando a grandes zancadas.[9] Los historiadores del arte han sugerido que estos colosos se parecen mucho a Tutankamón; sin embargo, fueron inscritos por Ay y sobrescritos por Horemheb. Si las estatuas comenzaron su vida como Tutankamón, es probable que Ay las «tomara prestadas» de su templo funerario, que, dado el tamaño y peso de los colosos, probablemente estaba situado cerca. Incluso es posible que el propio templo de Ay y Horemheb sea el de Tutankamón reconvertido. Aunque de este edificio se han rescatado varios depósitos de cimientos con inscripciones del cartucho de Ay, es posible que estos pertenezcan a una fase de construcción tardía. Si Ay usurpó el templo funerario de Tutankamón, podemos especular que trasladó el culto funerario de su predecesor a la mansión de Nebjeperura, en la orilla este.

El *ka* era una entidad vulnerable. Mientras permaneciera en contacto estrecho con su cadáver —no un esqueleto desarticulado, sino un cuerpo reconocible como humano—, sobreviviría, permitiendo que otros aspectos del alma del difunto prosperasen lejos de la tumba. Pero si el *ka* no podía reconocer a su propio huésped, perecería, y el difunto volvería a morir. Esto significaría dejar de existir para siempre; no había vuelta atrás de la temida segunda muerte. Por lo tanto, era crucial que el *ka* fuese capaz de reconocer a su cadáver. Aunque en teoría era posible que el *ka* sobreviviera en una estatua o en una imagen bidimensional, estas eran, en gran medida, un último recurso. Lo ideal era que el cuerpo conservase una forma realista, aunque se tratase de una forma oscurecida, definida por los vendajes. Después de haber conocido a Tutankamón como un ser humano vivo y sintiente en los capítulos 1 y 2, el contraste cuando empezamos a considerar las descripciones más gráficas de su proceso de momificación es bastante marcado. Para muchos lectores, la visita al taller del enterrador puede parecer una indefendible invasión de su intimidad: ¿de verdad necesitamos saber con todo detalle lo que ocurrió con el cuerpo de Tutankamón tras su muerte? Yo diría que sí, por dos razones muy distintas. En primer lugar, porque su momificación fue el primer paso vital en el viaje de Tutankamón hacia su existencia eterna y, como tal, no debería considerarse un rutinario e insignificante punto final a su vida. Y, en segundo lugar, porque, si queremos utilizar el cuerpo de Tutankamón como fuente de pruebas de su vida, salud y muerte, hemos de entender los procesos por los que ha pasado.

Los enterradores tebanos trabajaban en tiendas montadas en el límite del desierto, en la orilla oeste. El suyo era un reino misterioso, a medio camino entre la Tierra Negra —la tierra fértil: el hogar controlado de los vivos— y la Tierra Roja —el desierto: el caótico hogar de los animales salvajes y los muertos—. Este aislamiento de los recién fallecidos acentuaba su condición liminar: no estaban ni vivos ni completamente muertos. En un plano más práctico, relegar a los enterradores a las afueras de la comunidad permitía a los ciudadanos evitar los olores, las moscas y las alimañas que se generaban durante el largo y muy sucio proceso. Nadie quería vivir al lado de la tienda de embalsamamiento.

Es de esperar que en una tierra cálida los cadáveres se llevasen a toda prisa al taller del enterrador en cuanto se confirmara el fallecimiento. Pero este diagnóstico no era necesariamente tan sencillo como es hoy en día: en países con un conocimiento médico limitado, el inicio de la putrefacción es a menudo la única forma de estar seguros de que una persona ha muerto de verdad. Esto puede explicar por qué el papiro del período romano conocido como *Rituales del embalsamamiento* estipula que el cuerpo debe permanecer en casa cuatro días, dando tiempo a la familia para llorarlo, organizar el embalsamamiento y, presumiblemente, para asegurarse de que, en efecto, la muerte se ha producido. Heródoto añade que había otras razones más siniestras para que un cadáver estuviera menos que fresco:[10]

> Por cierto que a las mujeres de los personajes ilustres no las entregan para que las embalsamen nada más morir y tampoco a todas aquellas mujeres que son muy hermosas o de notable posición; solo cuando llevan ya tres o cuatro días muertas, las confían a los embalsamadores. Y lo hacen así para evitar que los embalsamadores abusen de estas mujeres, pues cuentan que uno fue sorprendido, por haberlo delatado un colega, mientras abusaba del cadáver de una mujer que acababa de morir.

Está claro que no hubo ninguna prisa con el recién fallecido Tutankamón. El hecho de que le faltase el corazón y de que su cerebro se hubiera deshecho, dejando el etmoides intacto —las radiografías de Harrison en 1969 mostraron que el hueso seguía en su sitio; desde entonces, ha sufrido algunos daños—, es un indicio significativo de que la descomposición estaba muy avanzada cuando llegó el cadáver al taller del embalsamador. Podemos suponer que su cerebro simplemente se había descompuesto y escurrido por la nariz. Esto se habría considerado más conveniente que problemático: aunque los médicos egipcios comprendían lo grave que podía ser una lesión en el cerebro, los enterradores lo consideraban un órgano inútil y se limitaban a tirarlo.

El lienzo empapado en resina que los enterradores utilizaron para rellenar y dar forma al pecho de Tutankamón sigue en su sitio: ahora es sólido como una roca y no se puede sacar. Así que podemos estar seguros de que, a diferencia del pene errante del faraón, su corazón se perdió antes de que lo momificaran. Puesto que se creía que el corazón era el órgano del razonamiento, este era un asunto serio que podía causar problemas en la otra vida. Como medida de precaución, Tutankamón recibiría un corazón de repuesto: un gran escarabeo de resina negra engastado en oro colgaría de su cuello por un largo hilo de oro batido (n.º 256q). Inscrito en el escarabeo, el conjuro 29b del Libro de los Muertos ofrecía protección contra la pérdida del corazón: «Las almas de la tierra harán como deseen, y el alma del difunto saldrá cuando lo desee».

¿Por qué Tutankamón se demoró tanto en llegar a la tienda del enterrador? Ya hemos conjeturado que sufrió un accidente mortal mientras cazaba en el desierto al norte. ¿Lo llevaron, pues, al sur para recibir atención médica —mientras sus jóvenes compañeros negaban su muerte— o para momificarlo? Es probable que un accidente mortal en el que se vea involucrado cualquier rey cause pánico y confusión, pero esta habría sido una muy mala decisión, ya que, incluso con el viento a favor, el viaje en barco desde Heliópolis a Tebas habría durado muchos días. Habría sido preferible momificar a Tutankamón en Menfis y luego transportar su momia al sur para enterrarla, como ocurrió con los reyes de la XIX dinastía, Seti I y Ramsés II, que murieron mientras residían en el norte.

Heródoto ya nos ha permitido echar una buena ojeada a lo que sucedía en el taller del enterrador. El examen del cuerpo desenvuelto de Tutankamón nos da la posibilidad añadir detalles más específicos a su historia, desglosando el proceso en seis etapas concretas: preparación inicial, extracción del cerebro, vaciado de la cavidad corporal, desecación, lavado y vendaje, y envoltura. Si se observa el proceso en su conjunto, queda claro que, aunque hay signos de precipitación y de un trabajo algo chapucero en el aprovisionamiento de la tumba de Tutankamón, su cuerpo fue momificado de forma adecuada y respetuosa.

A su llegada al taller del enterrador, Tutankamón fue desnudado, afeitado y lavado. Mientras yacía en decúbito supino sobre una mesa inclinada, los enterradores centraron su atención en la cabeza. La extracción del cerebro se podía realizar fácilmente introduciendo una cuchara de mango largo en la fosa nasal izquierda —rompiendo el hueso etmoides en el proceso— y batiendo hasta que la materia licuada gotease por la nariz. Pero en el caso de Tutankamón, esto fue innecesario. Su cráneo vacío fue enjuagado con una solución de natrón, y luego, antes de la desecación o justo después, rellenado parcialmente con resina. Como la radiografía de su cabeza de 1968 muestra dos capas de resina distintas, una en ángulo recto respecto de la otra, debió de ser una operación en dos fases; una capa se introduciría por la nariz mientras el cuerpo estaba tumbado de espaldas, y la otra, por la base del cráneo, bien cuando el cuerpo estaba tumbado con la cabeza inclinada hacia atrás o, lo que es más improbable, con la parte superior del cuerpo colgando boca abajo.

Era importante que los órganos más propensos a la putrefacción (el estómago, los intestinos, los pulmones y el hígado) fueran extirpados lo antes posible. Los riñones también se podían extirpar —por accidente, suponemos— o permanecer en su sitio. Para ello, se practicó una incisión transversal de casi nueve centímetros de longitud en el costado izquierdo de Tutankamón, en paralelo a una línea imaginaria desde el ombligo hasta el hueso de la cadera. El embalsamador introducía entonces una mano en el cuerpo, localizaba los órganos pertinentes y los extraía, seccionando el diafragma para acceder a los pulmones. Esta incisión mide nueve centímetros, una longitud mayor que la del corte que se practica por lo general en los embalsamamientos, pero parece absurdamente pequeña si se compara con el moderno corte de autopsia en forma de Y, que atraviesa el cuerpo desde la punta de cada hombro para unirse aproximadamente a la altura de los pezones y continuar hasta el pubis. Diodoro Sículo, otro visitante clásico fascinado por los rituales funerarios egipcios, nos explica por qué los enterradores se mostraban cautelosos a la hora de infligir un daño demasiado evidente a un cuerpo:[11]

> Los cuidadores de los cuerpos, pues, son artesanos que han heredado de su familia esa ciencia; presentan a los familiares de los fallecidos una lista de cada uno de los gastos para los funerales y les preguntan de qué manera quieren que se haga el tratamiento del cuerpo. Tras ponerse de acuerdo sobre todos los asuntos y tomar el cadáver, entregan el cuerpo a los encargados del cuidado habitual. Primero, el llamado «escriba», colocado el cuerpo en tierra, circunscribe sobre el costado izquierdo cuánto se debe cortar; y, después, el apodado «hendedor del lado», sosteniendo una piedra etiópica y tras haber cortado la carne como manda la ley, huye inmediatamente a la carrera persiguiéndole los presentes y tirándole piedras, imprecándole

y como dirigiéndole su abominación: suponen que es odioso todo el que aplica violencia, produce heridas y, en general, realiza algo malo a un cuerpo de la misma especie.

Los llamados «embalsamadores» son dignos de toda honra y mucho respeto y, estando con los sacerdotes, realizan también, como puros, su entrada en el templo sin impedimentos; reunidos para el tratamiento del cuerpo ya abierto, uno introduce la mano en el tórax a través del corte del cadáver y lo extrae todo excepto los riñones y el corazón, y otro purifica cada una de las vísceras lavándolas con vino de palmera y perfumes.

Por lo general, la herida de embalsamamiento se cubría y curaba mágicamente con una placa de embalsamamiento; un plato ovalado de oro descubierto en los vendajes del lado izquierdo de su cuerpo podría ser la placa de embalsamamiento perdida de Tutankamón.

Los recientes escaneos han revelado que el diafragma de Tutankamón está presente e intacto, lo que indica que, si bien los enterradores utilizaron la vía tradicional —la incisión de embalsamamiento— para extraer los intestinos, el hígado y el estómago de su abdomen inferior, utilizaron la hendidura de su pecho para extraerle los pulmones. Al mismo tiempo, realizaron una labor de reconstrucción, reorganizando la destrozada parte superior de su torso para dar una forma más natural al pecho del rey bajo los vendajes. Mientras que algunas de las costillas de Tutankamón están rotas y varias han desaparecido, otras muestran unos bordes lisos que indican que el hueso fresco se cortó con una hoja estrecha después de la muerte.[12]

Como Tutankamón necesitaría sus órganos internos en la otra vida, estos también debían ser lavados y conservados en natrón. Las vísceras embalsamadas se guardaban en un conjunto de ataúdes en miniatura antropomorfos, bellamente decorados, dedicados a los cuatro protectores hijos de Horus: el dios con cabeza humana Amset, guardián del hígado; el dios con cabeza de babuino Hapi (pulmones); el dios con cabeza de chacal Duamutef (estómago); y el dios con cabeza de halcón Qebsenuf (intestinos) (n.º 266g). Como el contenido de los ataúdes en miniatura nunca ha sido objeto de un examen médico, no podemos saber con certeza qué hay dentro. En particular, dado el tamaño relativamente grande del hígado humano, es imposible estar seguros de que los órganos se conservasen intactos, y es interesante señalar que el doctor Bob Briar, mientras llevaba a cabo su proyecto experimental con momias humanas, se vio obligado a seccionar el hígado para poder meterlo en su vaso canope.[13]

Sus ataúdes canopes representan a Tutankamón como Osiris, con el tocado *nemes* y sosteniendo el cayado y el mayal. Son muy parecidos a su segundo ataúd: tan parecidos, de hecho, que cuando se utilizó una imagen de un ataúd para anunciar la exposición «Tutankamón: Tesoros del Faraón dorado», celebrada en Londres en 2019-20, muchos visitantes se quedaron perplejos al ver que lo que habían supuesto que era un ataúd de tamaño natural solo medía treinta y nueve centímetros. Howard Carter observó que la tapa de al menos un ataúd en miniatura no encajaba a la perfección ni se ajustaba bien a su base, y sugirió que podrían haber sido obra de diferentes artesanos trabajando de forma independiente para un diseño determinado. En una época más reciente se ha admitido que los ataúdes en miniatura no fueron creados realmente para Tutankamón, ya que los cartuchos incluidos en las inscripciones de sus forros muestran claros signos de haber sido alterados.[14]

Los ataúdes en miniatura, atados con cintas de lino anudadas al cuello y los tobillos, estaban envueltos en lino y colocados en compartimentos cilíndricos separados tallados en la base de un cofre canope de calcita semitransparente cuyas cuatro esquinas estaban protegidas por las imágenes talladas de las diosas funerarias Isis (suroeste), Neftis (noroeste), Serket (noreste) y Neit (sureste) (n.º 266b). Las mismas cuatro diosas estaban colocadas en las esquinas del sarcófago para proteger el cuerpo de Tutankamón. En algún momento —ya fuera en la casa de embalsamamiento o como parte del ritual funerario—, los ataúdes en miniatura fueron cubiertos generosamente con los mismos ungüentos que se emplearían para untar los ataúdes de tamaño natural y la momia. Los recipientes canopes se cerraban con cuatro tapas antropocéfalas delicadamente talladas que lucían el tocado *nemes* con cabeza de buitre y ureo en la frente. Aunque no cabe duda de que se trata de reyes, estas cabezas de calcita no guardan un gran parecido con las demás imágenes de Tutankamón, lo que plantea la posibilidad de que también fueran diseñadas para otra persona. Por último, la tapa inclinada del cofre canope se bajó y se ató con cuerdas de lino.

Dentro de la tumba, este cofre quedó alojado en el tesoro, donde, sobre un trineo de madera, fue cubierto por un sudario de lino y rodeado por un relicario dorado y grabado (n.º 266a), que a su vez estaba cubierto por un dosel dorado montado sobre un trineo de madera y protegido por las cuatro diosas funerarias exentas (n.º 226). Carter, que no era un hombre dado a excesivas muestras de emoción, quedó muy impresionado por la belleza del templete canópico:[15]

> Frente a la puerta, en el lado opuesto, se encontraba el monumento más hermoso que jamás he visto, tan bello que hacía que uno se quedase boquiabierto de admiración. La parte central consistía en un gran cofre en forma de urna, completamente recubierto de oro y coronado por una cornisa de cobras sagradas. Alrededor de este, sin ningún tipo de soporte, había estatuas de las cuatro diosas tutelares de los muertos, gentiles figuras extendiendo sus protectores brazos, tan naturales y reales en su pose, tan lastimosas y compasivas las expresiones de sus rostros, que uno sentía que casi era un sacrilegio mirarlas. Cada una custodiaba uno de los cuatro lados de la urna, pero, mientras que las figuras de delante y de detrás mantenían la mirada fija en su custodia, las otras dos añadían una nota de conmovedor realismo, ya que sus cabezas estaban giradas de lado, mirando por encima de sus hombros hacia la entrada, como si quisieran vigilar para evitar una sorpresa. Este monumento tiene una grandiosidad sencilla que atrae irresistiblemente la imaginación, y no me avergüenza confesar que me hizo un nudo en la garganta.

Las alargadas proporciones, las cabezas ligeramente ladeadas y las ropas plisadas de las diosas canopes indican que el relicario es un artefacto reciclado de Amarna. Dado que las diosas no tenían nada que hacer en la austera vida posterior de Akenatón, podemos especular que las cuatro comenzaron su vida como reinas —¿Nefertiti, quizá?— y que las coronas que las identifican fueron una incorporación tardía para que encajasen mejor con las creencias religiosas de Tutankamón, en línea con las oficiales.[16]

De vuelta al taller del enterrador, el rey vacío fue lavado de nuevo y se le fijaron las uñas de los pies y de las manos. Su torso se rellenó con pequeñas bolsas de sal de natrón y serrín, y todo su cuerpo se cubrió con sal de natrón. Bajo la capa de sal, los ojos de Tutankamón estaban parcialmente abiertos, y sus pestañas seguían en su sitio. Cuarenta días después, su cuerpo disecado, ahora más ligero y de color más oscuro, fue recuperado de la sal, lavado y tratado con aceites. Taponaron la nariz y los ojos de Tutankamón con resina impregnada de lino, y sus labios se sellaron, aún ligeramente abiertos, con resina. El abdomen y el pecho se rellenaron con lino impregnado de resina para restaurar y mantener su forma, y se pegó un «babero» de cuentas sobre el pecho para disimular, y tal vez curar mágicamente, su herida. Derry no pudo quitar el babero —estaba demasiado pegado— y continuó sin ser consciente del traumático desperfecto que había debajo. Cuando Harrison examinó a Tutankamón en 1968, el babero había desaparecido. Presumiblemente lo habían robado, y, en el proceso, el cuerpo había sufrido más daños.

Finalmente, Tutankamón estaba listo para el vendaje que protegería y preservaría su cuerpo y confirmaría su nueva entidad divina. A falta de una guía egipcia antigua sobre cómo envolver una momia, nos vemos obligados a recurrir a los *Rituales del embalsamamiento* de la época romana y al documento conocido como «Ritual del embalsamamiento de Apis», que, como su nombre indica, detalla la momificación del toro sagrado Apis, la encarnación viviente del dios Ptah de Menfis.[17] Los toros son, obviamente, muy distintos en tamaño y forma a las personas, pero la teoría que subyace al ritual de envoltura sigue siendo la misma. No se trataba de una simple operación de puesta a punto: era un ritual intrincado, largo y enormemente costoso que requería enormes cantidades de sábanas de lino, almohadillas y vendas, que debían tejerse a mano.

Bajo la supervisión de un sacerdote especializado, el «maestro de secretos», que trabajaba en una sala de envoltura, los subalternos preparaban las almohadillas y los vendajes, y luego ungían y envolvían el cadáver en un orden prescrito, trabajando de la cabeza a los pies. El cuerpo de Tutankamón se envolvió con dieciséis capas de vendas, reservando el lino más fino para las capas más internas y externas, mientras que en el interior de las envolturas se distribuyeron más de ciento cincuenta amuletos y joyas. Los dedos de las manos y los pies, así como las extremidades, se envolvían individualmente, y los brazos de Tutankamón estaban cruzados horizontalmente sobre el pecho, cerca de la cintura, con el brazo izquierdo sobre el derecho. Se trata de una variante de la colocación habitual —otros reyes de la XVIII dinastía tenían los brazos cruzados en ángulo hacia arriba—, pero debemos ser cautos a la hora de interpretarla como un error o un mensaje deliberado. Es demasiado fácil para los observadores modernos identificar «reglas» que podrían no haber existido realmente, y luego utilizar estas reglas para acusar a los antiguos de cometer «errores». Si nos fijamos bien, podemos identificar varios «errores» en la momificación de Tutankamón: la colocación de los brazos, el tamaño y la ubicación de la incisión de embalsamamiento y las dos capas de resina en la cabeza son inusuales. Asimismo, podemos detectar «errores» en su tumba: la colocación de los ataúdes canopes y los ladrillos mágicos, por ejemplo, no es la que cabría esperar. Pero, dado que el de Tutankamón fue el primer funeral que se llevó a cabo en el Valle de los Reyes en casi treinta años, ¿es razonable esperar que todo se hiciera exactamente como antes? ¿Y podemos suponer que las cosas siempre se hicieron perfectamente en el pasado? Si se necesita una explicación para los brazos de Tutankamón, podemos especular que la colocación atípica estaba relacionada de alguna forma con el pecho dañado.

Dentro de sus vendas, Tutankamón estaba vestido con un falda dorada o delantal que le llegaba desde la cintura hasta las rodillas. En los pies calzaba sandalias doradas. Entre sus joyas había dediles en los dedos de manos y pies, brazaletes —siete en el brazo derecho y seis en el izquierdo—, anillos y un conjunto de collares y pectorales sobre el pecho, colocados a diferentes niveles. Dos dagas, una de oro (n.º 256dd) y otra de hierro meteórico de enorme valor (n.º 256k), estaban sujetas a ceñidores en su cintura.

Un casquete ceñido con cuentas cubría su cabeza afeitada, con cuatro cobras de oro y loza que mostraban una versión temprana del nombre de Atón (n.º 2564t). Parece extraño que Tutankamón, tan ortodoxo, fuese enterrado con una referencia tan íntima al dios que había rechazado, y se han propuesto varias teorías para explicarlo, desde una conversión en el lecho de muerte hasta un simple malentendido en la morgue. Se añadieron otros tocados a las vendas. Un curioso «tocado» cónico de lino enrollado, «envuelto a la manera de los modernos vendajes quirúrgicos», le recordaba a Carter una corona —¿un vínculo con el dios coronado Osiris, quizá?—, aunque también especuló con la posibilidad de que se tratara de «una mera almohadilla destinada a rellenar el espacio que de otro modo habría quedado vacío en el hueco del tocado de la máscara» (n.º 256:4u).[18] Encima se encontraron los restos de lo que parecía ser un tocado *jat* de lino, sujeto por una banda de oro (n.º 256:4pbis). Sobre este había una diadema de oro con incrustaciones y cintas colgantes, cuyo ureo desmontable y cabeza de buitre se encontraron separados dentro de las vendas que envolvían los muslos (n.º 256:4o).

Con la envoltura completa, se cosieron un par de manos que sostenían el cayado y el mayal (n.º 256b [1]). Un pájaro *ba* androcéfalo revoloteaba por debajo de las manos (n.º 256b [2]), rematando una malla de bandas funerarias con inscripciones —dos longitudinales y cuatro transversales— que habían sido elaboradas para otra persona y no encajaban bien en la momia de Tutankamón (n.º 256b[3]). Sus cartuchos originales habían sido borrados, y el único que quedaba hacía mención a Semenejkara. Por último, se colocó una máscara funeraria dorada en forma de casco sobre la cabeza y los hombros del rey, y en la parte delantera de la máscara se depositó una triple cadena de cuentas de disco (n.º 256a). Estas cuentas suelen retirarse cuando la máscara se expone al público.

La máscara funeraria de Tutankamón vincula a su portador con los dioses, conocidos por tener la piel dorada.[19] Más concretamente, lo relaciona con el dios de los muertos, Osiris, que solía representarse con el cuerpo vendado y las manos y el rostro al descubierto. La máscara lleva un tocado *nemes* con franjas de vidrio azul, con el buitre y la cobra en la frente dispuestos a defender a su rey. Las cejas, los párpados y la pintura de los ojos son de lapislázuli; los ojos son de cuarzo y obsidiana, y muestran —sin que esa fuera la intención original— una decoloración roja en los ángulos internos y externos; las orejas, como ya hemos visto, tienen cubiertas sus perforaciones para llevar pendientes. La barba, estrecha y trenzada, es una pieza separada hecha de oro con incrustaciones de loza, ahora descolorida. En agosto de 2014, saltó a los titulares cuando, al sacarla de su estuche para limpiarla, la barba se desprendió de la máscara. La barba, en un principio pegada chapuceramente con un adhesivo epoxi de secado rápido y muy visible, ha sido restaurada y pegada de nuevo con cera de abeja —el «pegamento» que utilizaban los antiguos artesanos—, y el daño ya no es visible.

La máscara tiene inscripciones en los hombros y la espalda, y el texto de la parte posterior es el conjuro 151 del Libro de los Muertos. Es un hechizo pronunciado por Anubis, el dios con cabeza de chacal, que no solo conseguirá que la máscara se convierta en el rostro del difunto, sino que también le permitirá ayudar al finado cuando se enfrente dificultades en la otra vida:[20]

> [...] Tu ojo derecho es la Barca de la Noche, tu ojo izquierdo
>    es la Barca del Día,
> tus cejas son la Enéada, tu frente es Anubis,
> la parte posterior de tu cabeza es Horus, tu pelo es Ptah-Sokar.
> Estás frente a Osiris, para que pueda ver gracias a ti.

Se ha especulado mucho sobre si esta máscara fue hecha para Tutankamón. Haciendo referencia a las orejas perforadas, y sugiriendo que los cartuchos de Tutankamón muestran signos de alteración, el egiptólogo británico Nicholas Reeves ha aducido que la máscara se creó, en principio, para una mujer.[21] Pero muchos siguen sin estar convencidos y, aunque no podemos aceptar la máscara como un retrato, sus rasgos faciales parecen coincidir con otras representaciones formales del rey.

Setenta días después de entrar en el taller del enterrador, Tutankamón había adoptado su nuevo aspecto vendado y estaba listo para hacer su viaje final a través del desierto. Todavía quedaba una tarea importante por realizar. Los enterradores recogieron los materiales utilizados en su momificación. No se podían tirar: también había que enterrarlos. El 21 de diciembre de 1907, un equipo de excavación financiado por el abogado estadounidense y egiptólogo aficionado Theodore M. Davis descubrió un pozo de agua revestido de piedra o un pozo funerario inacabado (KV54) que albergaba hasta una docena de recipientes de almacenamiento enormes. No se hicieron fotografías ni planos de las vasijas *in situ* y, como Davis no dejó constancia formal de su descubrimiento, no podemos estar seguros de cuántas había originalmente. Las vasijas se llevaron a la casa de Davis, donde se abrieron para agasajar a un distinguido visitante. En este punto, el egiptólogo y conservador del museo Herbert Winlock retoma la historia:[22]

A principios de enero de 1908, pasé dos o tres días con Edward Ayrton para ver su trabajo para el señor Davis en el Valle de los Reyes. Cuando llegué a la casa, en el «césped» delantero había una docena de gigantescas ollas blancas desparramadas [...] En aquel momento, Ayrton había terminado una excavación en el Valle de los Reyes, justo al este de la tumba de Ramsés XI. Tenía una gran tarea por delante para encontrar algo que entretuviera a *sir* Eldon Gorst, el diplomático británico que iba a ser pronto el invitado del señor Davis. [...] Como, tras abrir una de las grandes ollas, encontraron una encantadora y pequeña máscara amarilla en ella, todos pensaron que iban a encontrar muchos más objetos en las otras vasijas [...] Aquella tarde volví, caminando por las colinas, a la casa de los Davis en el Valle, y recuerdo igual que si fuera ayer cómo estaban las cosas. Lo que por la mañana habían sido hileras de vasijas bastante ordenadas, estaban ahora esparcidas en todas las direcciones, y había pequeños fardos de natrón y cerámica rota por todo el suelo [...].

Davis, que tenía grandes esperanzas puestas en las vasijas, se sintió profundamente decepcionado al encontrarlas llenas de lo que parecía una confusión de baratijas: impresiones rotas de sellos con el nombre de Tutankamón, fardos de sal de natrón y serrín envueltos en lino, sábanas y vendas de lino, tres cubrecabezas, collares de flores, grandes cantidades de cerámica rota y huesos de animales —pato, ganso, vaca y oveja o cabra—. Los hallazgos se consideraron insignificantes y se donaron al Museo Metropolitano de Arte de Nueva York. No fue hasta 1941, casi dos décadas después del descubrimiento de la tumba de Tutankamón, cuando Winlock reconoció la importancia de las vasijas y su contenido.[23] El KV54 era el pozo de embalsamamiento de Tutankamón, y las vasijas estaban llenas de restos de su material de embalsamamiento, además de los restos del banquete funerario celebrado no para los vivos, sino para las estatuas e imágenes del difunto. Las flores que habían adornado los ataúdes y las estatuas del rey durante las distintas etapas de su funeral; los tres pañuelos de lino que podían haber llevado los embalsamadores mientras trabajaban en su cuerpo, que tal vez utilizaron la curiosa colección de unos veinte palos quemados, también hallados en el lugar, para controlar el ritmo de desecación bajo la capa de sal de natrón. Winlock creía que el material de embalsamamiento, al ser importante e impuro al mismo tiempo, había sido enterrado a propósito lejos de la tumba principal.[24] Otros creen que los recipientes se almacenaron inicialmente en el pasillo de la tumba de Tutankamón. Cuando se decidió rellenar el pasillo con trozos de piedra, el alijo de embalsamamiento fue, por alguna razón desconocida, trasladado a una nueva ubicación segura a poco más de cien metros de distancia.[25]

Como ningún rey quería correr el riesgo de morir sin una tumba para albergar su cuerpo y un templo funerario para albergar su culto, los programas de construcción funeraria tenían la máxima prioridad. Tutankamón no fue una excepción. Como niño-rey podría haber previsto imitar a su abuelo Amenhotep III y reinar durante más de treinta años, pero, como demostraron las prematuras muertes de Semenejkara y de al menos cuatro de las hijas de Akenatón, la muerte no respetaba ni la juventud ni la realeza. Los trabajos de construcción abandonados en el Valle Real indican que comenzó a construir una tumba en Amarna inmediatamente después de su accesión, pero este proyecto se interrumpió de forma abrupta cuando la corte abandonó Amarna. Como devoto autoproclamado de Amón-Ra, Tutankamón deseaba ahora ser enterrado junto a sus ilustres antepasados, adoradores de Amón, en la restaurada necrópolis real tebana. Dado su constante deseo de asociarse con su abuelo Amenhotep III, es probable que eligiera un emplazamiento en el Valle occidental. Aquí, la extensa tumba de Amenhotep (WV22) incorporaba pasillos, múltiples cámaras y estancias funerarias adicionales para los miembros cercanos de la familia.

Hay dos posibles emplazamientos para la tumba de Tutankamón en el Valle occidental. La primera, la inacabada WV25, consiste en un tramo de escaleras y un pasillo descendente. Es de esperar que la tumba de Tutankamón fuese mucho más elaborada que esta. Tener que hacer volver desde Amarna a la mano de obra especializada en construcción de tumbas pudo haber provocado un comienzo lento, pero Maya, el de múltiples títulos, «supervisor de las obras en el lugar de la eternidad» y «supervisor de las obras en el oeste», había pasado al menos seis años dirigiendo obras de construcción, y probablemente más, cuando Tutankamón murió. El hecho de que Ramsés I pudiera ser enterrado en una tumba comparativamente pequeña pero adecuada para un rey tras menos de dos años en el trono demuestra que esos seis años habrían sido suficientes para erigir una tumba real viable. Por tanto, parece lógico identificar WV25 como la tumba abandonada de Amenhotep IV, construida antes de que cambiara de dios y de nombre y se marchase a Amarna. En cambio, la vecina WV23 es una tumba real de la XVIII dinastía dotada de dos escaleras descendentes, dos pasillos, una escalera y tres cámaras.

Sin embargo, la WV23 no se preparó para el entierro de Tutankamón. En su lugar, iba a ser enterrado en KV62, una modesta tumba privada, una de las tres sepulturas no reales de finales de la XVIII dinastía excavadas en el suelo del valle principal.[26] La nueva tumba, que originalmente era una simple estancia a la que se accedía a través de dieciséis escalones descendentes y un estre-

119

cho pasillo inclinado (que medía 8,08 metros de largo por 1,68 metros de ancho y 2 metros de alto), se había ampliado con la adición de tres habitaciones.[27] El equipo de Carter dio a estas salas nombres modernos. La «antecámara» era la cámara original, una habitación rectangular $(7,85 \times 3,55 \times 2,68\,m)$ cortada a 7,1 metros por debajo del suelo del valle y orientada de norte a sur. A través de una puerta sellada se accedía a la sala de almacenamiento conocida como «anexo» $(4,35 \times 2,6 \times 2,55\,m$; orientado de norte a sur). El suelo del anexo estaba casi un metro por debajo del suelo de la antecámara. La «cámara funeraria» $(6,37 \times 4,02 \times 3,63\,m$; orientada de este a oeste) estaba separada de la antecámara por un tabique de piedra seca enlucida con una puerta oculta, y también estaba construida a un nivel más bajo que la antecámara. Junto a la cámara funeraria, pero no oculto tras una barrera de bloqueo, el «tesoro» era una cámara de almacenamiento $(4,75 \times 3,8 \times 2,33\,m$; orientada de norte a sur).

Aunque su objetivo principal era servir de hogar para la momia, su *ka* y el ajuar funerario, la tumba era mucho más que un depósito. Era un lugar de importantísima actividad ritual. Pero KV62 era mucho más pequeña que la extensa tumba de Amenhotep III, y el espacio era muy limitado. Esto era un problema. Habría poco espacio para llevar a cabo los rituales que desempeñaban un papel clave en los funerales reales, y el ajuar funerario, que se había ido acumulando durante una década, tendría que ser amontonado sin tener en cuenta la presentación. Una dificultad más inmediata la planteaban las puertas de las tumbas, que eran demasiado estrechas para permitir el paso del ajuar funerario de mayor tamaño. Algunos objetos, como los carros y los lechos, podían desmontarse, pero el sarcófago tallado en un solo bloque de granito, no, y los cuatro santuarios dorados que debían erigirse alrededor del sarcófago eran demasiado grandes para pasar incluso desmontados. Los obreros se vieron obligados a cortar los seis escalones inferiores que conducían al pasillo, así como el dintel y las jambas de la puerta que se abría a la antecámara, restaurándolos con piedra, madera y yeso una vez se rellenó la tumba. Los arqueólogos tuvieron que invertir esta operación cuando extrajeron los paneles del santuario de la tumba.

¿Por qué Tutankamón no fue enterrado en su propia tumba? Esto no se explica en ninguna parte, pero como Ay fue el responsable del funeral de Tutankamón, debemos buscar en él la respuesta. Puede ser que hubiera un problema estructural en la tumba del Valle occidental que obligase a Ay a enterrar a Tutankamón en una tumba sustituta que ya estaba en uso, bien como taller funerario o, más probablemente, como sepulcro de un miembro menor de la realeza. Pero es posible reconstruir un escenario más complicado. Sabemos que Ay llegó al trono siendo un hombre mayor. Ya había construido una tumba privada en Amarna, y una segunda tumba privada en el subsuelo del Valle de los Reyes. Ay no tenía un pelo de tonto, y debió darse cuenta de que no tendría tiempo suficiente para construirse una tercera tumba más espléndida. Su decisión habría sido fácil. Tutankamón sería enterrado en la tumba que Ay había estado preparando para su propio entierro privado, mientras que el rey Ay se encargaría de concluir la tumba inacabada en el Valle occidental. Apenas cuatro años después de la muerte de Tutankamón, el propio Ay fue, en efecto, enterrado en la espléndida tumba, aún inacabada, cerca de la de su antiguo patrón, Amenhotep III. El sepulcro de Ay fue saqueado en la antigüedad, y su momia y el ajuar funerario nunca se han encontrado.

Mientras Tutankamón se desecaba lentamente bajo su montón de sal, se planificaba cómo llenar su tumba con sus pertenencias. Esa tarea debió de ser una pesadilla logística. Había que construir arcones, cajas y cestas, empaquetarlos, etiquetarlos y transportarlos al Valle. Mientras que algunos procedían del cercano palacio de Malkata o del templo funerario de Tutankamón, otros llegaron en barco desde lugares tan lejanos como Menfis. Hubo que introducir todos ellos en una tumba demasiado pequeña. No tenemos forma de saber lo convencional que es su ajuar funerario, pero, aunque resulta tentador imaginar a los reyes más longevos yaciendo en tumbas rodeados de cientos de miles de objetos, como en un almacén, no tenemos motivos para suponer que Tutankamón no estuviera provisto de todo lo necesario para su vida en el más allá. Como su cámara funeraria era demasiado pequeña para albergar nada más que la propia sepultura, el tesoro —la habitación más cercana al cuerpo— se llenó con el ajuar funerario más afín al ritual, mientras que el anexo se convirtió en un almacén de comida, bebida y aceites, al que se añadieron algunos muebles. La antecámara, que contenía una gran proporción de objetos cotidianos y prácticos, planteaba un problema, ya que había que dejar un camino para que la momia accediese a la cámara funeraria y para que la caja canópica accediera al tesoro. Aunque algunos objetos podían apilarse contra las paredes, habría que almacenar otros bienes funerarios en el exterior de la tumba de forma temporal. Mientras tanto, había que reunir el ajuar específicamente funerario —los ataúdes, la caja canópica, las figuritas funerarias y los *shabtis*— para el cortejo fúnebre, y había que organizar la comida, la bebida y los utensilios rituales para el funeral y el banquete posterior.

La breve descripción de las expectativas de la realeza respecto a la vida en el más allá con que se inició este capítulo hace que la teología implícita parezca sencilla y clara. En realidad, el ajuar y el arte funerarios de la tumba de Tutankamón reflejan un importante grado de confusión y creencias religiosas contradictorias. Cada objeto preparado para su entierro tenía su propia finalidad legítima, pero si consideramos el conjunto como una gran colección, nos encontramos con un batiburrillo de expectativas y tradiciones entremezcladas. Esto no significa que el propio Tutankamón estuviera confundido o insatisfecho. Quienes celebran la Navidad con calendarios de Adviento y cartas a Papá Noel, o la Pascua con panecillos calientes y conejitos de chocolate, pueden entender la feliz combinación de distintas tradiciones. No debemos esperar que la tumba de Tutankamón cuente una historia sencilla sobre la muerte y el más allá: la teología egipcia nunca fue tan simple. Esto resulta evidente cuando echamos un segundo vistazo a las paredes pintadas de su cámara funeraria y vemos escenas de una vida después de la muerte basada en Osiris y otra basada en Ra, y se evidencia de nuevo al analizar las figuritas *shabti* incluidas en el ajuar funerario del faraón.

Los *shabtis,* o sirvientes, fueron una parte importante del equipo funerario de la élite durante todo el Imperio Nuevo. Su función específica —actuar en representación del propietario de

122

la tumba— se describe en el conjuro 6 del texto funerario conocido como Libro de los Muertos:[28]

> Oh *shabti*, si se cuenta conmigo [...] para hacer cualquier trabajo que tenga que hacerse en el inframundo [...], tú me sustituirás en el cultivo de los campos, en la irrigación de las riberas o en el transporte en barco de la arena del este al oeste. «Aquí estoy», dirás.

Animados por la magia, los *shabtis* cogerán sus herramientas en miniatura —los *shabtis* de Tutankamón estaban equipados con pequeñas cestas, picos, azadas y yugos— y realizarán cualquier tarea agrícola servil que Osiris asigne a su amo. Tutankamón fue enterrado con cuatrocientos trece *shabtis* fabricados con distintos materiales, de diseño y calidad artística variables. Tenía un trabajador para cada día del año, además de treinta y seis capataces —uno por cada semana de diez días— y doce supervisores —uno por cada mes del año—. Esto sería muestra de una sensata planificación si no fuera por un hecho muy importante: los reyes no esperaban realizar trabajos agrícolas serviles en la otra vida, por lo tanto, no necesitaban trabajadores que los suplieran. Los *shabtis* reales estarían siempre de más. Tutankamón no fue el único rey confundido sobre esta cuestión teológica tan básica: muchos reyes fueron enterrados con *shabtis* que no necesitaban y, como ya hemos visto, incluso se han encontrado en Amarna, donde Akenatón, desde luego, no contaba con experimentar una vida posterior osiríaca. El rey de la xix dinastía, Ramsés III, fue quizá el más confundido: una escena de su templo funerario de Medinet Habu lo representa haciendo trabajos agrícolas serviles para Osiris.

Podemos asistir al funeral de Tutankamón a través de una serie de escenas pintadas en las paredes de su tumba. Las tumbas reales de la xviii dinastía se decoraban tradicionalmente con textos y escenas extraídos de una colección de escritos religiosos conocidos como *Libros del inframundo* o *Guías del más allá*. Sin embargo, en la tumba de Tutankamón solo se enlució y pintó la cámara funeraria, y parece que fue un trabajo apresurado. El moho en las paredes y en el ajuar funerario, así como los daños debidos a la humedad sufridos por varios objetos, nos indican que el yeso no estaba completamente seco cuando se selló la tumba. Parece que el cambio de tumba de Ay fue una decisión de última hora. Desde nuestro punto de vista, esta pintura tardía es algo bueno, ya que podemos estar seguros de que sus escenas murales —a diferencia de muchos de sus bienes funerarios— fueron diseñadas específicamente para Tutankamón. Reflejan, si no sus propias expectativas de vida en el más allá, al menos las expectativas que Ay tenía para él.

En la pared este podemos ver al rey momificado. Yace en un ataúd que descansa sobre un féretro protegido por un santuario con guirnaldas. El santuario se encuentra sobre una barca que, a su vez, se apoya en un trineo de madera. El cajón canópico, que también habría atravesado el desierto, está ausente de la escena, al igual que las mujeres de luto que vemos en los funerales privados de la XVIII dinastía. No hay rastro de la viuda Anjesenamón, y no tenemos forma de saber cómo ha reaccionado ante la prematura muerte de Tutankamón. Doce de los más altos dignatarios de Egipto, vestidos de lino blanco, han sido escogidos para tirar de las cuerdas que arrastran el trineo por las arenas del desierto hasta la tumba. Entre ellos, distinguidos por sus cabezas afeitadas y claramente etiquetados, están los visires Pentu y Usermontu. Todos los hombres cantan fúnebremente mientras tiran: «Nebjeperura, ven en paz, oh dios, protector de la tierra». La imagen hace que el trayecto a través del desierto parezca sencillo; la arqueología demuestra que fue un camino lleno de baches que dañó los pies vendados de Tutankamón puesto que se rozaron con los laterales de su ataúd.

La pared norte retoma el relato con tres escenas destinadas a ser leídas de derecha a izquierda. La primera, que visitamos al principio de este capítulo, muestra una versión abreviada de los ritos funerarios. La momia de Tutankamón ha sido colocada en posición vertical, y Ay, vestido con la piel de leopardo de un sacerdote, empuña el cuchillo con cabeza de serpiente para realizar el rito de la apertura de la boca y los ojos. La confirmación indirecta de que la momia de Tutankamón pasaría de estar en posición horizontal a vertical durante la ceremonia la proporcionan dos agujeros toscamente perforados en su máscara funeraria, que permitirían atar su mayal en su sitio y evitar que este se desplomara hacia delante cuando la momia se elevara.[29] Las escenas funerarias representadas en tumbas no reales indican que esta ceremonia se realizaba a la entrada de la tumba. No sabemos cuánto tiempo duraba el ritual —una pintura carece de sentido del tiempo—, pero la presencia de los tres lechos con forma de animal y los cuatro santuarios dorados dentro de la tumba han llevado a sugerir que podría haberse prolongado hasta por tres días y cuatro noches.[30] A continuación, la diosa Nut recibe a Tutankamón en el más allá; el soberano ya no tiene aspecto de momia, sino de hombre. Por último, vemos al rey y a su *ka* abrazando al dios Osiris. La pared sur, dañada, conserva los restos de una escena que muestra a Tutankamón siendo recibido por las deidades funerarias Hathor, Anubis e Isis.

La historia de la pared oeste remite a una teología muy distinta. En una escena del texto funerario conocido como *Libro de la cámara oculta que está en el inframundo* (más conocido hoy en día como el *Amduat)* se nos muestra la primera hora de la noche, conocida como «azote de las cabezas de los enemigos de Ra». Es el crepúsculo —ni de día ni de noche— y la barca solar es recibida y, en el inframundo, los doce babuinos cantores que representan las doce horas de la noche reciben a la barca solar. Esta es la barca que Tutankamón ayudará a tripular. El dios solar Ra ha envejecido y está cansado, pero en la pared de Tutankamón su barca le ofrece la esperanza de renacer al presentarle al juvenil dios escarabajo Jepri, una manifestación de sí mismo. Si la cámara funeraria hubiera sido más grande, es posible que hubiésemos podido seguir a la tripulación de Ra en sus peripecias nocturnas de las siguientes once horas. Los habríamos visto luchar contra la maligna serpiente Apofis; contemplaríamos cómo un ser con cabeza de gato decapita, blandiendo un cuchillo, a los enemigos de Osiris; observaríamos cómo Ra visita a los más ancestrales y ocultos dioses de Egipto; presenciaríamos el juicio final de los condenados y, finalmente, nos llenaríamos de alegría cuando la tripulación divina condujese la barca solar a través del cuerpo de la serpiente enroscada Mehen, lo que permitiría que Ra renaciera.

En algún momento del funeral, los sacerdotes preparaban una última comida para las estatuas funerarias y, tal vez, para la momia. Esto comenzaba con la disposición de la comida en mesas y del vino en jarras, y terminaba con los visitantes vivos consumiendo la comida y quizá rompiendo los recipientes. Los alimentos restantes y la cerámica rota se recogían y guardaban en grandes vasijas, que se dejaban en el pasillo junto con otros objetos, entre ellos varias copas rojas pequeñas para realizar ofrendas.

Tras descender seis escalones, recorrer el estrecho pasillo y cruzar la abarrotada antecámara, la momia de Tutankamón, su caja canópica y los objetos rituales utilizados en la ceremonia ritual llegaron a la cámara funeraria. Allí, las bases de sus pesados ataúdes estaban listas y esperándolo, apiladas dentro del sarcófago de piedra. Tutankamón fue adornado con guirlandas y colocado en su ataúd interno, y los sacerdotes musitaron hechizos mientras vertían al menos dos cubos de ungüentos a base de resina sobre su rey, evitando cuidadosamente el rostro y los pies. Las tres tapas del ataúd se cerraron y sellaron sucesivamente, y la tapa rota del sarcófago fue, con cierta dificultad, bajada y reparada con yeso y pintura. Esta parte de la operación debió de durar más de lo previsto, ya que hubo que limar los dedos del ataúd más externo para que la tapa quedase plana, lo que dejó unas reveladoras virutas en la base del sarcófago.

El cajón canópico se colocó dentro de su santuario, montado previamente. Luego, con todo el tesoro al completo, se pudo comenzar a erigir alrededor del sarcófago los cuatro santuarios concéntricos dorados, que, al carecer de suelo, se asentaron sobre el de la tumba (de afuera adentro, n.os 207, 237, 238, 239). Con gran dificultad —eran demasiado grandes para pasar a la cámara funeraria sin ensanchar la entrada— se introdujeron primero los más grandes, se apilaron contra la pared y luego se ensamblaron, del más pequeño (el más interno) al más grande (el más externo). La falta de espacio en la cámara funeraria causó problemas tanto a los antiguos carpinteros como a los arqueólogos modernos, quienes, como cuenta Carter, «nos golpeamos la cabeza, nos pillamos los dedos, tuvimos que entrar y salir como comadrejas y trabajar en todo tipo de posiciones embarazosas» mientras intentaban desmontar los santuarios.[31] A pesar de las útiles instrucciones rayadas o pintadas en los componentes de los santuarios, estos no se montaron del todo bien. Había abolladuras y grietas, serrín y virutas en el suelo y, lo más sorprendente de todo, los santuarios estaban mal alineados, de forma que sus puertas estaban orientadas hacia el este y no hacia el oeste, hacia el sol poniente.

Una vez dispuestos los santuarios, con sus puertas dobles atornilladas y selladas, los albañiles pudieron construir la puerta que separa la cámara funeraria de la antecámara. Se pintó la nueva pared sur, y los artistas salieron de la cámara funeraria arrastrándose por un pequeño agujero. Los sacerdotes fijaron cuatro «ladrillos mágicos» en las paredes de la cámara funeraria, y luego también se fueron. Trabajando desde la antecámara, los albañiles taparon el agujero de la cámara funeraria y lo enlucieron para que, según se esperaba, el cuerpo del rey permaneciera oculto para siempre, aunque la colocación tan obvia de las dos estatuas de los guardianes era una especie de pista para futuros saqueadores. El resto del ajuar funerario se guardó en la antecámara, aunque parte de él se abandonó en el pasillo. La última persona viva en dejar la tumba barrió el suelo tras de sí, para que ninguna huella perturbase la armonía del lugar sagrado. Finalmente, los sacerdotes bloquearon y sellaron la puerta de la tumba, y llenaron de escombros la escalera de descenso.

Solo en la oscuridad, Tutankamón esperó a que cayera la noche y comenzase su próxima gran aventura. Mientras tanto, sus vendas empezaron a consumirse lentamente. Las resinas y los ungüentos, aplicados con tanta generosidad por los enterradores y los sacerdotes, ya estaban carbonizando su piel y reduciendo a hollín sus vendajes.

# 4

## El cuento de la reina

### La hermana-esposa de Tutankamón, Anjesenpaatón

Una reina egipcia viuda escribe al rey de los hititas:[1]

> Mi marido ha muerto. Carezco de un hijo. Pero vuestros hijos,
> dicen, son muchos. Si me dierais un hijo vuestro, se convertiría
> en mi esposo. ¡Nunca escogeré de entre mis siervos a alguien
> para que sea mi esposo! [...] ¡Estoy asustada!

Anjesenpaatón es una figura habitual en Amarna. Hace su primera aparición como bebé en una escena familiar grabada en una
pequeña estela privada, recuperada de una villa desconocida de
Amarna.[2] Inmortalizada en piedra caliza, con lo que una vez fueron brillantes pigmentos, una joven familia se relaja bajo los rayos
del sol. El padre, sentado en un taburete acolchado, sostiene a su
primogénita, la más importante de sus hijas. Le hace cosquillas y
se inclina hacia delante para besarla. Frente a él, su mujer sostiene
a su segunda hija, a quien, ansiosa por unirse a la diversión, su
madre retiene en su regazo. Casi sin que nadie se diese cuenta,
una tercera hija diminuta se ha subido al hombro de su madre
y trata de agarrar un sugerente adorno que cuelga de su elaborado tocado. Detrás del padre, ocho vasijas de cerámica contienen
suficiente cerveza para saciar la más feroz de las sedes. A primera
vista, podría tratarse de cualquier familia del antiguo Egipto dis-
frutando de una merienda. Un vistazo más detallado confirma
que está lejos de ser una escena normal. Los padres llevan las co-

128

ronas que los identifican como Akenatón y su consorte, Nefertiti. El sol que brilla sobre ellos es Atón, el dios que domina todos los aspectos de su vida. El bebé cautivado por la corona de su madre es Anjesenpaatón, quien cambiará tanto su nombre como su dios, se convertirá en la consorte de su hermano y sobrevivirá a toda su familia.

Anjesenpaatón está desnuda. Su falta de ropa nos permite comprobar que los artistas, poco acostumbrados a representar niños, le han retratado torpemente como una Nefertiti en miniatura: tiene un cuerpo en forma de pera, muslos contundentes, una cintura hendida y brazos y pantorrillas delgados, y, aunque está trepando y sus brazos transmiten cierto movimiento, sus piernas están rígidas, la una junto a la otra. Su cabeza afeitada tiene una forma antinaturalmente alargada. Sus hermanas son un poco más grandes, pero tienen cuerpos idénticos al suyo y la misma cabeza exagerada. Como Meritatón gira la cabeza hacia atrás, hacia su madre, podemos ver que también luce una tupida trenza lateral. Estas cabezas en forma de huevo, con o sin trenza lateral, aparecen constantemente en Amarna, tanto en el arte bidimensional como en la escultura, lo que nos permite reconocer a princesas que, de otro modo, no podrían identificarse. En un principio, los egiptólogos conjeturaron que la forma de la cabeza podría evidenciar una alteración deliberada de los huesos blandos del cráneo al nacer, pero, aunque la modificación artificial del cráneo se practicaba en todo el mundo en la antigüedad, no se ha descubierto ninguna momia con un cráneo característicamente deformado. El hecho de que la cabeza de Anjesenamón tenga un aspecto del todo normal cuando, quince años más tarde, aparece junto a Tutankamón en Tebas, confirma que este no es el caso, y también nos permite descartar la sugerencia de que las seis hijas de Nefertiti sufrieran hidrocefalia. Parece mucho más probable que las cabezas alargadas sean la exageración deliberada de una tendencia familiar a los cráneos largos, que se hace evidente en la radiografía de Harrison de 1968 de la cabeza de Tutankamón. El *Gran himno a Atón* confirma que Akenatón estaba interesado en la idea del huevo como fuente de la vida, y parece que relacionó ese concepto con sus propias hijas pequeñas:[3]

Haces crecer la semilla en la mujer y creas a las personas a partir del fluido. Tú das vida al hijo en el vientre de su madre y lo calmas para que deje de llorar. Eres la nodriza en el vientre, el que da aliento para animar todo lo que hace cuando sale de él. El día que nace le abres la boca para atender sus necesidades. Cuando el polluelo está en el huevo, hablando dentro de su cáscara, le das aliento dentro de él para que viva. Cuando has hecho que llegue el instante de romper el cascarón, sale del huevo para anunciar su nacimiento, y camina sobre sus dos patas cuando sale de él.

Amarna tenía un insaciable apetito de arte real. Akenatón, Nefertiti y sus hijas aparecían en las estelas fronterizas que rodeaban la ciudad, en los muros de las tumbas y los templos, en capillas privadas y públicas, y en puntos clave de la ciudad. Había estatuas de piedra, metal y madera; frescos; pequeñas estelas talladas y pintadas, y grandes muros tallados y pintados con vivos colores. Los dictadores suelen erigir grandes estatuas para celebrarse a sí mismos, pero esta plétora de imágenes reales refleja algo más que un simple deseo de dominar el paisaje urbano. A medida que se abandonan los antiguos dioses, Akenatón redistribuye las funciones que antes desempeñaban las deidades solares tradicionales. Atum, el dios que surgió de las aguas del caos en el principio de los tiempos, se ha convertido en Atón. Sus hijos gemelos, Shu, el dios de la atmósfera, y Tefnut, la diosa de la humedad, se han convertido en Akenatón y Nefertiti. Las hijas de Akenatón representan ahora a los hijos divinos nacidos de Shu y Tefnut, y a sus descendientes.

A medida que pasa el tiempo, vemos a una Anjesenpaatón cada vez más crecida que asiste a los compromisos reales junto a sus hermanas. Sale al balcón de palacio y ayuda a su padre a lanzar oro a sus favoritos, y asiste a la reunión internacional del año 12. Un bloque aislado de arenisca con inscripciones, de procedencia desconocida, la muestra bajo el cuidado de «Tia, la nodriza de Anjesenpaatón, hija del rey». Tia ofrece pan a la joven princesa, y ambas se sitúan cerca de un varón real de gran tamaño al que le falta la parte superior del cuerpo, que debe de ser Akenatón. Está claro que Anjesenpaatón es una persona muy importante: pertenece al selecto grupo de mujeres a las que se les permite formar parte del entorno del rey. Pero, como tercera hija, no es tan importante como Meritatón, la primogénita, a la que se concede el honor de sentarse en las rodillas de su padre, ni como Meketatón, la segunda, que es, en efecto, la suplente de Meritatón. Al igual que el estatus de Akenatón fue elevado por la muerte de su hermano mayor, Tutmosis, el estatus de Anjesenpaatón debió de verse impulsado por el prematuro fallecimiento de Meketatón.

Hacia el final del reinado de Akenatón, dos jóvenes princesas se incorporan repentinamente al círculo exterior de la familia real. Sus títulos, tan complicados como deslustrados, dejan claro que son hijas de un rey o reyes sin nombre.[4] Sus nombres, Meritatón-Tasherit ('Meritatón la Joven') y Anjesenpaatón-Tasherit ('Anjesenpaatón la Joven'), permiten especular que se llamaron como sus madres. A pesar de que los matrimonios entre padre e hija son extremadamente raros en el Egipto dinástico, en un principio se asumió que tanto Meritatón como Anjesenpaatón se habían casado con su padre y habían dado a luz a sus hijos, una teoría que aún tiene multitud de defensores en internet. En realidad, hay varios posibles padres para una o ambas niñas, incluyendo a Meritatón y Semenejkara, Kiya y Akenatón —¿hemos encontrado a la hija innombrada de Kiya?—, cualquier reina del harén no registrada y Akenatón, y, como posibilidad remota, Meketatón y un marido desconocido. Anjesenpaatón y Tutanjatón son unos padres poco probables, ya que Tutanjatón habría sido demasiado joven para engendrar dos hijos cuando vivía en Amarna. El hecho de que Meritatón y Anjesenpaatón se casaran posteriormente con Semenejkara y Tutanjatón sirve como prueba, si es que es necesaria, de que ninguna de las dos se había casado con anterioridad, ya que las reinas egipcias viudas no se volvían a casar.

Si bien los matrimonios reales entre padre e hija eran raros, los matrimonios reales entre hermanos no lo eran. Estas uniones se consideraban beneficiosas. Permitían al rey casarse con una mujer capacitada para su función; garantizaban que la reina no albergase una conflictiva lealtad hacia su familia biológica o su país; restringían el número de pretendientes al trono limitando el número de nietos reales y proporcionaban maridos adecuados a las princesas que, de otro modo, tendrían dificultades para casarse. Incluso vinculaban a la familia real con los dioses, que también eran propensos a desposar a sus hermanas, aunque los matrimonios divinos se debían, al menos en parte, a la escasez de parejas elegibles. Nadie se habría opuesto a que Tutanjatón se casase con su hermana o media hermana Anjesenpaatón, ya que nadie habría sido consciente de que su matrimonio podría tener consecuencias desafortunadas.

Se esperaba que todos los egipcios, desde los plebeyos hasta los dioses, se casaran, con independencia de sus preferencias sexuales. Un hombre sin esposa se consideraba incompleto, y en la escuela se aconsejaba a los niños que se casaran pronto y tuvieran tantos hijos como fuera posible:[5]

> Toma una esposa cuando eres joven, para que te dé un hijo. Ella debe dar a luz mientras eres joven; es oportuno aumentar el número de las gentes. Dichoso el hombre cuya gente es numerosa; es aclamado a causa de su descendencia.

Para la mayoría de la gente, el matrimonio y la unidad familiar ofrecían la única protección fiable contra la enfermedad, la desgracia y la pobreza en la vejez. Tutanjatón, por supuesto, no tenía que preocuparse por ser pobre cuando fuese mayor, pero, en cualquier caso, se esperaba que abordase el matrimonio de una forma pragmática, y tenía que engendrar hijos.

Anjesenpaatón se convertiría en la consorte de Tutankamón, o «Gran Esposa». Sería un componente esencial del gobierno de su marido, y el rey y la reina formarían una pareja —un equilibrio entre lo masculino y lo femenino— que serviría a los dioses, dirigiría Egipto y disiparía el caos. Sus deberes más obvios serían apoyar al rey y proporcionarle un núcleo familiar, que idealmente incluiría un heredero varón y un par hermanos que, llegado el caso, también pudieran ocupar el trono, además de algunas hijas que pudieran dar su respaldo femenino al gobierno de su padre y, por supuesto, casarse con sus hermanos. No obstante, la consorte era mucho más que una máquina de hacer bebés, y las responsabilidades de Anjesenpaatón serían variadas y complejas. Por desgracia, los focos que iluminan constantemente al rey nos impiden ver a la reina y dificultan apreciar su trabajo. Las ocasionales menciones en las cartas de Amarna muestran que una consorte podía desempeñar un rol diplomático, mientras que un par de títulos explícitos —«esposa del dios» y «mano del dios»— insinúan rituales femeninos destinados a excitar a los dioses masculinos. Incluso se sabe que algunas consortes gobernaron Egipto, temporalmente, en nombre de un marido ausente o de un hijo pequeño. Sus «reinados», totalmente ocultos dentro de los reinados del marido o del hijo, son invisibles, a menos que el rey decida agradecer a la reina su lealtad.

Una sola esposa no bastaba. El rey, a diferencia de su pueblo y sus dioses, tenía la obligación de casarse muchas veces, de modo que se desposaba simultáneamente con mujeres de diferente estatus que conllevaban diferentes deberes y expectativas. Algunos de sus matrimonios se realizarían —suponemos— con mujeres egipcias, por puro placer. Estas reinas eran menos importantes que la consorte, pero siempre existía la posibilidad de que una de ellas, en un momento de crisis dinástica, fuese arrancada de su relativa oscuridad para convertirse en la próxima madre del rey. Más importantes fueron los matrimonios diplomáticos de Tutankamón: tanto los de alto nivel, que convencieron a sus aliados de que eran realmente sus reyes hermanos, como los de menor nivel, que ligaron a sus vasallos menos importantes a Egipto al mantener a sus hijas como rehenes en su harén. Estos matrimonios se consideraban vínculos personales entre reyes individuales; si alguno de los monarcas moría, el vínculo se rompía, y era necesario un nuevo matrimonio. Así, cuando Taduhepa, hija de Tushratta de Mitani, se trasladó al harén egipcio como esposa de Akenatón, se encontró viviendo junto a su tía Giluhepa, hija de Shutturna II de Mitani, que se había trasladado al harén egipcio como esposa del padre de Akenatón, Amenhotep III. Todos los enlaces realizados por Akenatón tuvieron que reestablecerse, por lo que, a pesar de no ser todavía un adolescente, Tutankamón debió pasar los primeros años de su reinado casándose con una serie de novias extranjeras. Al mismo tiempo, habría recibido como regalo mujeres foráneas —sirvientes y esposas—. Ya hemos visto la mención de Abdi-Astarti de Qiltu a un obsequio de «diez mujeres»; no fue ni mucho menos el único correspondiente que envió a Egipto mujeres anónimas.

Podemos ver que Tutankamón asumió la responsabilidad de un gran número de mujeres: no solo de sus esposas y sus hijos, sino también de sus criadas. Puede que el séquito de trescientos diecisiete asistentes —muchos de los cuales habrían sido mujeres— con que Giluhepa llegó a Egipto no fuese extraño. Además, estaban las tías, hermanas y primas del faraón, y las mujeres heredadas de Akenatón, Semenejkara y Amenhotep III. Habría sido imposible alojar a todas estas mujeres en la corte. En su lugar, se las envió a complejos de harenes independientes: comunidades femeninas autónomas y autosuficientes que obtenían sus ingresos de las donaciones de tierras, los alquileres pagados por los agricultores arrendatarios y un floreciente negocio textil. Resulta irónico que, mientras que las casas y tumbas relativamente humildes del poblado de trabajadores de Amarna han sobrevivido más o menos intactas, los extensos complejos de harenes y sus cementerios asociados han desaparecido casi sin dejar rastro.

Aunque se conservan múltiples inscripciones e imágenes que atestiguan que Anjesenpaatón se convirtió en la «gran esposa» de Tutankamón, no tenemos constancia de su matrimonio. En la tumba de Tutankamón se ha encontrado un cofre pintado que a veces se describe como el cofre del «contrato matrimonial», pero no hay nada que apoye la suposición de que contuviera importantes documentos legales (n.º 40). El cofre, cortado de un bloque de alabastro y con las inscripciones del «gran dios, señor de las Dos Tierras, hijo de Ra, señor de las diademas» Tutankamón y la «gran esposa real» Anjesenamón, contenía un gran cúmulo de crin de caballo descompuesta y algunos ovillos de lo que podría haber sido cabello humano, lo que llevó a Carter a sugerir que podría haberse tratado de «una especie de ataúd canope adicional para el cabello del rey». Si volvemos al bloque de Hermópolis que nos presentó por primera vez a Tutanjatón, descubrimos una segunda inscripción jeroglífica que hace referencia a la «hija del rey de su cuerpo [...] una muy favorecida por el señor de las Dos Tierras». Su proximidad —originalmente las dos inscripciones estaban enfrentadas a través del bloque, ahora roto— sugiere que los textos están relacionados. Incluso es posible que sean los «pies de imagen» que identifican a dos figuras desaparecidas que, en su día, estuvieron juntas en la pared del templo. Falta la mayor parte del nombre de la hija del rey, pero un único jeroglífico de junco sugiere que terminaba con la palabra «Atón». Cuatro de las seis hijas de Akenatón llevaban nombres que finalizaban con el de su dios, pero los nombres egipcios no siempre se escribían con los jeroglíficos ordenados en la forma en que se pronunciaban, y solo en un caso el elemento Atón se escribía de manera habitual al final del nombre.[6] Por lo tanto, podemos estar bastante seguros de que el texto se refiere a Anjesenpaatón. Con menos confianza podemos indicar que Tutanjatón y Anjesenpaatón aparecen juntos en este contexto oficial porque ya son marido y mujer y Anjesenpaatón se ha convertido en la heredera natural de Nefertiti y Meritatón. Esto explicaría el uso del epíteto «muy favorecida por el señor de las Dos Tierras», que le es exclusivo.

Tras la coronación de Tutankamón, Anjesenamón se convirtió en una consorte activa, como su madre y su abuela antes que ella. Aparece en varios monumentos de Tutankamón, se la menciona en inscripciones y presta su rostro a Mut en el templo de Luxor. Sin embargo, solo tiene los diez años de reinado de su marido para dejar su huella en el paisaje arqueológico, y eso no es suficiente. El mejor lugar para buscar pruebas de Anjesenamón en acción es la tumba de su marido. No en las paredes —no aparece en ninguna de las escenas pintadas—, sino en algunos de los objetos decorados de su ajuar funerario. El «pequeño santuario dorado», un artefacto hermoso y con gran poder mágico, así como uno de los objetos funerarios más enigmáticos de Tutankamón, es un buen punto de partida (n.º 108). El santuario —una caja de madera con dos puertas y el techo inclinado, recubierta con un grueso pan de oro y montada sobre un trineo— es una réplica de Per-Uer, el santuario de la diosa buitre Nejbet de El Kab, deidad tutelar del Alto Egipto. Al igual que muchas de las cajas de la tumba de Tutankamón, el santuario fue presa de los saqueadores, por lo que, cuando se redescubrió, contenía un incoherente surtido de artefactos abandonados: un pedestal de ébano para una estatuilla robada, partes de un corselete y un collar de cuentas con un amuleto de Uret Hekau, la «gran encantadora». Uret Hekau amamanta a Tutankamón para prepararlo para su coronación; lo rodea con el brazo izquierdo y guía la boca del rey hacia su pecho con la mano derecha. La miniatura de Tutankamón, «rey del Alto y el Bajo Egipto, Nebjeperura, amado de Uret Hekau, la señora del cielo», se encuentra en un pedestal junto a la serpiente gigante, con corona, falda, sandalias y joyas.

El santuario ha conservado el pan de oro de su exterior, y es aquí donde podemos ver a Tutankamón y Anjesenamón interactuando en una serie de paneles grabados que Carter describió:[7]

> [...] representan, con deliciosa ingenuidad, una serie de episodios de la vida cotidiana del rey y la reina. En todas estas escenas la nota dominante es la de una relación amistosa entre el marido y la mujer, con la amabilidad desinteresada típica de la escuela de Tell el-Amarna.

Carter, él mismo un artista de talento, revela con sus palabras que ha absorbido claramente la propaganda idílica de Amarna y que esta le ha hecho olvidar que el arte egipcio formal tiene un significado que trasciende su valor decorativo. Ha equiparado el fluido dinamismo del estilo de Amarna con informalidad, y ha resuelto que las escenas son, aunque encantadoras, en esencia insignificantes. No se ha detenido a preguntarse por qué los artistas se tomaron la molestia y el gasto de representar, en un artefacto tan importante como para ser incluido en la tumba de un rey, a un matrimonio en su monótona vida cotidiana. Un siglo después, comprendemos mucho mejor tanto las complejidades del arte egipcio como el papel de la reina consorte. Al examinar el santuario, vemos a una reina ofreciendo su apoyo femenino a un rey que está sentado, no porque sea débil, sino porque es demasiado poderoso para estar de pie. Asumiendo el papel de Uret Hekau, la reina vierte líquido en la copa del rey; como Maat, la personificación divina del concepto de *maat*, se pone en cuclillas para recibir el agua que el rey derrama en sus manos. El nexo con Uret Hekau, mencionada varias veces en las poco informativas listas de nombres y títulos inscritos en el exterior del santuario, sugiere que Anjesenamón está preparando a su marido para su coronación y su participación en las posteriores ceremonias de Año Nuevo. Así lo confirma la escena inferior de la parte trasera del santuario, que muestra a Anjesenamón ofreciendo al entronizado Tutankamón dos cañas de palmera dentadas, el símbolo jeroglífico de los «años», junto con los símbolos de las fiestas jubilares, la eternidad y el «renacuajo», que significa cien mil. Arriba, en otra escena, vemos a Anjesenamón ungiendo a su marido, presumiblemente como parte de su ritual de coronación.

Anjesenamón también destaca en el panel central del respaldo del «trono dorado» del rey (n.º 91). De poco más de un metro de altura, se trata de una silla de madera con un sólido panel trasero ligeramente inclinado, brazos, paneles laterales calados y cuatro patas talladas como patas de león. Originalmente, las patas estaban unidas por una talla que representaba la unificación de las Dos Tierras, pero esta fue robada por los saqueadores de tumbas. El trono está recubierto de pan de oro y plata y tiene incrustaciones de piedras de colores, vidrio y loza. Los dos paneles laterales muestran ureos alados con la doble corona del Alto y el Bajo Egipto; en estos paneles, el nombre de Tutankamón figura como «Tutanjatón». Al igual que el pequeño santuario dorado, el trono tiene sus raíces artísticas en el período de Amarna, aunque se ha hecho un profundo intento de adaptar la desacreditada teología atonista a la nueva ortodoxia. Una vez más, es interesante leer la interpretación de Howard Carter de la escena del panel posterior:[8]

> La escena se desarrolla en uno de los salones del palacio, una sala decorada con pilares enguirnaldados de flores, frisos de ureos (cobras reales) y un neto de paneles convencionales «empotrados». A través de un agujero en el techo, el sol proyecta sus rayos protectores y vivificantes. El propio rey está sentado en una actitud poco convencional sobre un trono acolchado, con el brazo despreocupadamente echado hacia atrás. Ante él

se encuentra la aniñada figura de la reina, ultimando, en apariencia, los detalles finales de su aseo: en una mano sostiene un pequeño frasco de perfume o ungüento, y con la otra le unge suavemente el hombro o le añade un toque de perfume al cuello. Se trata de una sencilla composición hogareña, pero ¡qué animado está de vida y sentimiento, y qué sensación de dinamismo!

El empleo que Carter hace del término «aniñada» es quizá un cumplido, aunque uno incómodo y que pocas mujeres apreciarían hoy en día. Anjesenamón es una mujer adulta, una reina consorte con importantes obligaciones políticas y rituales. Las palabras de Carter están probablemente influidas por una visión sentimental de las mujeres de clase alta como pasivas, emocionales y cariñosas; una visión que ha trasladado al antiguo Egipto. Esta perspectiva tiene la desafortunada consecuencia de reducir la importancia de Anjesenamón. No se trata de un acogedor incidente doméstico, un momento de intimidad entre dos jóvenes amantes: se trata, nuevamente, de un ritual de unción, y Anjesenamón es la sacerdotisa.

La pareja real aparece dentro de un pabellón floral o cenador. Anjesenamón está de pie ante su marido, vestida con una elaborada túnica plisada con mangas, una peluca de estilo nubio y una complicada corona con cuernos de vaca, un disco solar y dos largas plumas, lo que sugiere un vínculo con Horus, el dios solar halcón; con Hathor, la hija y ojo de Ra y, lo que aquí es más importante, con Amón de Tebas. Tutankamón, vestido con falda plisada, collar, corona alta y joyas de colores, está sentado en una elaborada silla y apoya los pies en un escabel. Sobre la pareja real brilla de nuevo el disco solar de estilo amarniense, cuyos largos rayos terminan en pequeñas manos humanas. Cuando Anjesenamón extiende la mano derecha hacia Tutankamón, asume el papel de Uret Hekau.[9]

Sin embargo, no todo es lo que parece. Si nos fijamos bien, podemos ver que la escena ha sido alterada. Los altos tocados cortan los rayos del sol, por lo que deben ser adiciones tardías a la imagen, ya que normalmente la altura del tocado se ajustaba al espacio disponible. Los nombres de la pareja real, en su forma posterior, basada en Amón, muestran claros signos de haber acabado anteriormente en -atón y -paatón. Parece que el trono se hizo en una época en la que Atón era el dios preponderante de Egipto, y luego se adaptó a las nuevas circunstancias de Tutankamón. Se ha sugerido que, en un principio, se elaboró para un rey diferente, pero, si este fuera el caso, ¿quién era la pareja original? Los expertos han optado tanto por Akenatón y Nefertiti como por Akenatón y Kiya, o Semenejkara y Meritatón. Dado que los cartuchos han sufrido una alteración mínima, parece más probable que el trono se hiciera poco después del ascenso de Tutanjatón, y que la reina siempre fuera Anjesenpaatón/amón.

Del mismo modo que el pequeño santuario dorado y el trono dorado confirman que Anjesenamón apoyó al rey en vida, su sarcófago insinúa que también, al principio de su reinado, apoyó al rey en la muerte (n.º 240). Basta con echar un vistazo rápido para ver que su sarcófago y su tapa no son un conjunto armónico. La tapa está tallada en granito rojo pintado en un intento, no del todo exitoso, de imitar el color de la base de cuarcita. En general, se supone que la tapa original se cayó, pero es igualmente probable que la base original sufriera un accidente catastrófico, lo que obligó a los albañiles a improvisar y quizá a «tomar prestada» una base de una tumba más antigua. Cuando, al aproximarse el funeral, un segundo incidente resultó en una grieta que atravesaba el centro de la tapa, no hubo tiempo de encontrar un sustituto, por lo que el daño se «arregló» con yeso y pintura.

La tapa inclinada del sarcófago está tallada con un disco solar alado y tres líneas verticales de texto funerario que hacen referencia a las deidades funerarias Anubis, Tot y, excepcionalmente, al dios halcón Behedeti. La base, que también exhibe textos funerarios, está protegida por cuatro diosas esculpidas en relieve, una de pie en cada esquina, mirando hacia la cabeza de Tutankamón. Isis, Neftis, Serket y Neit extienden sus brazos alados para rodear el sarcófago y así abrazar y proteger eternamente al difunto Tutankamón. En cualquier caso, las cuatro diosas tenían en origen brazos humanos, y no alas emplumadas. En un principio se esculpieron como mujeres, o como una misma mujer representada cuatro veces, pero se volvieron a esculpir como diosas para reflejar las nuevas expectativas de Tutankamón en el más allá. Al mismo tiempo, los textos funerarios sufrieron cambios sustanciales. El hecho de que la base esté inacabada, con algunas zonas únicamente esculpidas mientras que otras están pintadas, sugiere que esta remodelación se produjo poco antes del funeral de Tutankamón; esto, a su vez, apoya la idea de que Tutankamón no era un rey débil y enfermo —un monarca con la inminente necesidad de un sarcófago— cuando murió. Aquí podemos establecer un paralelismo con el sarcófago de granito destrozado de Akenatón, cuyos fragmentos se han recuperado de la tumba real de Amarna. Estos fragmentos muestran que a Akenatón lo protegían en la muerte no cuatro diosas —lo que habría sido inaceptable, dadas sus creencias religiosas—, sino cuatro Nefertitis, una en cada esquina de su sarcófago. Como ya hemos señalado, es posible que la base del sarcófago de Tutankamón fuese tomada de un entierro anterior. Pero si, efectivamente, fue hecha a propósito para él, podemos deducir que en origen mostraba cuatro imágenes de Anjesenpaatón. Al igual que su madre antes que ella, parece tener el poder de proteger al rey muerto.[10]

Antes de que abandonemos la tumba de Tutankamón, hay otra evidencia sobre la vida de Anjesenamón que debemos considerar. El tesoro albergaba lo más sagrado e íntimo del ajuar funerario de Tutankamón, incluido su santuario canope. Aquí, descansando despreocupadamente sobre un montón de cajas, maquetas de barcos y otros artefactos, el equipo de excavación encontró una caja de madera sencilla cuya tapa, fuera de posición, en un principio había estado atada y sellada como correspondía (n.º 317). La caja contenía dos diminutos ataúdes antropoides tumbados uno al lado del otro y cada uno con la cabeza a la altura de los pies del otro; uno de ellos medía 49,5 centímetros de longitud; el otro, de 57,7 centímetros (n.ºs 317a,b). Los ataúdes se habían cerrado con cintas de lino alrededor de las zonas del cuello, la cintura y los tobillos, y se habían sellado con el sello del sepulcro. Ambos ataúdes eran de madera, estaban pintados con resina y llevaban inscripciones funerarias convencionales que nombraban al difunto como «Osiris». Eran ligeramente grandes para su caja y, al igual que había ocurrido con el propio Tutankamón, había sido necesario recortar el pie del ataúd de mayor tamaño para poder cerrar la tapa.

Cada ataúd contenía otro cubierto de pan de oro, y cada ataúd interior contenía una pequeña momia vendada. La primera lucía una máscara funeraria dorada demasiado grande para su cabeza. La desenvolvió Carter, que no esperaba encontrar restos humanos, y luego se la pasó a Derry, que la identificó como el bien conservado cuerpo de una niña prematura, que medía 25,75 centímetros desde la coronilla hasta los talones.[11] No había señales de una incisión abdominal y, por tanto, no se podía saber cómo se había momificado al bebé. La habían vendado con los brazos completamente extendidos y las manos apoyadas en la parte delantera de los muslos. No tenía pestañas ni cejas, pero su cabeza tenía el fino pelo de un bebé. Su piel era gris, quebradiza y casi transparente; aún conservaba parte del cordón umbilical. Derry calculó que había muerto a los cinco meses de gestación.

El segundo cuerpo diminuto estaba igualmente bien envuelto, pero carecía de máscara. Por un curioso capricho del destino, esta ya se encontraba en el Museo de El Cairo. Davis, en su chapucera excavación de 1907 del pozo de embalsamamiento de Tutankamón, había descubierto una máscara dorada en miniatura en uno de los frascos de almacenamiento. El Servicio de Antigüedades la reclamó y la envió a El Cairo. Cuando las vasijas restantes fueron donadas al Museo Metropolitano de Arte, Davis también donó una máscara de momia en miniatura que no tenía nada que ver, recuperada quizá durante su excavación de 1906 en KV51, una tumba que contenía los restos momificados de tres monos, tres patos, un ibis y un babuino. Esta inexplicable sustitución confundió a todo el mundo, y la máscara de yeso pintada se dio a conocer como uno de los objetos recuperados en el pozo de embalsamamiento de Tutankamón.[12] Puesto que Davis no guardó ningún registro de la apertura y el vaciado de las vasijas de almacenamiento, no sabemos si la máscara original se encontró con los materiales de embalsamamiento o con los restos del banquete funerario, o si todo se mezcló. Por lo tanto, no podemos saber cómo llegó allí la máscara en miniatura. ¿Se la desechó en el taller del embalsamador, tal vez porque era demasiado pequeña para caber en la cabeza vendada? Esto sugeriría que al menos uno de los bebés fue momificado al mismo tiempo que Tutankamón. ¿O se cayó dentro de la tumba y se barrió con los restos del banquete funerario? De ser así, esto sugiere que los bebés, al igual que las estatuas, las figuritas y, por supuesto, la momia real, desempeñaron un papel en el funeral de Tutankamón.

Derry desenvolvió él mismo la segunda momia, lo que reveló una niña de 36,1 centímetros desde la parte superior de la cabeza hasta los talones. Aunque su cuerpo y su cavidad craneal habían sido vaciados y empaquetados con lino empapado en resina, estaba peor conservada que la otra momia. Sus brazos extendidos yacían junto a los muslos. Tenía cejas y pestañas, y sus ojos estaban abiertos. El pelo de su cabeza era escaso, pero Derry pensó que podía haberse desprendido con los vendajes. No había cordón umbilical, pero, tras examinar su ombligo, Derry sugirió que este había sido cortado. Creyó que el bebé había nacido muerto a los siete meses de gestación, aproximadamente. Harrison, que volvió a examinar al bebé varios años después, calculó que tendría ocho o nueve meses de gestación. Diagnosticó que padecía el hombro de Sprengel —una deformidad de la clavícula—, espina bífida y escoliosis lumbar.[13] De forma más controvertida, se ha sugerido que las niñas podrían haber sido gemelas, atribuyéndose su diferencia de tamaño al síndrome de transfusión feto-fetal.[14] Esta sugerencia no ha sido ampliamente aceptada. Los bebés y sus ataúdes fueron enviados a El Cairo, donde se separaron: los ataúdes entraron en el museo mientras que los cuerpos fueron enviados a la Facultad de Medicina, donde permanecieron olvidados durante muchos años. En 1977 se redescubrió una de las momias y se tomó una muestra de tejido que reveló el grupo sanguíneo O/M. Por tanto, sería posible que Tutankamón fuera el padre.

No sabemos por qué se incluyeron dos niñas entre el ajuar funerario de una tumba real en el Valle de los Reyes. Tampoco sabemos si era una práctica habitual, ya que la de Tutankamón es la única tumba real de la XVIII dinastía que se ha descubierto prácticamente intacta. ¿Es una coincidencia que ambos bebés fueran mujeres, o se incluyeron deliberadamente en su entierro para que pudieran añadir su protección femenina a la ofrecida por Anje-senamón? Parece muy probable que se trate de las propias hijas mortinatas de Tutankamón, nacidas de Anjesenamón. Carter creía sin duda que eran bebés de Anjesenamón y, aparentemente ajeno al hecho de que los niños tienen dos padres, preguntó:[15]

> ¿Fue el resultado de una anormalidad por parte de la pequeña reina Anj-es-en-Amón [sic], o fue el resultado de una intriga política que terminó en crimen? Estas son preguntas, me temo, que nunca se responderán, pero se puede inferir que si uno de estos bebés hubiera vivido, nunca habría habido un Ramsés.

En Egipto no había lugar para una consorte viuda y sin hijos. Por lo tanto, no debe sorprendernos que Anjesenamón desaparezca cuando Ay ocupa el trono de su marido, poniendo fin a una estirpe regia que se remonta a casi doscientos años, hasta el reinado de Tutmosis I. Podemos imaginarla retirándose de la vida pública y recluyéndose en el palacio del harén, donde podría pasar los siguientes treinta o cuarenta años en una lujosa oscuridad. Después sería enterrada en uno de los cementerios perdidos de dicho harén. Este fue el destino de la gran mayoría de las reinas de Egipto.

Sin embargo, una rápida búsqueda en internet permite descubrir la teoría popular de que la viuda Anjesenamón permaneció en la corte para casarse con el sucesor de su marido, Ay. La suya habría sido una pareja curiosa: Ay era bastante mayor que Anjesenamón, y hay pruebas circunstanciales bastante sólidas que sugieren que era hermano de la reina Tiy y padre de la reina Nefertiti, y, por tanto, abuelo y tío abuelo de Anjesenamón. No tenemos precedentes de una reina viuda que se vuelva a casar, ni de un matrimonio entre abuelo y nieta, ni en la familia real ni en ninguna otra parte. Tampoco hay constancia de que Anjesenamón desempeñara papel alguno en el reinado de Ay. La única prueba de su matrimonio es un anillo de vidrio azul o de loza decorado con los cartuchos de Anjesenamón y Ay. Este anillo fue adquirido en 1931 por un tal «señor Blanchard de El Cairo» (presumiblemente el anticuario estadounidense Ralph Huntington Blanchard), en un lugar no especificado del delta del Nilo. El egiptólogo Percy Newberry aceptó el anillo como una antigüedad genuina y basó en él su reconstrucción de los acontecimientos que siguieron a la muerte de Tutankamón. Para él, esto era una prueba más allá de toda duda razonable de que el plebeyo Ay había consolidado su derecho al trono al casarse con la única princesa superviviente de Amarna. Sin embargo, Newberry escribió en 1932, cuando la «teoría de la heredera» en la realeza egipcia estaba en auge. Esta teoría, desarrollada a partir de una comprensión superficial —errónea— de los matriarcados africanos, estipulaba que el derecho al trono egipcio venía legitimado por la línea femenina. Como explica el propio Newberry:[16]

> Por lo general, un hombre se convertía en rey en virtud de su matrimonio con la princesa hereditaria, que era la mujer de mayor edad que sobrevivía de la casa reinante. Podía ser la viuda del rey, o su hija mayor superviviente, o una pariente más lejana. La princesa heredera no reinaba [...], solo era el canal a través del que se transmitía la realeza a su marido.

El anillo lleva desaparecido desde entonces. Sin embargo, el Museo de Berlín adquirió en la década de los setenta un anillo con los mismos cartuchos. La teoría de Newberry fue aceptada sin discusión, posiblemente porque proporcionaba una explicación aceptable a los matrimonios reales consanguíneos que muchos egiptólogos consideraban escandalosos. Basta con echar un rápido vistazo al árbol genealógico de Tutankamón para comprobar que la teoría de la heredera no tiene ninguna base. Aunque es probable que Tutanjatón y Anjesenpaatón fueran hermanos o medio hermanos, ni Amenhotep III ni Akenatón eligieron a una hermana como consorte. De hecho, Amenhotep III dejó muy claro el parentesco relativamente humilde de su esposa al informar al mundo de que era «la gran esposa real [...]. El nombre de su padre es Yuya y el de su madre es Tuyu».[17] La consorte real de Ay puede verse en las paredes de su tumba del Valle occidental, donde Tiye, a quien conocimos como nodriza de Nefertiti, lleva el título de gran esposa real. ¿Podría ser el anillo una falsificación o un error, en el que el artista, que quizá no sabía leer, se limitó a copiar los nombres equivocados? O, como parece más probable, ¿refleja una relación amistosa entre Ay y Anjesenamón, quien tal vez siguió desempeñando su función sacerdotal durante el reinado de su abuelo?

Ay gobernó Egipto durante no más de cuatro años antes de que lo sucediera el general Horemheb. No volvemos a saber más de Anjesenamón.

Los *Hechos de Suppiluliuma* es un relato biográfico del reinado de un contemporáneo de Tutankamón, el rey hitita Suppiluliuma I. Fue escrito tras su muerte por su hijo Mursili II, y guardado en los archivos reales de la capital hitita, Hattusa —la actual Bogazkoy, en Turquía—. Ha sobrevivido en una fragmentaria serie de tablillas de arcilla, escritas con la misma escritura cuneiforme de las cartas de Amarna. Dentro de la historia de Suppiluliuma se encuentra el curioso relato con el que comenzó este capítulo:[18]

> [...] cuando el pueblo de Egipto se enteró del ataque a Amka tuvo miedo. Y como, además, su señor Nibjururiya había muerto, la reina de Egipto, que era Dahamunzu [?], envió un mensajero a mi padre y le escribió: «Mi marido ha muerto. Carezco de un hijo. Pero vuestros hijos, dicen, son muchos. Si me dierais un hijo vuestro, se convertiría en mi esposo. ¡Nunca escogeré de entre mis siervos a alguien para que sea mi esposo! [...] ¡Estoy asustada!». Cuando mi padre escuchó esto, llamó a los grandes a consejo [diciendo]: «¡En toda mi vida no me ha pasado algo así!». Y sucedió que mi padre envió a Egipto a Hattusaziti, el chambelán [con esta orden]: «¡Id y traedme la palabra verdadera! ¡Tal vez me engañen! ¡Tal vez [de hecho] tengan un hijo de su señor! Traedme la palabra verdadera».

A primera vista, la historia es sencilla. Una reina viuda de Egipto ha escrito a Suppiluliuma, pidiéndole que le envíe a uno de sus hijos para convertirlo en su esposo. Sin embargo, el nombre de la autora de la carta, «Dahamunzu», es simplemente una versión fonética del título de la reina egipcia «*ta hemet nesu*» o 'esposa del rey'. Como sabemos que Suppiluliuma mantenía correspondencia con Akenatón, sabemos también que buscamos a una reina que enviudó hacia el final del período de Amarna. Esto nos deja con tres o cuatro candidatas: Nefertiti, Meritatón, la enigmática Neferneferuatón (que probablemente sea Meritatón) y Anjesenamón. Los expertos han discutido largo y tendido sobre cada una de ellas. Pero, como hemos visto, Akenatón había dejado clara la sucesión. Tras su muerte, el trono pasaría a Semenejkara, y luego, al hijo de Semenejkara o a Tutankamón. A no ser que nos encontremos ante la inesperada y no evidenciada doble tragedia de que Anjesenamón y Tutankamón murieran a la vez, solo la viuda de Tutankamón podía estar en posición de buscar un nuevo rey. El hecho de que el nombre del rey muerto, Nibjururiya, suene como una versión distorsionada del prenombre de Tutankamón, Nebjeperura, añade peso a nuestra suposición de que quien escribe la carta es Anjesenamón.

Suppiluliuma estaba confuso por esta solicitud. Todo el mundo sabía que los reyes de Egipto eran reacios a la idea de que una de sus princesas desposara a un extranjero. Esto queda muy claro en las cartas de Amarna, cuando el rey de Babilonia —cuya anónima hija se ha casado con Akenatón— suplica por una princesa con la que casarse o, si eso no es en efecto posible, por una mujer que pueda pasar por princesa:[19]

[...] vos, hermano mío, cuando [os] escribí sobre el matrimonio de vuestra hija, de acuerdo con vuestra práctica de no ent[regar] [una hija], [me escribisteis], diciendo que «desde tiempos inmemoriales, ninguna hija del rey de Egi[pto] es entregada a nadie». ¿Por qué no? Sois un rey; hacéis lo que os place. Si dierais [una hija], ¿quién diría algo? [...] Debe haber disponibles hijas adultas, mujeres hermosas. Enviadme una mujer hermosa como si fuese hija vue[stra]. ¿Quién dirá «no es hija del rey»? Pero manteniendo vuestra decisión, no me habéis enviado a nadie.

Si la idea de que una princesa egipcia sirviera como rehén en una corte extranjera era aborrecible, aún peor sería la idea de invitar a un extranjero a tomar el control de Egipto. Al fin y al cabo, el rey de Egipto tenía el deber de defender las Dos Tierras contra los turbulentos extranjeros, y las paredes de los grandes templos estatales estaban decoradas con escenas que mostraban a los faraones derrotando a nubios, libios y asiáticos (entre los que se incluirían los hititas). El momento de la carta aumenta la confusión. Hemos especulado con que Horemheb no pudiera asistir al funeral de Tutankamón porque estaba en campaña contra los aliados hititas en el norte de Siria, pero he aquí una reina egipcia suplicando un favor a un rey hitita que, si no era exactamente un enemigo, no podía ser considerado un amigo.

Suppiluliuma envió a su chambelán, Hattusaziti, a hacer averiguaciones en Egipto. Semanas después, en primavera, Hattusaziti regresó a Hatti. Había interrogado a la reina, y esta, a su vez, había mandado un mensaje a través de su propio enviado, Hani:[20]

> ¿Por qué habéis dicho «me engañan» de esa manera? Si tuviera un hijo, ¿habría escrito sobre mi vergüenza y la de mi país a una tierra extranjera? ¡No me habéis creído y hasta me habéis hablado así! Quien era mi marido ha muerto. ¡Carezco de un hijo! ¡Nunca escogeré de entre mis siervos a alguien para que sea mi esposo! No he escrito a ninguna otra tierra, solo a vos os he escrito. Dicen que vuestros hijos son muchos: ¡dadme un hijo vuestro! Será mi esposo, pero en Egipto será rey.

Estos repetidos viajes debieron de durar mucho más que los setenta días que cabría esperar que Tutankamón pasase en el taller del enterrador. ¿Podría haberse suspendido el funeral, presumiblemente con el consentimiento de Ay, para esperar la respuesta de Suppiluliuma? Por fin esta llegó. El optimismo, o tal vez la codicia, había vencido a la prudencia, y Suppiluliuma había enviado a un hijo, Zannanza. Por desgracia, Zannanza murió de camino a Menfis. No está claro si se trató de una muerte natural o no, pero lo cierto es que abrió una brecha en las ya caldeadas relaciones entre Egipto y los hititas. No se menciona esta correspondencia, ni la muerte de Zannanza, en los registros egipcios.

Este final tan insatisfactorio nos deja con toda una serie de preguntas sin respuesta. ¿Tenía realmente Anjesenamón el poder de controlar el destino de Egipto de esta forma? ¿Habría estado tan desesperada como para entrar en negociaciones por un marido extranjero? ¿Habría sido capaz de convencer a sus cortesanos, incluidos los ambiciosos Ay y Horemheb, de que su nuevo marido —ya fuera egipcio o extranjero— se convirtiera en rey? Dada su impecable ascendencia real, ¿no habría considerado gobernar ella misma? El gobierno femenino nunca fue lo ideal, pero ciertamente era posible, y Anjesenamón debía saber que tanto Sobekneferu, de la XII dinastía, como Hatshepsut, de la XVIII dinastía, eran mujeres que habían reinado. Hay que concluir considerando la posibilidad de que la carta fuese una trampa: o bien una oferta irresistible ideada para causar fricciones entre dos poderosos Estados, o bien una treta diseñada para provocar resquemor en la corte hitita. El autor de la trampa, ya fuera egipcio o hitita, aún se desconoce.

# 5

# El cuento del saqueador

## Tutankamón y los saqueadores de tumbas

Un saqueador confiesa haber robado la tumba de Ramsés VI (KV9):[1]

El extranjero Nesamun nos llevó y nos mostró la tumba del rey Nebmaatra-Meriamón [Ramsés VI] [...]. Y pasé cuatro días entrando en ella, estando nosotros [presentes] los cinco. Abrimos la tumba y entramos en ella [...]. Encontramos un cesto [??] tendido sobre sesenta [...] cofres [?]. Lo abrimos. Encontramos un caldero [?] de bronce; tres jofainas de bronce; una jofaina [...]. Pesamos el cobre de los objetos y los jarrones y encontramos que eran quinientos deben, correspondiendo cien deben a la parte [¿de cada hombre?]. Abrimos dos cofres llenos de ropa [...].

La élite egipcia decoraba las capillas de sus tumbas —las salas públicas de estas— con escenas talladas y pintadas con colores vivos. Dichas escenas estaban pensadas para ser vistas. Los visitantes encenderían una antorcha, abrirían la puerta de la tumba y entrarían en un fresco y poco iluminado reino de orden y prosperidad. Hoy en día, las puertas de madera de las tumbas han sido sustituidas por rejas metálicas, y las paredes descoloridas están iluminadas por una dura luz eléctrica, pero aún podemos ver a los propietarios de las tumbas realizando sus tareas cotidianas, y podemos relajarnos con ellos mientras disfrutan de un suntuoso banquete regado con una vasija de cerveza sin fondo. En las escenas hay paseos en barco, juegos de mesa y vida familiar. Los músicos tocan sus instrumentos, los niños juegan y las atractivas jóvenes bailan. Al fondo, los sirvientes realizan sus tareas diarias con admirable eficiencia: todos conocen su lugar y están contentos con su suerte. Hay que buscar mucho para vislumbrar a alguien que no parezca estar pasándolo bien. Parece que los egipcios dinásticos dominaban el arte de la vida perfecta.

Pero esto, por supuesto, es una ilusión. Las pinturas de las tumbas no son instantáneas de existencias vividas, sino deseos de una perfecta vida futura según las consideraciones del elitista propietario de la tumba. Más allá de la puerta de la tumba, una desgraciada mezcla de pobreza, enfermedad, desgracia, crimen y pura mala suerte aseguraba que la vida en la tierra de los vivos estuviese muy lejos de esta escena idílica. Con la gran riqueza de Egipto bajo el control de la cultivada élite —un estimado diez por ciento de la población, casi todos hombres— y con muy pocas oportunidades de movilidad social, la gran mayoría de la gente estaba destinada a repetir las vidas de sus padres y abuelos. Una existencia de riguroso trabajo físico y, para muchas mujeres, de múltiples embarazos, sería «recompensada» con el entierro en una simple fosa en un cementerio del desierto. Solo podemos especular sobre la vida después de la muerte que estos egipcios anónimos no momificados esperaban alcanzar.

Aunque la astucia y el trabajo duro no comportaban necesariamente recompensas materiales, el «estilo de muerte» egipcio ofrecía amplias oportunidades para que los faltos de escrúpulos adquiriesen riqueza. Desde el punto de vista moral, robar a los muertos resultaba indefendible: era, después de todo, un ataque a la vida eterna del difunto que podía hacer que los muertos maldijesen a los vivos. Consideraremos la veracidad del mito de la maldición de Tutankamón en el capítulo 8. Ya solo a nivel físico podía ser extremadamente peligroso: excavar bajo la superficie de un cementerio en el desierto o hacer un túnel a través de un pasillo repleto de gravilla conllevaba numerosos riesgos. El descubrimiento de un saqueador dinástico aplastado, atrapado en el acto por un desprendimiento de rocas en el cementerio de Riqqa, del que solo quedaban un par de brazos esqueléticos que se extienden hacia su víctima momificada, además de un montón de huesos en el suelo, subraya lo peligrosa que podía ser la vida de un saqueador de tumbas. Como observó el excavador, «parecía haber sido repentinamente aplastado mientras estaba de pie, o al menos en posición agachada, cuando se produjo el desprendimiento».[2] Los que eran capturados se enfrentaban a un final doloroso: el interrogatorio de los sospechosos podía incluir la torsión de miembros, cortes o golpes con un palo, mientras que los declarados culpables eran mutilados, enviados a trabajar en las minas o canteras —una sentencia de muerte efectiva— o, en casos extremos, empalados en una estaca de madera como advertencia para los demás. Sin embargo, las recompensas eran potencialmente enormes, y muchos estaban dispuestos a correr esos riesgos.

Los saqueos postdinásticos, las limpiezas con autorización estatal y las excavaciones arqueológicas modernas han despejado por completo las tumbas reales, barriendo las pruebas de crímenes anteriores más modestos. Pero un estudio sobre los lugares de enterramiento de todo el Egipto dinástico deja clara una cosa. Con demasiada frecuencia, quienes robaban a los muertos eran los encargados de cuidarlos. Los conocimientos especializados y el incontestable acceso a los lugares de enterramiento ofrecían muchas oportunidades. Los enterradores podían abreviar los rituales y procesos, y, como nadie podía ver debajo de las vendas bien envueltas, podían robar lino, ungüentos y amuletos con impunidad. Los sepultureros que preparaban un nuevo enterramiento podían tropezar con una tumba antigua y saquearla. Los empleados del Estado que excavaban una tumba real podían acabar abriendo una brecha en un enterramiento anterior y robar el ajuar funerario. Los sacerdotes que resellaban un panteón familiar podían darse un capricho antes de cerrar la puerta. Los guardias y funcionarios de las necrópolis tal vez aceptasen un soborno para mirar hacia otro lado, o incluso puede que robasen ellos mismos las tumbas.

Al leer esta letanía de delitos menores, a la que hay que añadir las bandas profesionales que ponían por sistema sus miras en los lugares de enterramiento, podríamos preguntarnos, no sin motivo, por qué los antiguos lo hicieron posible. ¿Por qué, durante tres mil años, la élite egipcia se empeñó en llevarse sus tesoros a la tumba, cuando sabía que esos mismos tesoros serían una tentación irresistible para los saqueadores? ¿Por qué continuaron con el costoso y largo ritual de la momificación, cuando sabían que los cuerpos sobrevivirían en una forma desecada, pero aún reconocible, con piel y cabello, si se enterraban, sin vendas y sin ataúd, en las cálidas y estériles arenas del desierto? Una combinación de presión religiosa —la consideración del ritual de momificación como el medio de acceso a la otra vida— y social —al ser visto como lo correcto—, además de, tal vez, un razonable miedo a quedar atrapado en una tumba llena de arena para toda la eternidad, permitió que la industria funeraria floreciera. La élite continuó confiando erróneamente en las barreras físicas, los guardias y las amenazas que creían que serían efectivas con independencia de que los saqueadores analfabetos no pudiesen leerlas:[3]

[Con respecto a] cualquier persona
que haga algo malo a esta [tumba]
[o] entre en ella [¿con la intención de hacer mal?]:
El cocodrilo los enfrentará en el agua,
la serpiente los enfrentará en tierra,
el hipopótamo los enfrentará en el agua,
y el escorpión los enfrentará en tierra.

Los saqueos han oscurecido las pruebas de lo que podríamos llamar robos «oficiales»: el aprovechamiento de ajuares funerarios creados para otros. Dado que el de Tutankamón es el único enterramiento real que ha sobrevivido prácticamente intacto, no podemos saber con qué frecuencia ocurría esto en el Valle de los Reyes, pero no hace falta mirar demasiado de cerca su ajuar funerario para ver que, al menos, fue enterrado con una mezcla de bienes propios y objetos hechos para otros. Algunos de estos últimos son, obviamente, regalos funerarios: sabemos, por ejemplo, que seis de los *shabtis* más grandes y mejor fabricados de Tutankamón fueron obsequio de los cortesanos Maya (n.º 318b; véase también n.º 331a) y Najtmin (n.º 318a,c y 330i-k).

Algunos de los bienes funerarios de Tutankamón —los que llevan inscritos los nombres de los miembros fallecidos de la familia real, como Tutmosis III, Amenhotep III, Tiy, Akenatón, Nefertiti, Meritatón y Neferneferuatón— fueron clasificados por Carter como «reliquias», aunque nunca podremos estar seguros de si se trata de auténticos objetos de valor sentimental o simplemente de antiguos artefactos recuperados de las tumbas reales de Amarna a través del taller KV55, y reaprovechados por Tutankamón (o Ay). La más fascinante de estas reliquias era un ataúd antropoide de madera en miniatura encontrado en el tesoro (n.º 320). Había sido recubierto de resina, amarrado por la zona del cuello y los tobillos con cintas de lino y sellado con el sello de la necrópolis. Resultó ser el más externo de una serie de cuatro ataúdes del que pendía un colgante de oro con la forma de un rey acuclillado con la corona azul y que, en base a razones estilísticas, se ha identificado como Amenhotep III o Tutankamón, así como una trenza de pelo doblada en un paño de lino etiquetada con el nombre y los títulos de la reina Tiy. Este pelo se considera una prueba clave en la búsqueda de la momia de Tiy.

Tal vez los conjuntos de bienes funerarios que muestran diferencias de estilo y ejecución —la colección de *shabtis* desparejados, por ejemplo— reflejen que distintos artesanos trabajaron simultáneamente en el mismo proyecto, y no que los bienes funerarios sean de distinta procedencia. Pero otros artefactos, como las bandas de la momia de Tutankamón, al menos uno de los santuarios dorados que rodean su sarcófago, su cofre canope y sus ataúdes canopes en miniatura, fueron claramente elaborados para otros antes de ser adaptados e incorporados al ajuar de Tutankamón. Su reutilización se hace evidente por su estilo (finales del período de Amarna), por su falta de similitud con otros artefactos clave de la tumba y, sobre todo, por sus inscripciones, que muestran signos de alteración. Algunos expertos añadirían a esta lista el central de los tres ataúdes anidados de Tutankamón (n.º 254) por considerar que, aunque los tres encajan perfectamente, su estilo no coincide con el de los otros dos. Por supuesto, también hay que tener en cuenta que los otros dos son las piezas «prestadas» (n.ºˢ 253 y 255). Otros expertos, como ya hemos visto, creen que la máscara funeraria de Tutankamón fue creada para Neferneferura.

Un mechón de pelo puede ser una reliquia familiar o un vínculo sentimental con el pasado: en la época victoriana en que se crio Carter sin duda se pensaba así, y era frecuente que se llevasen joyas de luto con el cabello del difunto amado. Las bandas de las momias y los ataúdes canopes son una cuestión totalmente distinta. No son artículos opcionales o insignificantes: son los elementos esenciales e íntimos de un entierro real. La mayoría de los expertos aceptan ahora que los bienes funerarios «prestados» de Tutankamón se hicieron para Neferneferuatón, lo que nos lleva a preguntarnos por qué esta enigmática persona no los necesitaba. Es posible que se trate de repuestos desechados, recuperados del taller real de Amarna. Pero parece más probable que procedieran del propio entierro de Neferneferuatón en Amarna por mediación del taller temporal de KV55. Esto nos lleva a preguntarnos por qué Tutankamón no tenía su propio equipo funerario. Con razón podríamos esperar que artículos tan esenciales como los cofres canopes se hubiesen preparado a principios de su reinado y hubieran sido almacenados, en su templo funerario quizá, hasta que se requiriesen. Dado el cambio de tumba a última hora, es tentador vincular la sustitución de los bienes funerarios con Ay, el anciano sucesor que temía no tener tiempo para encargar su propia tumba y ajuar funerario. Si la KV55 estaba llena de objetos recuperados del Valle Real de Amarna, habría sido sencillo hacer un conveniente intercambio, lo que habría permitido que Ay se enterrase con el ajuar funerario en principio destinado a Tutankamón, mientras que Tutankamón habría recibido el ajuar funerario preparado para, y tal vez utilizado por, varios miembros de su familia.

Rodeado de su nuevo y reaprovechado ajuar funerario, el difunto Tutankamón era significativamente más rico y considerablemente más vulnerable que la gran mayoría de los vivos de Egipto. La entrada a su tumba había sido bloqueada, enyesada, sellada y cubierta de tierra, pero su propiedad no estaba ni mucho menos protegida, y había bastante gente —incluida la que había construido su tumba, la que la había llenado con el ajuar funerario y la que había ayudado en la ejecución de los rituales funerarios— que sabía exactamente lo que había bajo tierra. Este peligro fue reconocido por el arquitecto Ineni, que se jactó de haber construido una tumba en el Valle para el antepasado de Tutankamón, Tutmosis I, «sin que nadie lo vea ni lo oiga».[4] Ineni exagera, por supuesto, ya que el Valle nunca fue un secreto bien guardado. Pero su afirmación tiene algo de verdad. Mientras que cada una de las llamativas pirámides de los Imperios Antiguo y Medio había sido construida por unos veinte mil o treinta mil obreros temporales reclutados mediante un sistema de servicio nacional para trabajar en turnos de tres meses hasta por veinte años, las tumbas excavadas en la roca del Valle se construyeron con mano de obra mucho más reducida y especializada: los «servidores en el Lugar de la Verdad».

Los servidores vivían y morían al margen del conjunto de la población tebana, en el asentamiento de trabajadores, construido expresamente y propiedad del Estado, que hoy se conoce como Deir el-Medina. No era ni mucho menos un aislamiento total —los obreros tenían acceso a otros asentamientos de la ribera occidental y podían cruzar el río hasta la ciudad cuando lo deseasen—, pero la remota situación de su asentamiento era un recordatorio constante de su singular función. La ubicación de Deir el-Medina en el árido desierto, a casi un kilómetro de la devastadora humedad de la tierra cultivada, ha permitido que sus restos arqueológicos sobrevivan en un grado asombroso. Las casas, con sus muros inferiores prácticamente intactos, se mantienen en pie detrás de los restos de un robusto muro de adobe. Cuando uno se asoma a este muro puede ver hileras de casas adosadas casi idénticas, cuyos interiores han personalizado sus propietarios, de forma que no hay dos iguales. Más allá de la muralla del asentamiento hay tumbas excavadas en la ladera, capillas, el desierto y un gran agujero seco conocido hoy en día como el «Gran Pozo». Sin embargo, no vemos lo que cabría esperar: un pozo. El Gran Pozo no había llegado a la capa freática y, como el Nilo fluía tres kilómetros al sur de la aldea, el Estado tenía que proveer cada gota de agua. Todos los días, una recua interminable de burros transportaba los pesados cántaros de agua hacia y desde el asentamiento.

Los habitantes, inusitadamente alfabetizados, aprovecharon al máximo el hecho de tener acceso a un suministro inagotable de material de escritura, como tinta de varios colores, además de las lascas de piedra caliza que cubrían el suelo del desierto y se utilizaron como óstracos. Cuando el Valle de los Reyes dejó de ser utilizado como necrópolis real a finales del Imperio Nuevo, lo que obligó a Deir el-Medina a cerrar y a sus habitantes a trasladarse, estos dejaron tras de sí un notable archivo de material escrito y arte improvisado que nos permite conocer el ritmo de su vida laboral:[5]

> El escriba Neferhotep saluda a su señor en vida, prosperidad y salud [...]. Trabajo en las tumbas de los reales hijos que mi señor ordenó construir. Trabajo muy bien y muy eficientemente, con un buen trabajo y con un trabajo eficiente. Que mi señor no se preocupe por ello. En efecto, trabajo muy bien. No me canso en absoluto.
>
> Dirigido por el escriba Nebnetjeru al escriba Ramose [...]. Por favor, esté atento y tráigame un poco [?] de tinta porque [mi] superior [me] ha dicho que la buena [tinta] se ha deteriorado.

Cada diez días, los obreros salían del asentamiento y caminaban hasta el Valle. Pasaban las ocho jornadas siguientes trabajando en las tumbas durante el día, con dos turnos de cuatro horas cada uno y un descanso a mediodía para comer; dormían en cabañas temporales por la noche, antes de volver a casa los dos días del fin de semana. Mientras tanto, los que se quedaban atrás —las esposas, los jóvenes, los ancianos y los enfermos— llevaban una existencia atípica en la que las mujeres, y no los hombres, dirigían la vida del asentamiento.

Las pruebas arqueológicas identificadas por Howard Carter indican que, poco después del funeral de Tutankamón, una banda de saqueadores eludió, o tal vez sobornó, a los guardias de la necrópolis y abrió un agujero en la esquina superior izquierda de la puerta bloqueada de la tumba. Una vez dentro, encendieron sus antorchas, se apresuraron a bajar por el pasillo y forzaron la segunda puerta para acceder a la antecámara. Vaciaron las cajas y los cofres en el suelo. Se llevaron objetos pequeños y ligeros (ungüentos, joyas, metales y tejidos); descartaron los objetos grandes y difíciles de manejar, así como los que estaban cubiertos de pan de oro en lugar de ser de oro macizo. Un ladrón envolvió ocho anillos de oro y dos escarabeos en un pañuelo, y luego lo dejó caer en una caja, lo que permitió a Carter encontrarlo y elaborar una enrevesada historia en la tarjeta de registro de los objetos (n.º 44b):

> Es dudoso cuál era el contenido original. El contenido presente es, desde luego, una miscelánea apresuradamente reunida después de que se descubriera el robo y arrojada descuidadamente a la caja. En realidad, esta caja nos da la mejor pista hasta la fecha para conocer los detalles del saqueador de tumbas. En la parte superior había dos objetos que, obviamente, debieron de haber estado en manos de uno de los ladrones:
>
> > (1) Cuatro piezas bañadas de oro, caladas y granuladas. Se doblaron y plegaron juntas para facilitar su manejo.
> > (2) Un largo chal, en cuyo centro se había enroscado una colección de ocho anillos de oro y dos escarabeos.
>
> Ningún ladrón tiraría estos objetos por mucha prisa que tuviera, y debió de ser apresado cuando aún portaba los objetos. Los objetos [de abajo] deben haber salido originalmente de varias cajas. Por lo tanto, solo una posición aquí no tiene sentido [...]. Esta tela fue utilizada por uno de los ladrones para envolver su botín [...] exactamente de la forma en que un árabe moderno envuelve los objetos de valor en su turbante. Colocó los objetos en el centro de la tela, sujetó los extremos para formar una especie de petate, cerró la bolsa retorciendo la tela varias veces, y luego, con la bolsa cerrada, hizo un simple nudo de lazo.

Se supone que el botín fue trasladado al otro lado del río y vendido en Tebas.

Los saqueadores volvían una y otra vez hasta que, inevitablemente, los funcionarios de la necrópolis se daban cuenta de que la tumba estaba abierta. Las tumbas profanadas se ponían en orden y volvían a sellarse de forma rutinaria. Si los saqueos no podían evitarse, al menos podían ocultarse, lo que permitía a los funcionarios fingir que todo iba bien en la necrópolis. Después de todo, nadie quería una investigación oficial de la oficina del visir. Así pues, la tumba de Tutankamón fue ordenada más bien al azar, con objetos metidos en cajas y cofres sin mayor criterio, de forma que solo una de las cajas de la antecámara tenía ahora un contenido que coincidía con su etiqueta original. Una vez restaurada la tumba, se volvió a tapiar y sellar la puerta interior y, como precaución adicional, se rellenó el pasillo hasta el techo con grava de piedra caliza. Varios pequeños objetos, entre ellos los que se les cayeron los saqueadores y los que fueron arrastrados a la tumba con la gravilla, pasaron a integrar el contenido de la tumba después del rellenado. Por último, se volvió a sellar la puerta exterior.

El siguiente grupo de saqueadores entró por el agujero abierto por sus antecesores y, al encontrarse con un pasillo bloqueado, los ladrones emplearon sus conocimientos de ingeniería —y posiblemente sus herramientas de propiedad estatal— para excavar un túnel a través de los trozos de piedra. Pudieron acceder a todas las cámaras de la tumba, pero, ignorando los objetos rituales que se concentraban en torno al sepulcro, se centraron en los útiles cotidianos de la antecámara y el anexo. Como otros antes que ellos, abrieron cajas, hicieron añicos la cerámica y arrancaron el oro de la madera. No obstante, en su elección del botín, los saqueadores estaban ahora constreñidos por el tamaño de su túnel. La historia se repitió cuando los responsables de la necrópolis volvieron a darse cuenta de la profanación. Se restableció la tumba, el túnel se rellenó con grava negra y la puerta exterior se restauró en su integridad, y fue sellada con el sello de la necrópolis. Esta pauta se habría repetido de no haber sido por el clima.

Aunque el Valle de los Reyes es normalmente cálido y seco, en ocasiones experimenta fuertes tormentas. Cuando esto ocurre, el suelo no puede absorber el agua de lluvia, que desciende por la ladera de la montaña, formando grandes torrentes que transportan un amasijo de piedra, arena y escombros. Cuando los torrentes confluyen y se mezclan, el Valle central —donde se encuentran la tumba de Tutankamón y la KV55, ambas excavadas directamente en el lecho de roca— se convierte en un lago. Al retirarse el agua, queda un duro depósito de barro, tiza, pizarra y caliza. Los antiguos arquitectos, conscientes de los peligros de las inundaciones, intentaron proteger a sus reyes muertos cavando un gran canal de drenaje y erigiendo muros de desviación cerca de las tumbas individuales. A pesar de estas precauciones, la totalidad de las tumbas en las zonas bajas del Valle sufrió los efectos de repetidas inundaciones. Cuando una feroz tormenta se desató a los cuatro años del entierro de Tutankamón, el valle se llenó de agua, y su tumba se perdió bajo un mar de barro y escombros. Poco después, con la tumba ya olvidada, los obreros dedicados a la construcción de la de Horemheb (KV57) edificaron sus cabañas justo sobre su entrada. Finalmente, casi doscientos años más tarde, los obreros que trabajaron en una tumba de la xx dinastía, Ramsés VI (KV9), también construyeron sus cabañas y arrojaron sus desperdicios sobre la entrada de la tumba perdida.[6]

El destino quiso que, tras una primera oleada de saqueos, Tutankamón permaneciese tres mil años a salvo en su tumba olvidada. Otros reyes no tuvieron tanta suerte. La seguridad en el Valle dependía, en gran medida, de la buena voluntad de los obreros que construían y decoraban las tumbas. Era de suma importancia que estos obreros recibieran su paga puntualmente y de forma íntegra. Durante la xviii dinastía esto no había sido un problema, pero cuando la autoridad real empezó a decaer a finales de la xix dinastía, no siempre fue posible atender esta exigencia. Un documento conocido hoy como el *Papiro judicial de Turín* describe el descontento entre los trabajadores durante el reinado de Ramsés III, de la xx dinastía, e incluye una mención incidental de los saqueos en las tumbas de Ramsés II (KV7) y sus hijos (KV5): «Ahora Userhat y Patuere han arrancado algunas de las piedras que sellan la tumba del Usermaatra Setepenra [Ramsés II], rey Osiris, y Kenena hijo de Ruta hizo lo mismo en la tumba de los hijos reales del rey Usermaatra Setepenra».[7]

Mientras la economía egipcia se hundía, los delitos contra los muertos aumentaban. Los residentes de la orilla oeste tenían los conocimientos y habilidades necesarias para atacar a la élite y las tumbas reales. Las bandas estaban bien organizadas e informadas, y a menudo contaban con el apoyo tácito de los funcionarios encargados de proteger los lugares de enterramiento. En el año 16 de Ramsés IX, el tribunal se reunió para examinar la confesión de Amenpanufer, un cantero y saqueador que había asaltado la tumba de Sobekemsaf II, rey de la XVII dinastía. Merece la pena leer su confesión en su totalidad, ya que no solo proporciona los detalles del bien planificado saqueo, sino que también indica hasta qué punto el soborno y la corrupción se habían convertido en una realidad:[8]

Fuimos a saquear las tumbas, como es nuestra costumbre, y hallamos la tumba piramidal del rey Sobekemsaf; esta tumba era diferente de las pirámides y tumbas de los nobles que solemos saquear. Cogimos nuestras herramientas de cobre y forzamos la entrada a la pirámide de este rey a través su parte más interna. Localizamos las cámaras subterráneas y, sosteniendo velas encendidas en nuestras manos, descendimos [...]. [Encontramos] al dios tumbado en la parte posterior de su lugar de enterramiento. Y encontramos el lugar de enterramiento de la reina Nubjaas, su consorte, junto a él, que estaba protegido y guardado por yeso, y cubierto de escombros [...]. Abrimos sus sarcófagos y sus ataúdes, y encontramos la noble momia del rey provista de una espada. En su cuello había un gran número de amuletos y joyas de oro, y llevaba un tocado de oro. La noble momia del rey estaba completamente cubierta de oro, y sus ataúdes estaban decorados con oro y plata por dentro y por fuera, con incrustaciones de varias piedras preciosas. Recogimos el oro que encontramos en la momia del dios, incluidos los amuletos y las joyas que llevaba al cuello [...]. Prendimos fuego a sus ataúdes [...] [una sencilla forma de liberar el pan de oro y las incrustaciones preciosas].

Al cabo de unos días, los funcionarios del distrito de Tebas se enteraron de que habíamos estado saqueando en el oeste, y me arrestaron y encarcelaron en la oficina del alcalde de Tebas. Tomé los veinte deben de oro que correspondían a mi parte y se los entregué a Jaemope, el escriba de distrito del muelle de

(Arriba) La «caja pintada», recuperada de la tumba de Tutankamón, estaba decorada con escenas del rey realizando audaces hazañas en su carro y repleta de un surtido aparentemente aleatorio de objetos funerarios.

(Abajo) Akenatón, Nefertiti y sus tres hijas mayores son bendecidos por los rayos de Atón. No hay hijos reales en esta escena: ¿significa esto que no existieron?

(Arriba) El joven faraón
Tutankamón lleva la tradicional
corona azul del rey. Esta cabeza
procede de una estatua rota que
originalmente representaba a
Tutankamón de pie ante un dios
sentado.

(Derecha) Tutankamón se presenta
como un faraón tradicional de la
XVIII dinastía.

Al dios tebano Amón y a su consorte Mut se les han dado los rostros del rey Tutankamón y de su consorte, Anjesenamón.

(Izquierda) La cara dañada del ataúd recuperado de la tumba KV55. El ataúd, originalmente destinado a una mujer de élite, se modificó para usarse en un enterramiento real. ¿Podría ser este el último lugar de descanso del efímero rey Semenejkara?

(Abajo) La pared este de la cámara funeraria de Tutankamón nos permite observar su funeral. El rey yace en un ataúd apoyado en un féretro y protegido por un relicario. Doce de los más altos dignatarios de Egipto arrastrarán el ataúd por el desierto en un trineo de madera.

(Arriba) La angosta cámara funeraria de Tutankamón se revela al mundo. Las dos «estatuas guardianas» idénticas representan al rey y a su *ka,* o espíritu.

(Izquierda) El «pequeño santuario dorado» está cubierto de láminas de oro decoradas con imágenes de la reina Anjesenamón apoyando a su marido. Carter las identificó originalmente como meras escenas domésticas; sin embargo, los egiptólogos creen ahora que tienen un significado más profundo.

(Arriba) El relicario canope dorado de Tutankamón está protegido por las diosas Isis, Neftis, Serket y Neit, representadas en el estilo artístico de Amarna. Esto sugiere que, o bien fue creado a principios de su reinado, o bien fue «tomado prestado» y adaptado de un enterramiento de élite de Amarna.

(Derecha) La diosa Neftis custodia el sarcófago de granito de Tutankamón. Ella y sus diosas hermanas son adiciones tardías al sarcófago: originalmente, estas figuras tenían brazos pero no alas, lo que llevó a especular que podrían haber representado a una o más de las mujeres reales.

(Arriba) La máscara funeraria dorada de la momia de Tutankamón lo vincula para siempre con el divino rey de los muertos, Osiris.

(Izquierda) Los órganos conservados de Tutankamón se colocaron en cuatro ataúdes en miniatura, que se guardaron en compartimentos separados en un cofre canope semitranslúcido custodiado por las mismas diosas protectoras. Los compartimentos estaban cubiertos por tapas con cabezas humanas delicadamente talladas.

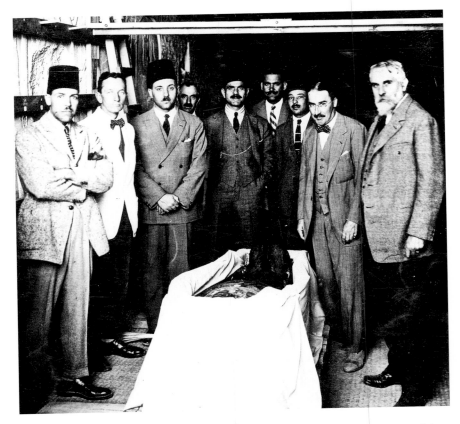

(Arriba) La autopsia del rey aparece en el *Illustrated London News*. Por primera vez, los egiptólogos tienen pruebas de que Tutankamón no fue un rey anciano.

(Izquierda) El niño-rey Tutankamón, adoptando la forma del dios del sol Ra, emerge de una flor de loto en una recreación de un mito que describe el principio del mundo.

Tebas. Me liberó y me reuní con mis compañeros, quienes me compensaron con otra parte del botín. Y así me acostumbré a saquear las tumbas.

Dos siglos y medio después de la muerte de Tutankamón, el rey de Egipto ya no podía considerarse el todopoderoso gobernante de una tierra unida. La administración pública había crecido desmesuradamente y se había corrompido, y las lealtades personales y locales competían con la lealtad a la corona, y a menudo la superaban. Mientras los ingresos del Estado caían en picado, los almacenes, que funcionaban como bancos, se agotaban. Tebas sufría escasez de alimentos, y los asentamientos de la orilla oeste eran vulnerables a las incursiones de los nómadas libios que se abalanzaban sobre ellos desde el desierto occidental. El Valle de los Reyes era una zona sin ley y, en el límite del desierto, los templos funerarios habían sido vandalizados y despojados de sus objetos de valor. Ramsés XI, el último monarca del Imperio Nuevo, abandonó Tebas y huyó hacia el norte para no volver jamás. Su muerte, en el 1069 a. C., dividió Egipto en dos. El antiguo gobernador provincial Esmendes se convirtió en el primer rey de la XXI dinastía, gobernando el norte de Egipto desde la nueva ciudad del Delta, Tanis. Al mismo tiempo, Herihor, general en jefe y sumo sacerdote de Amón, así como su sucesor, Pinedyem I, y sus descendientes, gobernaron el centro y el sur de Egipto desde Tebas.

Los egiptólogos se han referido a los cuatro siglos siguientes como tercer período intermedio. Es un término engañoso, ya que sugiere que Egipto se sumió, por tercera vez, en una época oscura de caos y confusión. Es cierto que fue una etapa de descentralización y desplazamiento de poblaciones, y un gran número de libios y nubios se asentaron en Egipto. Pero las pruebas arqueológicas y, en menor medida, las escritas, demuestran que el tercer período intermedio fue para muchos una época de relativa paz y prosperidad. Cada vez es más evidente que las distinciones modernas entre los «imperios» controlados y los «períodos intermedios» sin ley no son tan claras como se creía.

Con el rey ausente, los sacerdotes de Amón asumieron la responsabilidad de mantener la necrópolis real en el Valle de los

Reyes. Encontraron las tumbas en un estado lamentable: habían sido abiertas y saqueadas; las momias estaban seccionadas y, en ocasiones, calcinadas, a causa de una despiadada búsqueda de joyas y amuletos. Devolver los enterramientos a su antiguo esplendor llevaría mucho tiempo, sería enormemente caro y, en última instancia, no tendría sentido, ya que el ciclo de saqueo-restauración-saqueo volvería a empezar. Hacía falta una nueva estrategia. Si la promesa de un tesoro oculto atraía a los ladrones a las tumbas, tal vez difundir a viva voz que se había retirado ese tesoro permitiera a los reyes descansar en paz. Cualquier tesoro recuperado durante esta operación supondría una valiosa aportación a las arcas tebanas, que estaban lamentablemente mermadas tras muchos años de casi guerra civil.

Los funcionarios de la necrópolis se pusieron a trabajar. Las tumbas reales se abrieron y vaciaron, y su contenido se trasladó a los talleres temporales de la necrópolis tebana. Allí, las momias se desenvolvieron, vendaron de nuevo, etiquetaron y colocaron en ataúdes de madera a los que se les había quitado el pan de oro. Como signo de respeto, se agasajó a algunas de las momias reales nuevamente vendadas con guirnaldas florales baratas. Los ataúdes se alojaron en cámaras repartidas por la necrópolis. Poco a poco, estas colecciones de momias se fueron amalgamando hasta que solo quedaron dos: un escondrijo real sellado en la tumba de Amenhotep II en el Valle (KV35), y un segundo escondrijo real sellado en la tumba familiar excavada por el sumo sacerdote de la xxi dinastía, Pinedyem II, en lo alto del acantilado de Deir el-Bahari (DB320).

Nuestra consideración de la vida, la muerte y los momentos inmediatamente posteriores a Tutankamón termina con su momia yacente rodeada de su ajuar funerario mientras su espíritu emerge a la vida que ha escogido en el más allá. Su nombre se omite en la lista oficial de reyes, pero ha dejado estatuas y escritos suficientes para asegurar que no se lo olvide para siempre. Descansará en paz casi tres mil años, antes de resurgir para convertirse en el faraón más famoso de Egipto.

# SEGUNDA PARTE

# LUXOR, 1922 D. C.

# 6

## El cuento del abogado

### En busca de los reyes perdidos

El abogado y egiptólogo Theodore M. Davis abandona su afán de descubrir una tumba real intacta:[1]

Me temo que el Valle de las Tumbas está agotado.

El Valle de los Reyes nunca ha sido un yacimiento arqueológico «perdido». Su nombre —Biban el-Moluk, o 'Puertas de los Reyes'— delataba su propósito original, y varias de las tumbas eran visibles a simple vista y estaban abiertas y vacías. Sin embargo, nadie sabía quién había construido las tumbas ni cuándo, y las estimaciones sobre su número variaban. Diodoro Sículo se aventuró a decir que eran cuarenta y siete:[2]

Y afirman que aquí [Tebas] hay también tumbas admirables de los antiguos reyes [...]. Los sacerdotes afirmaron, a partir de las escrituras, que se encontraban cuarenta y siete tumbas reales; pero afirman que perduraron solo diecisiete hasta Ptolomeo, el hijo de Lagos [Ptolomeo I], la mayoría de las cuales se había destruido en los tiempos en que nos desplazamos nosotros a aquellos lugares [...].

En 1743, el clérigo y viajero Richard Pococke publicó sus *Observaciones sobre Egipto,* una atractiva introducción a una tierra vagamente conocida por sus lectores británicos a través de la Biblia y un puñado de escritores clásicos. Al llegar a Luxor, buscó en vano las cien puertas mencionadas por Aquiles en *La Ilíada* de Homero: «Tebas egipcia, en cuyas casas es donde más riquezas hay atesoradas / ciudad que tiene cien puertas y por cada una doscientos / hombres van y vienen con caballos y con carros».[3] Pococke visitó Karnak, «un pueblo muy pobre, en el que la mayoría de la gente construyó sus casas entre las ruinas al sur del templo», y luego, tras cruzar el Nilo, pidió prestado un caballo al jeque local y cabalgó hasta el Valle:[4]

> Por esta travesía llegamos a Biban-el-Moluk, o Bab-il-Moluk, es decir, 'la puerta o patio de los reyes'; son los sepulcros de los reyes de Tebas [...]. El valle en que se encuentran estas grutas puede tener unos cien metros de ancho [...]. Hay señales de unas dieciocho de ellas. [...] Sin embargo, hay que señalar que Diodoro dice que diecisiete de ellas no sobrevivieron a la época de los Ptolomeos; yo encontré más o menos ese número de entradas, la mayoría de las cuales dice que fueron destruidas en su tiempo, y ahora solo hay nueve en las que se puede entrar. Las colinas de cada lado son rocas altas y escarpadas, y todo el lugar está cubierto de piedras ásperas que parecen haber rodado desde ellas; las grutas están excavadas en la roca de una manera muy hermosa en largas habitaciones o galerías bajo las montañas. [...] Las galerías son, en su mayoría, de unos diez pies de ancho y alto; cuatro o cinco de estas galerías, una dentro de otra, miden de treinta a cincuenta pies de largo, y de diez a quince pies de alto: generalmente conducen a una espaciosa habitación, en la que es visible la tumba del rey [...].

El croquis que acompañaba a su relato mostraba un valle en forma de T con aperturas muy evidentes horadadas en la pared de roca a nivel del suelo.

Cuando, en 1768, el explorador británico James Bruce visitó Luxor, también intentó hallar las cien puertas y fracasó. Su relato de una visita a los «magníficos y estupendos sepulcros de Tebas» es una exagerada aventura llena de acción, pero pudo acceder a siete tumbas, y sus observaciones son, en gran medida, acertadas:[5]

En uno de los paneles había varios instrumentos musicales colocados en el suelo, la mayoría similares a un oboe, con una boquilla de caña. También había algunas zampoñas sencillas o flautas. Junto a ellos había varias vasijas, aparentemente de cerámica, que, con la boca cubierta de pergamino o piel, y apoyadas en sus lados como un tambor, eran probablemente un pandero o *tabret,* que se percute con las manos, y, en tiempos antiguos, acompañaba al arpa; aún se conserva en Abisinia, aunque su compañero, el segundo instrumento mencionado, ya no se conoce allí.

Más adelante, en tres paneles se pintaron al fresco tres arpas que merecen la máxima atención, tanto si consideramos la elegancia de estos instrumentos en su forma y el detalle de sus partes tal y como se expresan aquí con claridad, como si nos limitamos a la reflexión que necesariamente se desprende sobre la gran perfección que debió alcanzar la música para que un artista pudiese haber producido un instrumento tan complejo como cualquiera de estos.

Como la primera arpa parecía ser la más perfecta y la menos dañada, la tomé de inmediato conmigo, y fue mi voluntad que mi empleado se encargara de la segunda. De este modo, dibujando con exactitud y de forma suelta, esperaba haberme apoderado de todas las pinturas de aquella cueva, para, tal vez, a partir de ahí continuar mis investigaciones, aunque, en lo sucesivo, me encontré miserablemente decepcionado.

El miedo a los «bandidos que viven en las cavernas de las montañas» hizo que Bruce huyera. De vuelta a casa, la publicación de un boceto muy imaginativo de la escena musical despertó un gran interés público. En lo sucesivo, la tumba pasó a denominarse la «tumba de los arpistas». Hoy la conocemos como la tumba de Ramsés III, faraón de la xx dinastía (KV11).

Egipto llevaba casi trescientos años bajo dominio otomano (turco) cuando, en 1798, Napoleón Bonaparte lanzó la invasión con la que esperaba bloquear el acceso de los británicos a la India a través del mar Rojo. La campaña francesa empezó bien, y el 21 de julio el ejército de Napoleón había ganado la batalla de las Pirámides. Sin embargo, fue un triunfo efímero. El 1 de agosto, Horatio Nelson dirigió la armada británica hacia la victoria contra la flota francesa y, con sus barcos destruidos, las tropas francesas se encontraron varadas en Egipto. El propio Napoleón escapó en 1799. Los franceses mantuvieron El Cairo durante tres años, extendiendo gradualmente su control hasta el sur de Asuán. Entonces, el 18 de marzo de 1801, los británicos desembarcaron y tomaron Alejandría. Cuando el ejército turco llegó para apoyar a los británicos, los franceses se vieron obligados a retirarse, y El Cairo cayó. Egipto volvió a estar bajo dominio otomano.

Entre el personal civil de Napoleón se encontraba la Commission des Sciences et Arts d'Égypte, un grupo de eruditos encargados de registrar la historia natural, moderna y antigua de Egipto. Su publicación en varios volúmenes de la *Description de l'Égypte,* un libro tan extenso que contaba con su propio armario de almacenamiento registraba solo once tumbas en el Valle principal más una, la de Amenhotep III, en el Valle occidental. La *Description* puso de moda en toda Europa el «estilo del Nilo», que se reflejó en la ropa, la joyería y la arquitectura de la época napoleónica. Pero la comunidad académica no se dejó impresionar. El antiguo Egipto se consideraba, culturalmente, un callejón sin salida: su historia se había perdido, sus costumbres eran rudimentarias —el culto a los animales, en particular, se consideraba primitivo— y su arte, decorativo, pero había terminado por estancarse. Los museos no contribuyeron a disipar esta opinión al exponer sus limitadas colecciones egipcias como curiosidades y no como objetos dignos de estudio.[6]

El primer europeo que intentó encontrar sistemáticamente las tumbas perdidas del Valle fue el italiano con pasaporte británico, ex forzudo de circo y experto en hidráulica, Giovanni Battista Belzoni. Su interés por el Valle surgió a raíz de una visita a la tumba de los arpistas. Al adentrarse en el remoto Valle occidental, encontró inmediatamente la tumba de Ay, y añadió una nueva inscripción sobre su entrada: «Descubierto por Belzoni, 1816». Al año siguiente regresó al Valle occidental y descubrió la inacabada WV25, la tumba que había empezado Amenhotep IV.

Cuando se trasladó al Valle principal, su ojo de ingeniero le permitió encontrar tumbas vacías con relativa facilidad, pero, para su gran decepción, no había rastro de un sepulcro real intacto. Su mayor hallazgo se produjo el 16 de octubre de 1817, cuando descubrió una tumba que primero identificó como la «tumba de Apis» —pues contenía un toro momificado—, y luego como la «tumba de Psamético», pero que ahora sabemos que es la de Seti I (KV17). Esta tumba, una de las más largas, profundas y bellamente decoradas del Valle, fue la base de una exposición de gran éxito que se celebró, como corresponde, en el recién construido Egyptian Hall de Londres. Los visitantes quedaron cautivados por los dibujos de Belzoni, los *shabtis* de vidrio azul de Seti y, lo más destacado de la exposición, el sarcófago de alabastro translúcido del rey.[7] La momia del monarca, por supuesto, no había sido encontrada. Sin embargo, Belzoni aportó una momia cualquiera que, como maestro del espectáculo, desenrolló ante el público.

Mientras Belzoni trabajaba en el Valle, lingüistas y anticuarios estaban inmersos en una frenética carrera para traducir la antigua lengua egipcia y, al mismo tiempo, descifrar la escritura jeroglífica. El descubrimiento en 1799 de la «piedra de Rosetta» lo volvió factible.[8] La inscripción de la piedra figuraba en tres escrituras diferentes y en dos idiomas distintos: un texto griego antiguo legible, un texto egipcio antiguo ilegible con una escritura parecida a la del árabe moderno (antiguo demótico), y un segundo texto egipcio antiguo ilegible escrito en jeroglíficos: ofrecía, pues, la posibilidad de utilizar el texto griego como clave para interpretar los otros dos. Cuando, en 1822, el lingüista francés Jean-François Champollion ganó la carrera, por fin fue posible leer los textos que decoraban las paredes de templos y tumbas de Egipto, que revelaron una cultura muy antigua, sofisticada y con profundos conocimientos. Casi de la noche a la mañana, la egiptología pasó de afición extravagante a disciplina académica respetada, y quienes habían creído que los orígenes de la civilización occidental se encontraban únicamente en el mundo clásico, se vieron obligados a recapacitar. Los museos que antes despreciaban los objetos del antiguo Egipto se esforzaban ahora por adquirir más. Mientras tanto, el turismo estaba en auge, y Luxor se llenaba de visitan-

tes occidentales deseosos de gastar su dinero en recuerdos. Todos querían antigüedades auténticas —o lo que con indulgencia
imaginaban que eran auténticas antigüedades—, y los lugareños
estaban encantados de complacerlos. Por fin, el estéril desierto
daba una valiosa cosecha.

En 1858 se creó el Servicio Nacional de Antigüedades para
proteger el cada vez más valioso patrimonio egipcio. Cuando, en
la década de 1870, el mercado de antigüedades se vio inundado
de objetos funerarios del tercer período intermedio, el Servicio,
que había comprado dos papiros funerarios para el nuevo Museo
de El Cairo, entró en acción. Los principales sospechosos eran
los hermanos el-Rasul, una conocida familia de anticuarios y saqueadores de tumbas que se había enriquecido inexplicablemen-
te. Se registró su casa —que, como muchas otras en el pueblo de
Gurna, en la ribera oeste, estaba adosada a una antigua tumba—,
pero no se encontró nada. Los intentos de sobornar a los hermanos para que revelaran su secreto fracasaron, por lo que Ahmed
el-Rasul y su hermano Hussein fueron detenidos y trasladados a
la capital de la provincia para ser interrogados.

Se los «interrogó» —Hussein padecería cojera el resto de su
vida— y, tras dos meses, fueron enviados de vuelta a casa. Finalmente, un tercer hermano, Mohamed el-Rasul, aceptó un trato: a
cambio de la inmunidad judicial, una recompensa de quinientas
libras y un puesto en el Servicio de Antigüedades, contó la historia de un descubrimiento extraordinario.

Unos diez años antes, su hermano menor Ahmed estaba buscando una cabra perdida en el acantilado de Deir el-Bahari —
un pretexto para buscar tumbas perdidas, seguramente— cuando tropezó con una zona hundida del terreno que indicaba una
posible tumba-escondrijo. Tras lo que debió de ser un esfuerzo
considerable, vaciaron el escondrijo de arena, abrieron la entrada
bloqueada en el fondo y los el-Rasul accedieron a la tumba de la
familia Pinedyem (DB320). La tumba albergaba tanto los enterramientos originales de los Pinedyem como el escondrijo de
las momias reales que —trasladadas desde su antiguo emplazamiento, después de su puesta a punto («restauración»)— se instalaron allí a finales del Imperio Nuevo. Como las momias reales

ya habían sido despojadas de sus objetos de valor, los hermanos comenzaron a robar a la familia Pinedyem.

El 6 de julio de 1881, Mohamed el-Rasul condujo a un conservador de museo, Émile Brugsch, y a su colega Ahmed Kamal a la profunda, oscura y bien oculta tumba-escondrijo. Aseguraron una cuerda alrededor de un tronco de palmera y Brugsch descendió con precaución por el cubil. Agarrando una vela encendida, se agachó para atravesar una pequeña puerta y acceder a un pasadizo de techo bajo que tenía varios ataúdes grandes y muchos bienes funerarios de pequeño tamaño, como cajas de estatuillas, vasos de bronce y piedra y vasos canopes. El pasadizo se curvaba y llegaba, a través de un breve tramo de escaleras, a una cámara repleta de ataúdes que albergaban a algunos de los más grandes reyes y reinas del Imperio Nuevo. Más adelante, una segunda cámara acogía los lamentables restos de los enterramientos de la familia Pinedyem.[9]

La tumba estuvo relativamente a salvo mientras los hermanos el-Rasul fueron los únicos que conocían su emplazamiento. Ahora que se había revelado el secreto, los rumores de un gran tesoro de diamantes y rubíes se extendieron por la orilla oeste, haciendo vulnerables tanto a las momias como a los arqueólogos. Mientras que el Servicio de Antigüedades consideraba a los habitantes de Gurna como ladrones encantados de saquear el patrimonio egipcio, los habitantes de Gurna veían igualmente al Servicio de Antigüedades como ladrones encantados de negar a los pobres el acceso a la inmensa fortuna que tan azarosamente yacía junto a sus casas. El miedo a los lugareños puede explicar por qué Brugsch decidió vaciar la tumba al instante, sin hacer planes detallados, catalogar los descubrimientos o sacar fotografías. Se contrataron trescientos hombres para vaciar la tumba y transportar los ataúdes; quienes trabajaban en el sepulcro debían hacerlo desnudos, para evitar el hurto de objetos pequeños. Los ataúdes se envolvieron en esteras, se cosieron con sábanas de lona y, tras abandonar el escondrijo, quedaron tendidos bajo el tórrido sol. Menos de una semana después de su descubrimiento estaban en un barco de vapor con destino a El Cairo. Los bienes funerarios más importantes y llamativos los acompañaron en su viaje; los artefactos y fragmentos de menor tamaño se abandonaron en la tumba. Instaladas en el Museo de El Cairo, las momias reaccionaron mal a sus nuevas condiciones, más húmedas, y empezaron a pudrirse.

Mientras, en el Valle de los Reyes, el egiptólogo francés Victor Loret buscaba las tumbas reales perdidas. El 8 de marzo de 1898 descubrió la de Amenhotep II (KV35).[10] La tumba era larga y peligrosa, con pasillos y escaleras empinados, techos bajos y un pozo abierto diseñado para atrapar tanto a los ladrones como el agua de lluvia. La habían saqueado, pero no estaba vacía. Loret encontró al propio Amenhotep II en un ataúd de madera dentro de su sarcófago pétreo en su cámara funeraria. El rey había sido «restaurado» y etiquetado por los sacerdotes del tercer período intermedio. No estaba solo. Había restos humanos esparcidos por toda la tumba, y, para gran alegría del excavador, una sala albergaba nueve momias reales del Imperio Nuevo, ataviadas y etiquetadas. Los ataúdes con las momias se trasladaron a El Cairo; también las acompañó, tras varios intentos de robo, Amenhotep II.

En una cámara lateral sellada, adyacente a la sala principal de contundentes pilares, se encontraron otras tres momias sin etiquetar, sin envolver y fuera de sus ataúdes, dispuestas en fila en el suelo. Las tres estaban muy dañadas, y los responsables, al parecer, habían sido los saqueadores:[11]

La primera parecía la de una mujer. Un grueso velo le cubría la frente y el ojo izquierdo. Su brazo roto había sido recolocado a su lado, con las uñas al aire. Unas telas harapientas y desgarradas apenas cubrían su cuerpo. Una abundante cabellera negra y rizada se extendía por el suelo de piedra caliza a ambos lados de su cabeza. El rostro se conservaba admirablemente y tenía una gravedad noble y majestuosa.

La segunda momia, en el centro, era la de un niño de unos quince años. Estaba desnudo, con las manos unidas sobre el abdomen. A primera vista, la cabeza parecía totalmente calva, pero, al examinarla más de cerca, se vio que la cabeza había sido afeitada, excepto en una zona de la sien derecha de la que crecía una magnífica mata de pelo negro [...]. El rostro del joven príncipe era risueño y travieso; no evocaba en absoluto la idea de la muerte.

Por último, el cadáver más cercano a la pared parecía el de un hombre. Tenía la cabeza afeitada, pero una peluca yacía en el suelo no muy lejos de él. El rostro de esta persona mostraba algo horrible y gracioso al mismo tiempo. La boca, que corría oblicuamente desde un lado hasta casi la mitad de la mejilla, mordía una almohadilla de lino cuyos dos extremos colgaban de la comisura de los labios. Los ojos semicerrados tenían una expresión extraña; podría haber muerto ahogado por una mordaza, pero parecía un joven gato juguetón con un trozo de tela [...].

Loret se había dejado engañar por la cabeza afeitada y sin peluca del tercer cuerpo femenino. Como se suponía que los tres eran insignificantes miembros de la familia de Amenhotep, los volvió a sellar en la cámara lateral, pues creía que era su tumba original.

No hay ninguna prueba que confirme que alguna de estas tres momias sea de la realeza, ni absolutamente nada que permita fecharlas a finales de la XVIII dinastía. Es poco probable que los sacerdotes del tercer período intermedio, que las dejaron desnudas en el suelo, pensaran que eran personas importantes y, dado que nos basamos en las etiquetas de los sacerdotes para identificar a los miembros de la realeza del Imperio Nuevo que yacen en escondrijos, deberíamos conferir cierta relevancia a esta opinión. Pero no hay nada que les guste más a los egiptólogos que relacionar momias anónimas con los miembros perdidos de la realeza y, por ello, la primera momia, conocida hoy como la Dama Mayor (KV35EY), ha sido identificada a lo largo de los años como, entre otras, la reina-faraón Hatshepsut, la consorte de Akenatón, Nefertiti, y su madre, la reina Tiy. Esta momia conserva, como había señalado Loret, una abundante mata de pelo. Smith, que posteriormente realizó la autopsia del cadáver, la describió como:[12]

[...] una mujer menuda, de mediana edad, con pelo largo, castaño, ondulado y lustroso, con raya en el centro y que cae a ambos lados de la cabeza hasta los hombros. Sus puntas se convierten en numerosos rizos en apariencia naturales. Sus dientes han sufrido desgaste, pero, por lo demás, están sanos. El esternón está completamente anquilosado. No tiene canas.

En 1976, las radiografías y las mediciones del cráneo indicaron que la Dama Mayor tenía la misma forma distintiva del cráneo de Tuyu, madre de la reina Tiy. Poco después, se descubrió que una muestra tomada del cabello de la reliquia descubierta en el tesoro de Tutankamón (n.º 320) coincidía, tras ser sometida a análisis científicos, con una muestra de cabello tomada de la Dama Mayor.[13] Aunque con una edad estimada en el momento de la muerte de cuarenta años es, quizá, más joven de lo que cabría esperar de la madre de Akenatón, inmediatamente se aceptó que la Dama Mayor era la reina Tiy. Entonces empezaron a surgir dudas sobre la precisión de la técnica de análisis utilizada para comparar las muestras de pelo, pues algunos expertos temían que fuera demasiado general para ofrecer un resultado significativo.[14] La identificación se tambaleó aún más cuando las pruebas de tejidos mostraron que la Dama Mayor pertenecía al grupo sanguíneo O negativo. Esto, aunque no es imposible, no es lo que cabría esperar de un hijo de Tuyu y Yuya, los padres de Tiy, que eran ambos del grupo A2 negativo.[15] Al mismo tiempo, se fue comprendiendo que una etiqueta en una caja no demuestra la propiedad o el origen de nada de lo que hay en ella. La identidad de la Dama Mayor ya no se consideraba probada más allá de toda duda razonable.[16] En 2010, los científicos que trabajaban para el Servicio de Antigüedades de Egipto, bajo la dirección del doctor Zahi Hawass, utilizaron el análisis genético para identificar a KV35EL como la abuela de Tutankamón y la hija de Yuya y Tuyu: un resultado que los medios de comunicación han aceptado con regocijo, mientras que los egiptólogos muestran mayor cautela.[17] Si se trata, efectivamente, de Tiy, podemos reconstruir la peripecia del viaje terrenal que realizó tras su muerte: primero se la enterró en Amarna, luego, una vez restaurada, se la trasladó a KV55; más adelante fue sepultada de nuevo —¿junto a su marido en WV22?— y, finalmente, recaló en KV35 durante el tercer período intermedio.

El misterio de las tumbas vacías se había resuelto, y se habían recuperado las momias reales desaparecidas. Pero se había dado cuenta de todos los reyes. Si enumeramos los monarcas de la XVIII dinastía, sus tumbas y sus cuerpos tal y como fueron identificados en 1908, podemos ver que algunos poseían una tumba —que suponemos que habían utilizado—, otros tenían una momia recuperada de un escondrijo y solo un puñado tenían ambas cosas:

Amosis: ¿tumba?, momia en DB320

Amenhotep I: ¿tumba KV39?, momia en DB320

Tutmosis I: ¿KV20/KV38?, ¿momia en DB320?

Tutmosis II: ¿tumba?, momia en DB320

Tutmosis III: KV34, momia en DB320

Hatshepsut: KV20, ¿parte de la momia en DB320?

Amenhotep II: KV35, momia en KV35

Tutmosis IV: KV43, momia en KV35

Amenhotep III: WV22, ¿momia en KV35?

Akenatón: Tumba Real de Amarna, ¿momia?

Semenejkara: ¿Tumba Real de Amarna?, ¿momia?

Tutankamón: ¿tumba?, ¿momia?

Ay: WV23, ¿momia?

Horemheb: KV57, ¿momia?

Solo dos reyes de la XVIII dinastía carecían de tumba y cadáver. Sin embargo, Semenejkara era una figura oscura, y no estaba nada claro que hubiera ejercido un gobierno independiente. Sería razonable suponer que había vivido, muerto y sido enterrado en Amarna. Tutankamón era un asunto diferente. Lo más seguro es que hubiese planeado que lo enterraran junto a sus antepasados en el Valle de los Reyes. ¿Dónde estaba, entonces? Había muchos egiptólogos deseosos de buscar al rey desaparecido, pero el Servicio de Antigüedades, decidido a evitar el caos de una rivalidad entre excavaciones, decretó que solo habría una concesión para trabajar en el Valle. En 1902, este premio se concedió a Theodore Monroe Davis, el acaudalado abogado estadounidense al que conocimos cuando excavaba el pozo de embalsamamiento de Tutankamón (KV54).

La motivación de Davis nacía de dos ávidos deseos: coleccionar arte italiano del Renacimiento y descubrir una tumba real egipcia intacta. Dado que carecía de los conocimientos necesarios para llevar a cabo su propio trabajo de campo, comenzó su carrera egiptológica como mecenas, sufragando algunas excavaciones del Servicio de Antigüedades, trabajando en estrecha asociación con tres inspectores sucesivos: Howard Carter (1902-4), James Quibell (1904-5) y Arthur Weigall (1905). Este sistema funcionó bien, ya que permitió al Servicio de Antigüedades, que carecía de fondos, explorar el Valle a costa de otros. El equipo de Davis descubrió muchas tumbas y pozos, y tuvo un éxito espectacular cuando encontró la tumba prácticamente intacta de Yuya y Tuyu (KV46) en 1905. Sin embargo, a medida que aumentaban las obligaciones oficiales del inspector, el agobiado Weigall animó a Davis a emplear a un egiptólogo independiente para dirigir su equipo.[18] Davis así lo hizo, y trabajó sucesivamente con Edward Ayrton (1905-7), Harold Jones (1908-11) y Harry Burton (1912-14). Una desafortunada consecuencia de este distanciamiento de la supervisión directa del Servicio de Antigüedades fue que el trabajo de campo de Davis, que siempre había sido apresurado, se volvió irresponsablemente mediocre y mal documentado.

El 6 de enero de 1907, los hombres de Ayrton estaban excavando cerca de la tumba de Yuya y Tuyu, recientemente descubierta.[19] Atravesaron una capa de fragmentos solidificados y detritus de aluvión para descubrir la tosca escalinata que conducía a la puerta bloqueada de la tumba-taller KV55.[20] Las impresiones de los sellos confirmaron que el taller había sido clausurado durante el reinado de Tutankamón, y luego reabierto y vuelto a sellar en algún momento antes de que la inundación de finales de la XVIII dinastía cubriera el fondo del valle. Al otro lado de la entrada, el corto pasaje descendente estaba bloqueado por un panel de madera dorada: uno de los cuatro lados del santuario funerario de la reina Tiy. Como el frágil panel no podía moverse sin tratamiento de conservación, el equipo de excavación construyó un puente de tablones que le permitió cruzar a la cámara, que albergaba una sola tumba. Una rara fotografía del proyecto confirma que la excavación de esta cámara estaba hecha un desastre, con el suelo cubierto de escombros caídos del techo y lleno de bienes funerarios dispersos por todas partes: los paneles restantes del santuario, una caja de cosméticos, vasijas de alabastro, un consumido paño mortuorio, objetos de loza, cuentas, vasijas inscritas para Amenhotep III y ladrillos funerarios en los que aparecían los títulos de Akenatón, aunque se había borrado su cartucho.

Un nicho en la pared sur —probablemente una puerta a medio acabar— contenía cuatro robustos vasos canopes rematados por delicadas tapas con cabeza humana. Por sus pelucas de estilo nubio y sus finos rasgos faciales, la opinión generalizada es que las tapas representan a Kiya o a Meritatón: como era de esperar que la reina Meritatón llevase una corona, Kiya parece la opción más probable. Las tapas no se ajustan bien a sus pesadas bases, y puede que no sean las tapas originales.[21] Un examen minucioso demuestra que estas bases tienen una historia complicada. En un principio llevaban el nombre de su propietario, pero luego se borraron las inscripciones, dejando intactos los cartuchos de Akenatón y Atón. Finalmente, se borraron los cartuchos a golpe de cincel.[22] Al abrir los vasos, estos revelaron una «masa dura, compacta, negra y parecida a la brea, que rodeaba una zona bien definida, situada en el centro, de material diferente, marrón y de consistencia quebradiza».[23]

Un ataúd antropoide decorado con incrustaciones de plumas tipo *rishi* yacía en el suelo, con la cara dorada arrancada y la tapa lo bastante desencajada como para dejar a la vista la momia que aún reposaba en su interior. Davis ya había llegado a la conclusión de que debía tratarse del sepulcro de la reina Tiy. La compañera de Davis, Emma Andrews, entró en la tumba poco después de su apertura y pudo observar el ataúd *in situ*.[24]

> 19 de enero de 1907. En el Valle [...] bajé a la cámara funeraria, que ahora casi es de fácil acceso, y vi a la pobre reina que yacía ligeramente fuera de su magnífico ataúd, con la corona de buitre en la cabeza. Toda la carpintería del santuario, las puertas, etcétera, está en gran medida recubierta de pan de oro, y me pareció que caminaba sobre oro [...].

Davis creía que el ataúd había descansado originalmente en unas andas de madera que se habían podrido y colapsado, lo que habría provocado que el ataúd cayera al suelo y se desplazase su tapa, de forma que su contenido quedase expuesto. La «corona de buitre» sería, por tanto, un pectoral desprendido que había decorado el pecho de la momia. Sin embargo, como no hay registro de la presencia de andas, es probable que el ataúd hubiera descansado siempre en el suelo. Hay pruebas de que el agua se infiltraba en la tumba —la momia se encontró húmeda—, e indicios que sugieren que la caída de una roca partió la tapa del ataúd. Parece probable que un intruso —un saqueador o un funcionario de la necrópolis encargado de cerrar el taller— robase el rostro dorado del ataúd y la máscara dorada de la momia.

Davis nos dice que la momia estaba «recubierta con láminas de oro puro».[25] Probablemente se trataba del revestimiento del ataúd, y no de un recubrimiento de la momia. Alojadas ahora en el Museo de El Cairo, su inscripción resulta imposible de leer. También se remitieron a El Cairo las seis pulseras de oro encontradas en los brazos de la momia; por desgracia, fueron robadas el mismo día del desembalaje. Este no fue el único hurto. Era un secreto a voces que KV55 había sido saqueada justo después de su descubrimiento. Howard Carter pudo ayudar a Davis a rastrear algunos de los objetos robados, pero, como su procedencia estaba ahora comprometida, no pudieron incluirse en el «catálogo de los objetos descubiertos» en KV55. También se excluyeron del catálogo los objetos retenidos por Davis o regalados por él, así como algunos artefactos que se avistaron al abrir la tumba, pero que ya no se han vuelto a ver.

El ataúd podrido se desintegró al sacarlo del sepulcro. En 1915, los conservadores del museo habían reconstruido la tapa, pero la base había desaparecido, aunque resurgió en el Museo Estatal de Arte Egipcio de Múnich.[26] Reconstruido y reunido, la historia que el ataúd cuenta es compleja. Es evidente, por la calidad de las incrustaciones, que fue elaborado para una figura importante. Los brazos del ataúd están cruzados sobre el pecho —una disposición que se ve tanto en los ataúdes masculinos como en los femeninos—, pero las manos expuestas están desnudas y no pueden ofrecer ninguna pista sobre el propietario o propietarios del ataúd. Los textos deteriorados sugieren que pasó por dos etapas de fabricación y que tuvo, al menos, dos propietarios. La primera dueña, cuyo nombre aparece en las franjas de jeroglíficos incrustados que recorren la tapa y la base, era una mujer descrita como la «[esposa y gran amada del] rey del Alto y Bajo Egipto, morador de la *maat,* señor de las Dos Tierras [Neferjeperura Waenra: Akenatón], la hija perfecta de Atón viviente, que vivirá para toda la eternidad».[27] Como la cabeza del ataúd lleva una peluca de estilo nubio, es probable que esta mujer fuera Kiya. Más adelante, el género de las inscripciones cambió, y se añadieron los epítetos «pequeño niño perfecto de Atón», «grande en vida» y «gobernante perfecto». Al mismo tiempo, se dotó al ataúd del ureo y la barba trenzada —como la que llevan los dioses— que lo hacían apropiado para su segundo propietario: un varón de la realeza no identificado.

La autopsia se llevó a cabo enseguida, y la momia pronto quedó reducida a un esqueleto con un diente frontal destrozado y el cráneo roto. El excavador, Theodore Davis, describe la autopsia:[28]

Al instante, sacamos la momia del ataúd y descubrimos que se trataba de una persona menuda, con una cabeza y unas manos delicadas. La boca estaba parcialmente abierta, mostrando un conjunto perfecto de dientes superiores e inferiores. El cuerpo estaba envuelto en un paño de momia de fina textura, pero toda la tela que lo cubría era de un color muy oscuro. Naturalmente, debería de ser de un color mucho más brillante. Sospechando un deterioro por la evidente humedad, toqué con suavidad uno de los dientes delanteros —de tres mil años de antigüedad— y, ¡ay!, se convirtió en polvo, lo que demostró que la momia no se podía conservar. Entonces limpiamos toda la momia [...].

La ausencia de fotografías significa que dependemos de los relatos de los testigos oculares y, como suele ocurrir con estas narraciones, muestran divergencias considerables. Davis, por ejemplo, informa de que las manos estaban entrelazadas, mientras que Ayrton nos dice que el brazo izquierdo estaba doblado con la mano apoyada en el pecho, y que el brazo derecho estaba extendido a lo largo del muslo. Weigall vio las bandas de la momia, pero nadie más lo hizo:[29]

> [...] cuando quitamos la tapa del ataúd encontramos una banda o cinta de oro fina que evidentemente se había enroscado alrededor del cuerpo. Al recoger los huesos, los fragmentos y el polvo, encontramos otra banda similar que, evidentemente, se había pasado por la espalda de la momia. Estas cintas, según recuerdo, tenían una anchura de unos cinco centímetros y llevaban inscritos los títulos de Akenatón, pero el cartucho estaba en ambos casos recortado, de forma que había simplemente un agujero ovalado en la cinta, allí donde había estado en su momento.

Nos cuenta que las bandas se enviaron a El Cairo, donde las vio en el taller del museo, pero se omitieron del catálogo oficial, y «[...] Ahora no estoy seguro de si todavía están en algún lugar del Museo de El Cairo, o si han desaparecido».

Davis recurrió a los servicios de dos médicos: el doctor Pollock, que vivía en la zona, y un obstetra estadounidense no identificado que pasaba el invierno en Luxor. Nos dice que ambos declararon que los restos eran de una mujer por la anchura de la pelvis, pero Weigall no está de acuerdo: «El otro día vi al doctor Pollock en Luxor; niega haberla considerado una mujer, y dice que él y el otro médico no pudieron estar seguros».[30] Cuando los huesos llegaron a El Cairo, Smith vio inmediatamente que la «reina Tiy» era un varón, y todos los anatomistas que han examinado los huesos desde entonces han coincidido con él.

¿Qué más podemos decir de esta momia? Derry y Harrison coincidieron en que medía aproximadamente ciento setenta centímetros, la misma altura que Tutankamón. También compartía la distintiva forma del cráneo del rey, «ancho y de punta plana (platicéfalo)». El equipo de Harrison confirmó posteriormente que la momia de KV55 y Tutankamón compartían el mismo y relativamente raro grupo sanguíneo (A2/MN), y que ambos mostraban signos de una afección hereditaria benigna (foramen epitroclear) que causaba un agujero en el húmero.[31] Aunadas, estas coincidencias bastan para sugerir que Tutankamón y la momia de KV55 están estrechamente relacionados. Son hermanos, o padre e hijo. Como Tutankamón tenía menos de veinte años cuando murió, no pudo haber sobrevivido a un hijo casi adulto, y si hubiera dejado un descendiente vivo, lo sabríamos. Por tanto, podemos descartar esta opción.

Hay otras dos posibilidades muy plausibles. Si los huesos son de un hombre más joven, es probable que se trate del hermano o hermanastro de Tutankamón (o, con menor probabilidad, del padre), Semenejkara. Si los huesos son de un hombre mayor, es probable que sean del padre (o, con menor probabilidad, del abuelo) de Tutankamón, Akenatón. Como sabemos que Akenatón gobernó durante al menos diecisiete años, y podemos ver a su primogénita en las escenas de los templos tebanos que datan del inicio de su reinado, podemos suponer con seguridad que tenía como mínimo treinta años cuando murió, probablemente incluso varios años más. La edad de la momia de KV55 es crucial para nuestra investigación.

En un principio, Smith calculó una edad de veinticinco años al morir:[32]

> Los arqueólogos me han preguntado: «¿Es posible que estos huesos sean los de un hombre de veintiocho o treinta años?». […] Ningún anatomista tendría razones para negar que este individuo pudiera tener veintiocho, pero es muy improbable que tuviera treinta años, de haber tenido un desarrollo normal.

Luego, convencido por las pruebas del ataúd, incluidas las misteriosas bandas de la momia, de que los huesos debían ser de Akenatón, modificó su diagnóstico:[33]

> No creo que ningún erudito desprejuiciado que estudie las pruebas arqueológicas por sí solas albergue ninguna duda sobre la identidad de esta momia, si no fuera por el hecho de que es difícil, a partir de las pruebas anatómicas, asignar a este esqueleto una edad lo bastante avanzada como para satisfacer

las exigencias de la mayoría de los historiadores, que precisan al menos treinta años para acumular los acontecimientos del accidentado reinado de Juniatonu [Akenatón] […]. Si, con una evidencia arqueológica tan clara que indique que estos son los restos de Juniatonu, el historiador puede presentar hechos irrefutables que demuestren que el rey hereje debía tener veintisiete, o incluso treinta, años, estaría dispuesto a admitir que el peso de la evidencia anatómica que se opone a la admisión de tal hecho es demasiado leve como para considerarlo absolutamente taxativo.

Derry examinó los huesos y los dientes en 1931, y no estuvo de acuerdo: aventuró que pertenecían a un varón de unos veinte años.[34] El equipo de Harrison coincidió con Derry: la momia de KV55 había muerto con menos de veinticinco años y, de hecho, «si se apela […] a ciertos y variados criterios anatómicos, es posible afirmar con mayor seguridad que la muerte se produjo en el vigésimo año».[35] Varios anatomistas han coincidido desde entonces con este diagnóstico. Sin embargo, Harris y Wente, tras examinar la cabeza y los dientes, propusieron que había fallecido con entre treinta y treinta y cinco años.[36] El examen egipcio más reciente desembocó en una división de opiniones: un experto defendió que los huesos eran los de un hombre más joven, y otro adujo que pertenecían a un hombre de, al menos, entre cuarenta y cinco y cincuenta años, posiblemente de hasta sesenta.[37] El hecho de que el equipo no pudiera llegar a un acuerdo sobre esta cuestión es preocupante, y una edad de sesenta años en el momento de la muerte causa grandes problemas. Si Akenatón tenía sesenta años cuando murió en el año regio 17, sería más mayor que su propia madre —identificada por el mismo equipo como KV35EL—, quien murió después de que la corte se trasladase a Amarna, presumiblemente con unos cuarenta años. La edad que recoge el informe oficial es de treinta y cinco a cuarenta y cinco años, pero no se ha publicado ninguna prueba que apoye esta afirmación.[38] Sobre esta base, los huesos se han identificado oficialmente como pertenecientes a Akenatón, y es así como están expuestos al público. Sin embargo, hay muchos, la autora de este libro incluida, que no están de acuerdo y, como aceptan una edad menor, consideran que los huesos son los restos del hermano de Tutankamón, Semenejkara.

Solo hay otro punto a considerar. ¿Podría ser Semenejkara el padre de Tutankamón, y no su hermano? La evidencia arqueológica sugiere que es posible, ya que no sabemos cuándo nacieron Semenejkara o su esposa Meritatón. La edad de los huesos del KV55 es, de nuevo, la clave. Si se trata de Semenejkara, y si este murió con veinte años, parece poco probable que lo sucediera un hijo de ocho años.

El informe de Davis, *La tumba de la reina Tiyi*, se publicó en 1910. En general, se consideró deficiente:[39]

> La historia de las excavaciones en Egipto presenta, junto a muchos trabajos espléndidos, una sucesión casi continua de desastres. El mayor desastre de todos es que los resultados queden completamente inéditos. Pero también es un desastre que una publicación esté incompleta o sea inexacta. Por desgracia, esto es lo que ha ocurrido con el volumen de Theodore M. Davis titulado *La tumba de la reina Tiyi*, Londres, 1910.

Davis realizó más hallazgos importantes, como KV57, la tumba de Horemheb. Pero era un hombre frustrado; siempre había tenido la esperanza de encontrar a Tutankamón. De hecho, había estado muy cerca. Como observó el fotógrafo Harry Burton:[40]

> Si el señor Theodore Davis, de Boston, para quien excavé en 1914, no hubiera puesto fin a su última excavación demasiado pronto, estoy convencido de que habría descubierto la actual tumba del rey Tutankamón. Estuvimos a dos metros de ella. Justo en ese momento, el señor Davis temió que seguir excavando socavase la calzada adyacente, y me ordenó que dejase de trabajar.

Davis había destruido gran parte de las pruebas conservadas en KV55, y no se había percatado de la importancia del hecho de que sus dos tumbas que no habían sido saqueadas (KV46 y

KV55) descansaran próximas en el fondo del Valle. Tampoco había reconocido tres pistas cruciales que sugerían enfáticamente que Tutankamón no se encontraba muy lejos. Ya hemos hablado de una de ellas: el pozo de embalsamamiento encontrado en KV54. A esto hay que añadir el descubrimiento en 1905-6, «bajo una roca», de una copa de loza con el nombre de Tutankamón, que, presumiblemente, se les había caído a los saqueadores de la tumba, y el descubrimiento de Davis en 1909 de una pequeña cámara sin decorar (KV58) que contenía un *shabti* sin inscribir y el pan de oro de un arnés de carro con las inscripciones de Tutankamón, Anjesenpaatón y Ay. Davis publicó que KV58 era la tumba de Tutankamón, más bien decepcionante.[41] ¿Cómo pudo acabar Tutankamón en un pozo tan mezquino? ¿También lo habían «restaurado» en la antigüedad?:[42]

> Estos son los escasos datos que conocemos sobre la vida y el reinado de Tutânjamanu. Si tuvo hijos de su reina Anjunamanu o de otra esposa, no han dejado rastro de su existencia en los monumentos; cuando murió, Aiya [Ay] lo sucedió en el trono y lo enterró. Supongo que su tumba estaba en el Valle occidental, en algún lugar entre Amenoces III [Amenhotep III] y Aiya [Ay] o cerca de ellos: cuando la reacción contra Atonu [Atón] y sus adeptos fue completa, su momia y sus muebles fueron trasladados a un escondrijo [...], y allí Davis encontró lo que quedaba de él después de tantos traslados y saqueos. Pero esto también es una mera hipótesis, cuya veracidad no tenemos aún medios para probar o refutar.

En 1914, Davis se retiró de la egiptología creyendo que el Valle había revelado hasta el último de sus secretos. No todos estaban de acuerdo con él.

# 7

# El cuento del arqueólogo

## Descubrir a Tutankamón

El arqueólogo británico Howard Carter sigue convencido de que el Valle de los Reyes no ha revelado todos sus secretos:[1]

*Sir* Gaston Maspero, director del departamento de Antigüedades, que firmó nuestra concesión, está de acuerdo con el señor Davis en que el yacimiento estaba agotado, y nos dijo francamente que no consideraba que mereciese más investigación. no obstante, recordamos que casi cien años antes Belzoni había hecho una afirmación parecida, y nos negamos a dejarnos convencer. Habíamos investigado a fondo el yacimiento y estábamos seguros de que había zonas, cubiertas por los escombros de excavaciones previas, que nunca se habían examinado de forma adecuada.

Hoy en día, Howard Carter está ampliamente reconocido como el descubridor de la tumba de Tutankamón. En 1922, los acontecimientos se veían de forma muy distinta. Tutankamón pertenecía al mecenas de Carter, el conde de Carnarvon, tal y como dejaron claro los titulares: «Gran hallazgo en Tebas. La larga búsqueda de lord Carnarvon».[2] A Carter lo tenían como un empleado favorecido o, como decía el *Times,* el «ayudante de confianza». Carter era el medio del que se había servido Carnarvon para alcanzar sus sueños arqueológicos; si Carnarvon era un Davis, Carter era su Ayrton. Así, cuando en diciembre de 1922 el jefe del Servicio de Antigüedades, Pierre Lacau, escribió para felicitar al equipo por su magnífico descubrimiento, naturalmente se dirigió a lord Carnarvon. Una versión modificada de su carta se reprodujo en el *Times* el 14 de diciembre:

> Todos mis colegas están muy impresionados, no solo por los extraordinarios resultados, sino también por el método con que se ha llevado a cabo su trabajo. Desean unirse a su presidente [el propio Lacau] para hacerle llegar todas sus felicitaciones y agradecimientos. Usted ha unido su nombre a uno de los mayores descubrimientos realizados no solo en Egipto, sino en todos los ámbitos de la arqueología.
>
> En cuanto a su colaborador, el señor Howard Carter, que ha dirigido los trabajos durante tantos años, es para él la mejor culminación a una carrera y la recompensa más asombrosa a la que cualquier arqueólogo pueda aspirar. Es una recompensa en verdad merecida, ya que ha dado un gran ejemplo de método y paciencia, la virtud más rara en un excavador. Ojalá se lo imite a menudo.

George Edward Stanhope Molyneux Herbert, V conde de Carnarvon, fue, como su título indica, un aristócrata británico. Su solar nobiliario, el castillo de Highclere, de trescientas habitaciones, es famoso hoy en día por ser el escenario del drama de época *Downton Abbey*. Los visitantes que busquen sentirse como en Downton quizá también disfruten del paseo por la «Exposición Egipcia» del castillo, que «celebra el descubrimiento de la tumba de Tutankamón por parte del V conde de Carnarvon». Incluso para los estándares de la aristocracia eduardiana, Carnarvon era extremadamente rico. Su dinero procedía no solo de sus múltiples herencias, sino también de su prudente matrimonio con Almina Wombwell, de diecinueve años. Almina, aparentemente la hija natural del banquero Alfred de Rothschild, recibió de su padre un acuerdo matrimonial que incluía una dote de quinientas mil libras (aproximadamente setenta millones de libras de poder adquisitivo en 2021), además de una renta anual de doce mil libras y el pago de las deudas de juego y personales de Carnarvon.[3] Tras la muerte de su esposo, Almina financió al equipo hasta que la tumba de Tutankamón quedó vacía; un generoso acto para una mujer sin interés en el antiguo Egipto.

Carnarvon disponía de amplios fondos para costear sus aficiones: coleccionar arte y libros raros, navegar, las carreras de caballos y los coches rápidos. En 1901, después de que su afición a la velocidad estuviera a punto de matarlo, volvió su atención a la egiptología. La hermana de Carnarvon, Winifred Burghclere, nos cuenta que su hermano «[...] era un conductor espléndido, asistido por su don —un don que también le servía en el tiro y el golf— de medir con precisión las distancias, además de poseer esa serenidad imperturbable ante las dificultades que a menudo, si no siempre, es el mejor seguro contra el desastre».[4] Sin embargo, conduciendo a toda velocidad por una carretera recta y en apariencia vacía en Alemania, este espléndido piloto no avistó dos carros de bueyes ocultos en un badén de la calzada. Incapaz de frenar, hizo girar el coche y se estrelló contra un montón de piedras. Al reventar los neumáticos, el coche volcó y cayó sobre Carnarvon, quien quedó aplastado en el barro. Sufrió lesiones graves —su hermana enumera conmoción cerebral, quemaduras, una muñeca rota, ceguera temporal y lesiones en la mandíbula y la boca— que lo hicieron propenso a los dolores de cabeza y a las infecciones del sistema respiratorio. Sus médicos, preocupados por la humedad británica, le recomendaron pasar el invierno en Egipto.

Como Theodore Davis antes que él, Carnarvon enseguida quedó fascinado por el antiguo Egipto y la búsqueda de tesoros perdidos. No quería comprar antigüedades, sino sentir la emoción de encontrarlas él mismo. Pero, aunque disponía de fondos para financiar una excavación, carecía de los conocimientos necesarios para llevar a cabo una excavación científica como es debido. Si quería excavar los yacimientos arqueológicos más prometedores —y el Valle de los Reyes era el más prometedor de todos—, Carnarvon necesitaba encontrar un arqueólogo profesional para dirigir su equipo. En 1909, Gaston Maspero le presentó a Howard Carter, con la sugerencia de que ambos podrían trabajar juntos de forma provechosa.

Carnarvon no podría haber encontrado un mejor director de campo. Carter era un artista de talento con un impresionante currículo arqueológico. Se había formado con Percy Newberry en las tumbas excavadas en la roca de Beni Hasan y El Bersha, con Flinders Petrie en Amarna y con Édouard Naville en Deir el-Bahari. Después, desempeñó el cargo de inspector jefe de antigüedades del sur de Egipto durante cinco años, y lo mismo hizo en el norte durante otro año. El Servicio de Antigüedades conocía su trabajo, y Arthur Weigall, el inspector de antigüedades del sur de Egipto en ese momento, reconoció su experiencia e integridad. Como equipo, se podía confiar en Carnarvon y Carter para investigar los yacimientos más prometedores del país, y ambos se embarcaron en una serie de excavaciones arqueológicamente interesantes, aunque no espectaculares. Con todo, el único yacimiento que ambos estaban desesperados por excavar seguía estando frustrantemente fuera de su alcance. No fue hasta 1914 cuando Theodore Davis renunció a su concesión para excavar en el Valle de los Reyes. En 1915, se acordó que «los trabajos de excavación serán llevados a cabo a expensas, riesgo y peligro del conde de Carnarvon por el señor Howard Carter; este último deberá estar constantemente presente durante la excavación».[5] Sin embargo, con el mundo en guerra, fue imposible realizar una temporada completa de trabajo de campo, y no fue hasta finales de 1917 cuando Carnarvon y Carter comenzaron, por fin, la búsqueda de Tutankamón.

Carter, consciente de la ubicación de los recientes descubrimientos de Davis (KV46 y KV55), decidió centrar su atención en el fondo del valle. Había decidido adoptar una estrategia audaz que él mismo reconoció como una «empresa bastante desesperada»: la idea consistía en desmontar sistemáticamente el suelo hasta alcanzar la roca madre en la zona entre las tumbas de Ramsés II, Merenptah y Ramsés VI.[6] Esto suponía cartografiar lo más profundo del Valle y retirar unas doscientas mil toneladas de escombros y restos de excavaciones antiguas para permitir que los arqueólogos confirmaran que no se había construido nada en el fondo.[7] Los escombros fueron trasladados con la ayuda de un tren ligero, que más adelante resultó útil para transportar el ajuar funerario de Tutankamón por el desierto hacia el río.

En su primera temporada, Carter limpió algunos de los escombros y las antiguas cabañas que había bajo la entrada de la tumba de Ramsés VI (KV9). Al igual que Davis, estuvo muy cerca de encontrar a Tutankamón, pero se detuvo justo al lado de la entrada oculta cuando su labor empezó a entorpecer el flujo de turistas que visitaban la tumba de Ramsés. Sin saber lo cerca que había estado, continuó trabajando en otra parte. No fue la emocionante aventura arqueológica que Carnarvon había previsto. Era un trabajo aburrido, sucio, repetitivo y poco gratificante. Quizá Davis estaba en lo cierto: Tutankamón había sido enterrado en la tumba del carro, y el equipo debía encontrar otro yacimiento que excavar. Hubo rumores de que Carnarvon se estaba cansando de la sangría financiera, aunque, dada la magnitud de su riqueza, esto parece improbable. La mano de obra local era barata, y unas semanas de trabajo no habrían costado más que unos cientos de libras. Parece más plausible que se estuviese aburriendo de la egiptología y estuviera listo para pasar a otra cosa. Fuera cual fuera el motivo, Carnarvon y Carter acordaron que la temporada de excavaciones de 1922-3 sería su último intento de encontrar al rey perdido:[8]

> Habíamos excavado allí seis temporadas enteras y, temporada tras temporada, no habíamos encontrado nada; habíamos trabajado durante meses y no habíamos encontrado nada, y solo un excavador sabe lo desesperadamente desmoralizador que puede ser eso; casi habíamos asumido nuestra derrota, y nos preparamos para dejar el Valle y probar suerte en otro yacimiento; y entonces, apenas hendimos la azada en el suelo en nuestro último y desesperado esfuerzo, hicimos un descubrimiento que superó con creces nuestros sueños más descabellados. Sin duda, nunca en toda la historia de las excavaciones una temporada completa de excavación se había condensado en el espacio de cinco días.

El 1 de noviembre de 1922, el equipo volvió a la zona situada bajo la tumba de Ramsés VI. Allí, tras retirar los restos de las cabañas de los obreros de la xx dinastía, excavaron noventa y un centímetros en lo que Carter describió como «tierra» o «desechos pesados», pero que las fotografías contemporáneas revelan que se trataban de restos de inundaciones.[9] Tres días después, mientras Carter estaba en su casa y Carnarvon en Inglaterra, los trabajadores descubrieron lo que resultó ser el primero de un tramo de dieciséis escalones pétreos. Conducían a una puerta bloqueada, cubierta de yeso y estampada con sellos ovalados, incluido el sello de la necrópolis: un chacal (el dios de la momificación, Anubis) agazapado sobre nueve cautivos atados. Cuando los obreros lo avisaron, Carter se apresuró a llegar al yacimiento. Abrió un pequeño agujero y, empleando su novedosa linterna eléctrica, pudo asomarse a un pasadizo repleto de grava. Su diario de bolsillo del 5 de noviembre de 1922 es un lacónico comentario: «Descubrimiento de una tumba bajo la tumba de Ramsés VI. Investigué la misma y encontré los sellos intactos». Su anotación del mismo día en el diario oficial de la excavación cuenta una historia mucho más emocionante:

> Hacia el atardecer habíamos despejado hasta el nivel del duodécimo escalón, lo que bastó para exponer un área extensa de la parte superior de una puerta enlucida y sellada. Ante nosotros había pruebas suficientes para demostrar que verdaderamente se trataba de la entrada a una tumba, y los sellos indicaban, a todas luces, que estaba intacta [...] Las impresiones de los sellos sugerían que pertenecía a alguien de alto nivel, pero en ese momento no había encontrado ningún indicio de a quién [...] Aunque me encontraba satisfecho de estar a punto de realizar un magnífico hallazgo, probablemente una de las tumbas perdidas que había buscado durante muchos años, me desconcertó sobremanera la estrechez de la abertura en comparación con las de otras tumbas reales del valle. Su diseño correspondía sin duda a la xviii dinastía. ¿Podría ser la tumba de un noble, enterrado allí con la aquiescencia real? ¿O se trataba de un escondrijo real? En el punto en que estaba mi investigación no había nada que pudiese decírmelo. Si hubiera sabido que cavando unos pocos centímetros más profundo habría sacado a la

luz impresiones de sellos que mostraban claramente la insignia de Tût-anj-Amón, habría trabajado fervientemente y me habría tranquilizado, pero tal como estaba, se hacía tarde, la noche se había extendido a toda velocidad y la luna llena estaba en lo alto de los cielos orientales; rellené la excavación para protegerla, y con mis hombres, seleccionados para la ocasión —ellos, al igual que yo, maravillados más allá de toda expectativa—, regresé a casa y envié un telegrama a lord C. (entonces en Inglaterra) con el siguiente mensaje:

«Por fin hecho fabuloso descubrimiento en Valle una magnífica tumba con sellos intactos recuperados los mismos para su llegada felicitaciones».

«Rellenar» la excavación significaba enterrar los escalones bajo muchas toneladas de arena, roca y escombros, y luego taponar la entrada con enormes pedruscos. Era una protección fundamental contra los saqueadores y las inundaciones repentinas que podían entrar en la tumba y destruirlo todo; se hacía cada vez que se cerraba la excavación, y la operación se invertía cuando se volvía a abrir.

Solo cuando Carnarvon llegó a Luxor, el 23 de noviembre de 1922, se completaron los trabajos de vaciado de la escalera y de limpieza de la puerta. El relleno de la escalera aportó una ecléctica combinación de artefactos, entre los que se encontraron cerámicas rotas, un escarabeo de Tutmosis III y fragmentos de cajas con inscripciones de los nombres de Amenhotep III, Akenatón, Neferneferuatón y Meritatón, y Tutankamón. Carter empezaba a creer que había descubierto un segundo escondrijo de finales de la xviii dinastía, gemelo de KV55, cuando apareció el nombre de Tutankamón, estampado en el yeso de la puerta totalmente expuesta. Ahora sabía que la puerta había sido sellada por los funcionarios de Tutankamón, pero había indicios ominosos de que la tumba había sido abierta y sellada de nuevo antes de perderse bajo las aguas de la inundación.

Detrás de la puerta bloqueada, un corto pasillo descendente estaba repleto hasta el techo de grava de piedra caliza de color claro que incorporaban fragmentos de cerámica, sellos de jarras, vasijas de piedra rotas e intactas y odres de agua abandonados por los antiguos trabajadores. Un túnel excavado a través de la esquina superior izquierda del relleno se había a su vez rellenado con grava más oscura de pedernal y *chert*. El 26 de noviembre concluyó el vaciado del pasillo, y Carter y Carnarvon volvieron a encontrarse ante una puerta bloqueada, enlucida y sellada. De nuevo, había pruebas inequívocas de manipulación y resellado.

Es justo que Carter nos cuente lo que ocurrió después. Sus palabras se han citado a menudo, pero nunca han perdido su magia:[10]

> Con manos temblorosas hice una pequeña brecha en la esquina superior izquierda. La oscuridad y el espacio hueco, hasta donde podía llegar una varilla de prueba de hierro, mostraban que lo que había más allá estaba vacío, y no lleno como el pasaje que acabábamos de despejar. Se hicieron pruebas con velas como precaución contra posibles gases fétidos, y entonces, ensanchando un poco el agujero, introduje la vela y miré dentro. Al principio no pude ver nada; el aire caliente que salía de la cámara provocaba que la llama de la vela parpadease, pero en seguida, cuando mis ojos se acostumbraron a la luz, surgieron lentamente en la niebla detalles de la estancia interior, extraños animales, estatuas y oro que brillaba por todas partes. Por un momento, que a los demás debió de parecerles una eternidad, me quedé mudo de asombro, y cuando lord Carnarvon, incapaz de aguantar más el suspense, preguntó con ansia: «¿Ve usted algo?», no pude más que decir las palabras: «Sí, cosas maravillosas». Entonces, ampliando un poco más el agujero para que ambos pudiéramos ver, introdujimos una linterna eléctrica.

Aunque era obvio que la habían saqueado en al menos dos ocasiones, resultaba claro, incluso desde la puerta, que la tumba estaba sustancialmente intacta. Carter y Carnarvon tenían razón: el Valle de los Reyes aún tenía un secreto que revelar. Tal vez sea un poco quisquilloso preguntarse por qué el relato publicado de esta trascendental ocasión no coincide del todo con el que aparece en el diario de la excavación («Sí, es maravilloso») ni con la memorable frase de Carnarvon: «Hay algunos objetos maravillosos aquí».[11] Esta ligera variación en la evidencia no tiene mayor importancia ni implica nada retorcido. No obstante, sirve como útil recordatorio de que nuestra comprensión del descubrimiento y el vaciado de la tumba de Tutankamón depende de la información recopilada de diversas fuentes. La arqueología, por su propia naturaleza, destruye lo que busca, lo que hace que mantener minuciosos registros y publicar rápidamente los hallazgos sean asuntos de crucial importancia. Además de las fichas de los objetos, las fotografías y los diarios de excavación que constituyen el registro oficial del vaciado de la tumba, existen memorias, cartas e informes periodísticos de diversa precisión, además de los tres volúmenes publicados por Carter, que, al estar escritos para un público general, carecen del rigor científico que esperaríamos encontrar en una publicación puramente arqueológica. Cada una de estas fuentes narra la historia desde un punto de vista distinto, y solo uniéndolas todas podemos conseguir algo que se acerque a una comprensión completa del proceso. El «Sí, cosas maravillosas» que aparece en el primero de estos volúmenes es, sin duda, una afirmación más contundente y complaciente para el público que el prosaico «Sí, es maravilloso», pero nos hace preguntarnos con qué frecuencia se ha producido esta ligera modificación de los hechos para complacer al público.

La luz eléctrica recién instalada confirmó la primera impresión de Carter: la antecámara había estado tan atestada de objetos funerarios que era difícil entrar en ella sin pisotear algún objeto precioso. Había carros desmontados, lechos con cabeza de animal y numerosos y misteriosos cofres, fardos y cajas, cada uno de los cuales requería su propia miniexcavación. La pared sur estaba excavada en la roca —podemos suponer que el cauteloso Carter lo comprobó cuidadosamente—, pero un agujero abierto en la pared oeste permitía ver una habitación más pequeña, el anexo, que estaba repleto de un revoltijo de «tesoros», además de las piedras que habían caído cuando los saqueadores habían abierto la puerta bloqueada. Como el suelo del anexo estaba casi un metro por debajo del suelo de la antecámara, los primeros objetos tuvieron que ser retirados por los miembros del equipo, que se colgaron bocabajo desde la entrada. De vuelta a la antecámara, en la pared norte estaba la entrada —bloqueada, enlucida y sellada— a una o varias habitaciones custodiadas por las dos estatuas guardianas de tamaño natural. Una vez más, se descubrió un evidente agujero, abierto por saqueadores, que los funcionarios de la necrópolis habían restaurado y sellado de nuevo.

¿Yacía aún Tutankamón en su tumba, en algún lugar detrás del muro norte? Solo había una forma de averiguarlo. Poco después de la apertura de la antecámara, Carter, Carnarvon y la hija de Carnarvon, *lady* Evelyn Herbert, reabrieron el agujero de los saqueadores y se arrastraron hasta la cámara funeraria que había más allá. Satisfecha la curiosidad, se retiraron, tapando el agujero con yeso e intentando ocultarlo tras la tapa de un cesto, lo que, sabiéndolo, parece muy evidente en las fotografías oficiales. Como era de esperar, no hay constancia oficial de esta travesura, pero se convirtió en un «secreto» ampliamente conocido y compartido, entre otros, por los obreros egipcios y el químico Alfred Lucas, quien, como experimentado conservador arqueológico, detectó al instante el yeso moderno que se ocultaba tras la tapa de la cesta. A su juicio, se trataba de un asunto de poca importancia: «La cuestión del agujero y su estado cuando se encontró, abierto o cerrado, no tiene importancia arqueológica y, por sí misma, apenas merece la pena mencionarla».[12] Sin embargo, infringía las normas del Servicio de Antigüedades y distorsionaba el entorno arqueológico de la tumba. Carter, como antiguo inspector del Servicio de Antigüedades, se habría percatado de esto.

El 30 de noviembre de 1922, el *Times* contó la historia del descubrimiento, tentando a los lectores con promesas de tesoros ocultos por desenterrar:

> No cabe duda de que esta maravillosa colección de objetos formaba parte de la parafernalia fúnebre del rey Tutankamón, cuyo cartucho se ve en todas partes, en sus dos formas.
>
> […] Lo que añade interés a este descubrimiento es que todavía hay una tercera cámara sellada, que, significativamente, custodian las dos figuras del rey descubierto, y es posible que resulte ser la verdadera tumba del rey Tutankamón, con miembros de la familia del hereje enterrados junto a él.

En cualquier caso, no se podía explorar oficialmente mientras la antecámara no estuviese despejada, y esto, con toda probabilidad, sería un largo proceso. Había que numerar cada objeto, fotografiarlo, registrarlo en el plano de la tumba, describirlo y dibujarlo. A continuación, había que llevarlo al laboratorio de conservación (KV15, la tumba reconvertida de Seti II) para su tratamiento y posterior fotografiado. Por último, se embalaría para el largo y complicado viaje hasta El Cairo. Consciente de que no podía hacerlo solo, Carter reunió un equipo de expertos cuyos principales miembros eran un ingeniero jubilado, su amigo Arthur Callender y el químico Alfred Lucas, además del arqueólogo y conservador Arthur Mace y el fotógrafo arqueológico Harry Burton, cedidos por el Museo Metropolitano de Arte de Nueva York. La adición de un par de gruesas cortinas convirtió el KV55 en un cuarto oscuro, donde Burton procesó más de tres mil imágenes de la tumba y su contenido, algunas tomadas dentro de la tumba y otras, centradas en los artefactos, en el laboratorio de conservación. Aunque el equipo original se fue dispersando —según todos los indicios, Carter no era un hombre con el que resultara fácil vivir y trabajar—, Burton y Lucas se quedaron hasta el final, y Burton sacó, en enero de 1933, su última fotografía en el interior de la tumba.

KV4, la tumba de Ramsés XI, pasó a ser la «tumba del almuerzo», un lugar no solo para comer y resguardarse del sol del mediodía, sino también para almacenar el equipo y algunos hallazgos. Una fotografía, que en esta ocasión no era de Burton, muestra una verdadera constelación de egiptólogos sentados alrededor de la mesa del almuerzo; vestidos formalmente con camisas, corbatas y chaquetas, lucen una formidable variedad de bigotes. En el sentido de las agujas del reloj, vemos a J. H. Breastead, el eminente lingüista estadounidense; Burton; Lucas; Callender; Mace; Carter y al igualmente reputado lingüista británico Alan Gardiner. La silla vacía en la cabecera de la mesa pertenece, con toda probabilidad, a Carnarvon, quien, aficionado a la fotografía, está ocupado sacando la foto. Al fondo, dos sirvientes egipcios sin identificar están listos para atender a los comensales.

Se construyó un muro bajo alrededor de la entrada de la tumba, que restringía el acceso a las personas invitadas. Como la seguridad era una gran preocupación, la primera tarea de Callender fue colocar una puerta de madera en la entrada de la tumba. Unas semanas más tarde, se sustituyó por una puerta de seguridad de acero diseñada por Carter. Una tienda de campaña y un refugio de madera proporcionaban cobijo y cierta intimidad a los soldados y a los guardias del Servicio de Antigüedades que se encargaban de la seguridad del yacimiento.

Al fin, la tarea de despejar la antecámara podía comenzar. Era algo difícil y que llevaba mucho tiempo. No había espacio para maniobrar; incluso entrar en la sala era difícil; mover un artefacto podría perturbar seriamente a los demás. El equipo recorrió la sala en sentido contrario a las agujas del reloj, empezando por la derecha de la puerta y terminando con los carros desmontados que había a su izquierda. El viernes 16 de febrero de 1923, después del mediodía, se desmanteló la puerta de la cámara funeraria en presencia de una audiencia de amigos, arqueólogos y funcionarios del Gobierno, que figuran en el diario de la excavación como:

Abd El Halim Pachá Suleiman, subsecretario de Obras Públicas del Estado;

Lacau, director general del Service des Antiquités;

Engelbach, inspector jefe del Service des Antiquités para el Alto Egipto;

Ibrahîm Effendi, inspector del Service des Antiquités para Luxor y Tewfik Effendi Boulos;

*sir* William Garstin;

Lythgoe y Winlock; Mace, Callender, Lucas y Burton;

lord Carnarvon y *lady* Evelyn

y otros.

El evento comenzó, naturalmente, con un almuerzo. A continuación, el grupo se reunió en la tumba, donde se acomodó en sillas frente a la pared de la cámara funeraria y esperó a que comenzara el espectáculo. Se pronunciaron discursos —Carnarvon, al parecer, estuvo muy elocuente; Carter, no tanto— y luego, en pie sobre una plataforma de madera, Carter se quedó en camiseta interior y pantalones y cogió una barra de hierro. Fue un trabajo duro, sofocante y polvoriento. El muro estaba construido con grandes bloques de piedra que debieron pasar de Carter a Mace y a Callender; después de atravesar una cadena de obreros, se apilaron fuera de la tumba. Al cabo de unos quince minutos había un agujero de tamaño suficiente como para introducir una antorcha; esto reveló una pared de oro macizo. Poco después, Carter logró extender una malla en el agujero, para proteger la pared de los desprendimientos de la labor de albañilería. Al cabo de dos horas, el grupo pudo colarse por el agujero y bajar a la cámara funeraria, que estaba a mayor profundidad que la antecámara.

El «muro dorado» era, como ya sabían Carter y Carnarvon, el panel lateral del más externo de los cuatro santuarios dorados concéntricos de Tutankamón. En el lado este del santuario había dos puertas; tenían el cerrojo echado, pero no estaban selladas. Carter retiró los cerrojos de ébano y abrió las puertas para sacar a la luz el segundo santuario dorado, envuelto en un delicado manto de lino decorado con rosetas. Las puertas de este santuario también tenían el cerrojo echado, pero, en esta ocasión, los sellos —el de la necrópolis y el del propio Tutankamón— estaban intactos. Por primera vez, el mundo podía tener la certeza de que los saqueadores antiguos no habían llegado al cuerpo del rey. La búsqueda de Tutankamón había terminado.

A esto le siguieron años de duro trabajo físico. La tapa del sarcófago se levantó, ante un público invitado exprofeso, el 12 de febrero de 1924. Mace, que ayudó a Carter a desenvolver el delicado sudario de lino que cubría el ataúd exterior, recordaba el grito ahogado que el público había emitido al desvelarse la cabeza del ataúd antropoide.[13] La tapa del ataúd exterior se levantó el 13 de octubre de 1925, el ataúd central se abrió el 23 de octubre de 1925, y el ataúd interior se destapó el 28 de octubre de 1925; fue un momento que a Carter le pareció bastante emotivo:[14]

Tras quitarse los clavos, se alzó la tapa. Apareció la penúltima estampa: la muy bien envuelta momia del joven rey, con una máscara dorada de expresión triste pero tranquila que simbolizaba a Osiris. La semblanza del joven Tut-Anj-Amón, hasta ahora conocido solo por su nombre, en medio de aquel silencio sepulcral, nos hizo comprender el pasado.

El 31 de diciembre de 1925, el ataúd interior y la máscara funeraria se remitieron a El Cairo en tren, escoltados por Carter, Lucas y una guardia armada. La atención se centró entonces en extraer los contenidos del tesoro y el anexo. El último artefacto se retiró de la tumba en noviembre de 1930, cuando solo quedaba el rey, todavía en su sarcófago, pero ahora despojado de su ajuar funerario. Los trabajos de conservación en la tumba de Seti II continuaron, y no fue hasta febrero de 1932, casi diez años después del descubrimiento de la tumba, cuando el último lote del ajuar funerario se envió a El Cairo.

Howard Carter murió de linfoma de Hodgkin en Londres el 2 de marzo de 1939. Su sencillo funeral no tuvo gran asistencia; en el cementerio de Putney Vale, la humilde lápida de su tumba conmemoraba a «Howard Carter, arqueólogo y egiptólogo, 1874-1939». Hoy, gracias a una campaña dirigida por el arqueólogo Paul Bahn, su sepultura luce una lápida más espléndida dedicada a «Howard Carter, egiptólogo, descubridor de la tumba de Tutankamón en 1922. Nacido el 9 de mayo de 1874, fallecido el 2 de marzo de 1939». La lápida exhibe una forma abreviada de la oración de la «copa de los deseos» de Tutankamón:

Que tu espíritu viva y que pases millones de años, tú que amas Tebas, sentado con tu rostro orientado al viento del norte, tus ojos contemplando la dicha.

En los años transcurridos desde su descubrimiento, la tumba de Tutankamón no ha tenido rival como uno de los destinos turísticos más populares de Egipto. Esta popularidad ha aportado unos muy necesarios ingresos a Luxor, pero ha causado graves problemas de conservación a las paredes enlucidas y pintadas de la cámara funeraria. Mientras se mantuvo oculta en el fondo del Valle de los Reyes, el entorno de la tumba permaneció inmutable. La aparición de la tumba, seguida de la afluencia de un gran número de turistas, provocó fluctuaciones de temperatura, introdujo dióxido de carbono, polvo y pelusa, y elevó los niveles de humedad relativa hasta el noventa y cinco por ciento. Otro inconveniente fue que los visitantes —y el personal de televisión más de una vez— rozaban y tocaban deliberadamente las paredes enlucidas; este problema puramente físico se solucionó con la sencilla pero eficaz medida de exigir a los visitantes que se colocasen detrás de una barrera de madera en la antecámara, desde donde podrían contemplar la cámara funeraria. En 2009, en colaboración con el Instituto de Conservación Getty de Estados Unidos, el Consejo Supremo de Antigüedades de Egipto se embarcó en un proyecto de conservación y gestión de cinco años, destinado a restaurar las paredes de la cámara funeraria al estado en que se encontraban —incluidas las curiosas manchas de moho marrón— cuando Carter entró por primera vez en el lugar.[15]

En 2014 se inauguró una réplica exacta de la cámara funeraria de Tutankamón cerca de la restaurada casa de Howard Carter en Luxor. Se espera que esta experiencia, una alternativa de grandísima fidelidad, reduzca considerablemente el número de visitas a la tumba auténtica, cuya entrada tiene un precio mucho más alto. Hasta ahora, las reacciones de los visitantes han sido sobre todo positivas. Como paso previo a la creación de la réplica de la tumba, los especialistas en réplicas de Factum Arte, con sede en Madrid, tomaron una detallada serie de fotografías de alta resolución y escanearon las paredes de la cámara funeraria original. Estas se publicaron en línea en 2011, «para ayudar a los conservadores y los visitantes a controlar y comprender el deterioro de la tumba».[16]

Al examinar estas imágenes y observar lo que parecían ser irregularidades en las paredes, Nicholas Reeves cree haber encontrado dos puertas selladas ocultas bajo el enlucido: una que conduce a un almacén, y otra, a un entierro anterior que él ha identificado como el de Nefertiti. Reeves sostiene que ella fue la corregente y, en último término, sucesora de Akenatón.[17] Según su teoría, la

reina-faraón Nefertiti recibió sepultura por su sucesor, Tutankamón, y luego, como Tutankamón murió antes de que su propio
sepulcro estuviese completo, la tumba de Nefertiti volvió a abrir-
se y se remodeló para dar cabida al sepelio de Tutankamón. Los
saqueadores antiguos que atacaron el sepulcro del rey no sabían
de la presencia de Nefertiti, o no tuvieron bastante tiempo para
acceder a su parte de la tumba.

Aunque los medios de comunicación la han acogido con gran
entusiasmo y le han dedicado algunos documentales, pocos egiptólogos han aceptado la teoría de Reeves en su totalidad. No sería sorprendente encontrar puertas «en la sombra» (puertas que
se empezaron pero nunca llegaron a acabarse) ocultadas por el
enlucido de la cámara funeraria de Tutankamón. En la pared de
la cercana KV55 destaca un «nicho», que es una puerta de esta
misma clase. Pero concluir que Nefertiti yace rodeada de su ajuar
funerario detrás de una de estas puertas quizá sea ir demasiado lejos. Aunque explicaría por qué Tutankamón fue enterrado en una
tumba tan pequeña, la teoría de la tumba compartida nos lleva
a preguntarnos por qué, si debía compartir su lugar de descanso
eterno, no se lo enterró en la mucho más espaciosa tumba de su
abuelo, Amenhotep III (WV22). ¿O por qué la cercana tumba-
taller KV55 no se vació y reaprovechó para darle sepultura? Y, lo
que es más importante, la teoría de Reeves nos invita a aceptar que
Nefertiti gobernó Egipto como una reina-faraón y, como ya hemos visto, no hay pruebas que demuestren que este fuera el caso.

Esto sería un problema bastante fácil de resolver si se pudiera
quitar el enlucido de las paredes de la cámara funeraria, pero eso,
por supuesto, nunca ocurrirá. En su lugar, nos queda esperar al
desarrollo de nuevos escáneres aún más precisos que podrían acla-
rar la situación. Parece apropiado dejar la última palabra sobre
este asunto al doctor Reeves:[18]

Si me equivoco, me equivoco. Pero si tengo razón, las perspec-
tivas son francamente asombrosas. El mundo se habrá convertido en un lugar mucho más interesante [...] al menos para los
egiptólogos.

# 8

## El cuento del periodista

### La maldición de Tutankamón

El periodista y activista político Fikri Abaza reflexiona sobre Tutankamón:[1]

Mi joven rey, ¿van a llevarte al museo y ponerte junto al cuartel de Qasr al-Nil para añadir insulto a la infamia? ¿Para que puedas, mi rey libre, contemplar tu país ocupado? ¿Para que veas a tu pueblo esclavizado? ¿Para que sepas que los que saquearon tu tumba ahora cavan otra para tu nación?

Una vez se reconoció que la KV62 era la tumba prácticamente intacta de un rey egipcio, multitudes de egiptólogos, periodistas y turistas, tanto egipcios como extranjeros, acudieron a Luxor. La demanda de alojamiento fue tal que los hoteles se vieron obligados a montar tiendas de campaña en sus jardines para acomodar el exceso de visitantes. Cuando, en 1924, el Museo de Berlín expuso un retrato inédito de la reina Nefertiti, el interés por el período de Amarna se disparó, y la afluencia de público a la tumba de Tutankamón aumentó. La «egiptomanía» occidental no era un fenómeno nuevo: los romanos habían quedado tan fascinados por el antiguo Egipto que importaron auténticos obeliscos para decorar su ciudad, y, tras la publicación de la *Descripción de Egipto,* artistas, arquitectos y diseñadores se inspiraron en el arte del país del Nilo para sus creaciones. Pero era la primera vez que el antiguo Egipto entraba en la vida de la gente común por medio de los reportajes de periódicos de gran tirada, fotografías, programas radiofónicos e incluso algún que otro rollo de película proyectado en el cine. En efecto, la tumba se vaciaba ante un público occidental fascinado: un público que, tras los sombríos años de la Gran Guerra, ansiaba distraerse con una extraña religión, misterios exóticos y cosas maravillosas.[2]

La egiptomanía en el propio Egipto fue distinta y más intensa: inspirada por una creciente añoranza de los gloriosos días en que Egipto era libre y enormemente admirado, la egiptología pasó de disciplina académica a un asunto de gran relevancia para los artistas y escritores egipcios que empezaban a considerar el antiguo Egipto como la raíz de la identidad egipcia moderna. El resurgimiento de Tutankamón se dio en paralelo al resurgimiento de un Egipto independiente.[3]

La Ley de Antigüedades Otomana de 1884 especificaba que un excavador tenía derecho a una sustanciosa parte de los objetos encontrados durante una excavación. Al final de cada temporada de excavación —solía durar desde el otoño hasta la primavera, de forma que el trabajo físico pesado se realizaba durante los meses más fríos—, los hallazgos se dividían, y una parte se enviaba a El Cairo, donde se exponían en el museo o, como ocurría a menudo, se veían relegados al sótano. El resto se entregaba al excavador para que hiciese con ellos lo que quisiera. La mayoría utilizaba su parte para recompensar a los mecenas que habían financiado su trabajo de campo, de modo que, efectivamente, el trabajo de campo se autofinanciaba. Esta ley ha ido actualizándose lo largo de los años, y hoy en día todo lo que se encuentra en una excavación se considera propiedad del Estado egipcio, y nada —ni siquiera una muestra de suelo o un fragmento de cerámica— puede exportarse o venderse. Pero, en 1922, lord Carnarvon esperaba obtener grandes beneficios con el descubrimiento de la tumba de Tutankamón.

Sin embargo, debido a la insistencia de Howard Carter en que la tumba debía vaciarse de manera lenta y metódica, en lo que coincidía plenamente con el Servicio de Antigüedades, era probable que pasaran muchos años antes de que Carnarvon pudiese reclamar toda su porción del ajuar funerario, aunque durante ese tiempo tendría la obligación de pagar los salarios de todos los que participaban en el vaciado de la tumba y la conservación de sus objetos. Por lo tanto, debió parecerle sensato vender, en enero de 1923, los derechos exclusivos de la tumba y su contenido al *Times* y al *Illustrated London News*. Una retribución de cinco mil libras, más un setenta y cinco por ciento adicional de los beneficios que pudiera obtener el *Times* por la venta de información e imágenes, cubrirían fácilmente los costes del trabajo de campo. Así, el reportero del *Times,* Arthur Merton, sería el único periodista con autorización para entrar en la tumba y, en un acuerdo alcanzado sin consultar al Museo Metropolitano de Arte —el empleador que había «prestado» generosamente a Harry Burton al equipo de excavación—, el periódico podría publicar las cautivadoras e ilustrativas fotos de Burton.

El *Times* cerró un acuerdo parecido con la expedición británica al Everest de 1921, y entonces no hubo ningún problema. Pero Luxor no era el remoto Everest, y los acontecimientos del Valle de los Reyes no podían mantenerse ocultos. El acuerdo fue profundamente impopular entre la prensa occidental, que consideraba que la historia de Tutankamón era de todos. Fue aún más impopular entre los periodistas egipcios, quienes, como era de esperar, creían que la historia de Tutankamón pertenecía a Egipto.

Tutankamón había emergido de su tumba en una época de auge nacionalista, mientras Saad Zaghloul y su partido Wafd cuestionaban los años de dominio británico que habían seguido a siglos de dominio otomano. En febrero de 1922, Egipto se había convertido en un reino semiindependiente gobernado por Fuad, el hijo menor del jedive Ismail; Gran Bretaña mantenía bajo su control la defensa, las comunicaciones y Sudán. En 1924, tras las primeras elecciones en Egipto, Zaghloul se convertiría en primer ministro y la arqueología pasaría a ser responsabilidad de un Gobierno egipcio que consideraba a Tutankamón un símbolo de la nueva autonomía de su país. El Servicio de Antigüedades continuaba dirigido por un francés, Pierre Lacau, pero este, políticamente astuto, ya no estaba dispuesto a dejarse ver complaciendo a los excavadores extranjeros, en lo que muchos empezaban a considerar como un expolio del patrimonio egipcio. ¿Por qué los periodistas egipcios tenían que descubrir lo que ocurría en el Valle de los Reyes leyendo el *Times*?[4]

Carnarvon, que ya era más rico de lo que la mayoría de la gente podía imaginar, era visto como un hombre codicioso y sin escrúpulos, dispuesto a beneficiarse a costa de Egipto. La opinión de Carter sobre el acuerdo no está registrada, pero dado que se mantuvo fiel al mismo tras la muerte de Carnarvon, podemos suponer que estaba razonablemente satisfecho con él. Su intento de arreglar las cosas ofreciendo a los periodistas egipcios el mismo comunicado de prensa que al *Times,* pero doce horas después, no fue bien recibido, y los periodistas exigieron que el Gobierno pusiera fin a lo que parecía un injustificable monopolio occidental. Mientras tanto, los pocos egiptólogos profesionales de Egipto se vieron excluidos del acontecimiento arqueológico más importante de su vida. Esto no era ni mucho menos aceptable, y se encontró con una respuesta airada por parte del público egipcio. Al comienzo de la temporada de excavaciones de 1923-4, los periodistas presentaron una reclamación oficial sobre el acuerdo con el *Times* al Ministerio de Obras Públicas, que planeaba ahora emitir sus propios boletines de prensa sobre las novedades en la tumba.

A partir de entonces, mientras que el *Times* relató con precisión y fundamento los avances en la tumba, otros periódicos, a los que se les había negado el acceso a toda historia oficial, imprimieron una mezcla de hechos verídicos (procedentes del *Times),* especulaciones de pretendidos «expertos» y, de cuando en cuando, desinformación que proporcionaba deliberadamente el equipo de excavadores. En general, sus reportajes carecían de fundamento. En este ambiente de enfado y desconfianza nació la historia de la «maldición de Tutankamón». La maldición es un fenómeno totalmente moderno que no tiene nada que ver con la historia de la vida y la muerte de Tutankamón. Sin embargo, para muchos profanos, Tutankamón y esta historia son inseparables, por lo que merece que se hable de ella, aunque sea de forma sucinta.

Entre los periodistas enfadados se encontraba Arthur Weigall, a quien encontramos por última vez desempeñando su antigua función de inspector de antigüedades del sur de Egipto.[5] Weigall había abandonado Egipto en 1914, y se había retirado a Inglaterra, donde se convirtió en un exitoso escenógrafo, periodista y autor. Tras el descubrimiento de la tumba de Tutankamón, regresó a Luxor como corresponsal del *Daily Mail,* con la esperanza de que sus antiguos colegas lo recibieran e invitaran a la tumba. Cuando quedó claro que esto no iba a suceder, comenzó a publicar elocuentes denuncias sobre el evidente monopolio de Carnarvon sobre uno de los mayores patrimonios del mundo. Como reconocido experto en Amarna —su libro de 1910, *La vida y la época de Akenatón, faraón de Egipto,* había sido un éxito de ventas—, sus opiniones tenían mucho peso entre sus lectores.

La tumba era la principal atracción turística de Luxor. Si bien es cierto que había poco que ver, pasar una mañana junto a la pared que rodeaba la tumba podía verse recompensada con la ocasión de vislumbrar un objeto amortajado que era conducido a la tumba de conservación. Incluso era posible sobornar a los obreros para que revelasen información sobre el ajuar funerario: es de suponer que así empezaron los rumores sobre ocho momias y la enorme estatua de un gato. Muchos, creyendo ser personas importantes, intentaron cruzar el muro y entrar en la tumba. Aunque se rechazó a multitud de individuos, a otros —políticos, amigos de políticos, miembros de la realeza, amigos de la realeza, colegas y familiares del equipo— se les permitió entrar los martes, día en que cesaban las labores en la tumba. La lista de invitados distinguidos era impresionante (el comandante del ejército egipcio y gobernador de Sudán, *sir* Lee Stack; el gobernador de la provincia de Quena, Abd al-Aziz Yahya; el director del Servicio de Antigüedades de la India, *sir* John Marshall; la sultana Malek, la cuñada viuda del rey Fuad; la reina Isabel de Baviera), pero el equipo, que simplemente deseaba seguir trabajando, temía estas visitas.

También había planes para hacer de Tutankamón una atracción turística fuera de Egipto. El 23 de abril de 1924, el rey Jorge y la reina María inauguraron la «Exposición del Imperio británico» en Wembley. Una de las principales atracciones era la recreación de la «tumba de Tut-Anj-Amón». La entrada costaba un chelín con tres peniques (ocho peniques para los niños), y, por este precio, el visitante podía conocer el yacimiento arqueológico más famoso del mundo.[6] La réplica del ajuar funerario incluía el sarcófago, pero, por supuesto, no los ataúdes o la momia, ya que estos aún no se habían descubierto. Los artefactos eran réplicas de gran calidad, y los jeroglíficos, copias tan fieles que los lingüistas podían leerlos. Los habían creado para la exposición un equipo de artesanos contratados por William Aumonier e Hijos, con Weigall como egiptólogo asesor. A Carter no le hizo ninguna gracia. Asumiendo que las réplicas se basaban en planos y fotografías con derechos de autor, intentó detener la exposición. Como informó el *Daily Express*: «Bombazo en Wembley: intento del señor Carter de cerrar la tumba del faraón (emitida orden judicial); la réplica se considera una infracción». Solo retiró su demanda cuando se le aseguró que la información procedía de las numerosas instantáneas sin derechos de autor tomadas por Weigall y otros.

De vuelta a Egipto, el equipo estaba cansado y frustrado. Cuando sucedió lo impensable y Carnarvon y Carter empezaron a discutir, quedó claro que todos necesitaban un descanso. Así que, a finales de febrero de 1923, se clausuró la tumba, se cerraron los laboratorios y el equipo se dispersó para disfrutar de unas muy necesarias vacaciones. Carter se retiró a su casa de Luxor, y Carnarvon y *lady* Evelyn navegaron hacia el sur para disfrutar de unos días de descanso y relajación en Asuán. Allí, un mosquito picó a Carnarvon en la mejilla izquierda. Poco después de su regreso a Luxor, el aristócrata se cortó la costra de la picadura al afeitarse. La herida se infectó, y Carnarvon empezó a sentirse mal. Viajó a El Cairo para discutir el reparto de los descubrimientos con el Servicio de Antigüedades, pero su estado empeoró rápidamente. A la sepsis le siguió una neumonía. A las 1.45 de la madrugada del 5 de abril de 1923, Carnarvon murió, y con él, expiró la concesión para excavar en el Valle de los Reyes. Hubiera sido el momento ideal para que el Servicio de Antigüedades se hiciese cargo del vaciado de la tumba, pero carecía de los fondos necesarios para completar la tarea, mientras que los administradores del patrimonio de Carnarvon se resistían a abandonar el proyecto por completo, ya que todavía tenía un interés personal en los bienes funerarios. Por lo tanto, se acordó que *lady* Carnarvon finalizaría la tarea de su esposo, pero no realizaría más excavaciones en el Valle.

El testamento de lord Carnarvon legó su colección privada de antigüedades a su mujer, Almina. Cuando, en 1926, ella vendió la colección al Museo Metropolitano de Arte de Nueva York, se le pidió a Carter que enumerase y embalara los objetos. Contabilizó 1218 objetos o grupos de objetos, y añadió que «dejé en Highclere unas cuantas antigüedades sin importancia que no pertenecían a la serie anterior».[7] Esta colección —olvidada hasta 1987— incluía objetos que databan del Imperio Medio hasta el período ptolemaico. Ninguna de estas piezas tiene relación con Tutankamón, y todas se obtuvieron de forma legal. No obstante, las circunstancias de su redescubrimiento han llevado a especular con la posibilidad de que Carnarvon conservase objetos de la tumba de Tutankamón.

Puede que la prensa se viera frustrada en sus intentos de informar sobre los acontecimientos dentro de la tumba, pero no se les pudo impedir que escribieran sobre la afección y repentina muerte de un conde británico. Como los egiptólogos profesionales eran, en general, reacios a hablar con la prensa, sus informes estaban salpicados de «hechos» relatados por las celebridades que el público aceptaba como autoridades en el antiguo Egipto. Entre estos «expertos» —todos autores de populares relatos de momias, ansiosos por dar su opinión— se encontraban *sir* Arthur Conan Doyle —autor de *El anillo de Tot* (1890) y *El lote n.º 249* (1892), de temática egipcia, y notorio creyente en lo sobrenatural—, *sir* Henry Rider Haggard —*Ella* (1887), *Cleopatra* (1889) y *Smith y los faraones* (1910)— y Marie Corelli, autora de una serie de relatos góticos inmensamente populares.

El 24 de marzo de 1923, el *Daily Express* informó de las preocupaciones de Corelli:

No puedo dejar de pensar que se corren algunos riesgos al irrumpir en el último lugar de descanso de un rey de Egipto, cuya tumba está especial y solemnemente custodiada, para robarle sus posesiones. Según un raro libro que poseo, que no se encuentra en el Museo Británico, titulado *La historia egipcia de las pirámides* (traducido del original árabe por Vortier, profesor de árabe de Luis XVI de Francia), el más terrible castigo sigue a cualquier imprudente intruso en una tumba sellada. Este libro proporciona largas y elaboradas listas de los «tesoros» enterrados con varios de los reyes, y entre ellos se nombran «diversos venenos secretos encerrados en cajas, de tal forma que quienes los toquen no sabrán cuál es el origen de su padecimiento». Por eso pregunto: ¿fue una picadura de mosquito lo que infectó tan gravemente a lord Carnarvon?

Corelli no fue la única que expuso una clarividente preocupación por el insensato comportamiento de Carnarvon. También a Weigall se le atribuyó la predicción de su muerte. Al parecer, al ver el desenfadado humor del conde al entrar en la tumba para la apertura de la cámara funeraria, comentó: «Si baja con ese ánimo, le doy seis semanas de vida».[8] No obstante, los propios escritos de Weigall niegan tajantemente la existencia de cualquier maldición dentro de la tumba:[9]

> Millones de personas en todo el mundo se han preguntado si la muerte del excavador de esta tumba se debió a alguna maligna influencia que emergió de ella, y se ha difundido la historia de que había una maldición escrita en la pared del sepulcro real. Sin embargo, no es el caso.

Los rumores corrieron como la pólvora. En el mismo momento de la muerte de Carnarvon, o eso se decía, todas las luces de El Cairo se apagaron misteriosamente, mientras que, en Highclere, la querida perra de Carnarvon, Susie, aulló y murió.[10] Pronto se aceptó que una maldición («La muerte golpeará con su miedo a aquel que perturbe el reposo del faraón») estaba grabada sobre la entrada de la tumba de Tutankamón, o tallada sobre la entrada de la cámara funeraria, o inscrita en una tablilla de barro que se halló en la antecámara o en la cámara funeraria. El hecho de que no hubiera rastro de tal maldición se explicaba fácilmente con una elaborada teoría de la conspiración diseñada para tranquilizar a los trabajadores egipcios:[11]

> Ni Carter ni Gardiner [el lingüista *sir* Alan Gardiner] ni ninguno de los otros eruditos presentes temieron entonces la maldi-

ción ni la tomaron en serio. Pero les preocupaba que los trabajadores egipcios sí lo hicieran y, como dependían de ayudantes nativos, la mención de la tablilla de arcilla se borró del registro escrito del hallazgo de la tumba. Incluso la propia tablilla desapareció de la colección de artefactos, pero no de la memoria de quienes la leyeron.

Al parecer, una segunda maldición estaba escrita en la parte posterior de una estatua descubierta en la cámara principal de la tumba:[12]

> Yo soy quien hace retroceder a los que saquean la tumba con las llamas del desierto. Soy el protector de la tumba de Tutankamón.

Se trata de una versión deformada de una auténtica inscripción descubierta en el umbral del tesoro. Una pequeña antorcha de caña, impregnada de resina de pino, tenía una banda de oro y estaba sobre un pedestal de cerámica en forma de ladrillo con un grabado, en el que se había cincelado el conjuro 151 del Libro de los Muertos, destinado a proteger el cuerpo del rey en la tienda de embalsamamiento mientras se lo prepara para ser enterrado y convertirse en Osiris (n.º 263):[13]

> Yo soy el que atrapa la arena en la pared de la cámara secreta,
> el que con ímpetu la enfrenta y la repele a la llama del desierto,
> he incendiado el desierto, he desviado los caminos,
> soy el protector de Osiris [el difunto].

Muchos llegaron a creer que Carter había borrado la última línea de la inscripción («Llamaré a todos los que crucen este umbral al sagrado recinto del rey que vive para siempre»), de nuevo para proteger a sus trabajadores.

La posición del propio Carter era clara. No existía ninguna maldición antigua, y Tutankamón no había podido utilizar un conocimiento científico superior («rayos» científicos, o microbios, o algo similar) para, de algún modo, llenar de trampas su tumba:[14]

No es mi intención repetir las ridículas historias que se han inventado sobre los peligros que acechan, por así decirlo, en la tumba, para aniquilar al intruso [...], pero esta cuestión tiene una grave vertiente que exige una protesta. Se ha afirmado en varias partes que hay peligros físicos reales ocultos en la tumba de Tut-anj-Amón, fuerzas misteriosas, convocadas por algún poder maléfico, para vengarse de quienquiera que se atreva a atravesar sus umbrales. Probablemente no había ningún lugar en el mundo más libre de riesgos que la tumba. La investigación científica demostró que era estéril. Los gérmenes extraños que pueda haber hoy en día en su interior se han introducido desde el exterior, pero algunas personas malintencionadas han atribuido muchas muertes, enfermedades y desastres a las supuestas influencias misteriosas y nocivas de la tumba. Se han publicado imperdonables y mendaces afirmaciones de esta naturaleza, y se les ha dado eco en diversos círculos con una especie de perversa satisfacción. En efecto, es difícil referirse serenamente a esta forma de calumnia «fantasmal». Incluso si no es, en esencia, difamatoria, apunta en la misma maliciosa dirección, y toda persona sensata debería desdeñar tales invenciones. En lo que respecta a los vivos, las maldiciones de esta naturaleza no tienen cabida en el ritual egipcio.

No obstante, esta firme postura contra lo paranormal se contradice en cierto modo con su relato «La tumba del pájaro», un cuento que contribuyó a reforzar la idea de que la tumba de Tutankamón estaba bajo protección sobrenatural.[15] Después de informar a sus lectores de que «se han difundido tantos relatos inexactos del incidente que he creído conveniente publicar [...] el siguiente relato de la muerte de mi canario», pasa a explicar cómo, al comienzo de la excavación de 1922, era el orgulloso propietario de un ave enjaulada que entonaba hermosos cánticos todos los días. Los obreros creyeron que el pájaro era un buen augurio y, efectivamente, pronto se descubrieron los escalones que conducían a la tumba de Tutankamón. El pasillo se había despejado y la segunda puerta había aparecido cuando una cobra se deslizó dentro de la jaula y enmudeció para siempre al canario. Incapaz de aceptar la idea de una intervención sobrenatural, Carter volvió a culpar a sus obreros de difundir rumores de espíritus malignos:

[Los obreros] vieron en la muerte del pájaro un mal augurio, a pesar de los tesoros que se extendían ante ellos. ¿Cuál era la amenaza? ¿Acaso el genio que había protegido la tumba durante tres mil años se había enfurecido y vuelto hostil? «¿Querrá alejarse el mal augurio?», musitaron.

Los obreros no fueron los únicos en interpretar esto como un nefasto augurio. Como todo el mundo sabía, los reyes de Egipto estaban protegidos por la serpiente ureo, la feroz cobra que escupe fuego y que se yergue sobre la frente del rey. Sin duda, la aparición de una cobra en ese preciso momento debía ser algo más que una coincidencia. Un sencillo relato del mismo acontecimiento, contado en una carta privada escrita por Herbert Winlock, confirma la verdad de la historia en lo esencial, al tiempo que la despoja de cualquier significado oculto.[16] Carter tenía, efectivamente, un pájaro cantor muy admirado que guardaba en una jaula, en su casa. Mientras Carter estaba fuera de casa, Arthur Callender encontró una cobra en la jaula, «justo cuando estaba engullendo al canario».

Weigall incluyó la historia del canario de Carter en *Tutankamón y otros ensayos,* publicado en 1923. No es de extrañar: en 1923, los egiptólogos sabían muy poco sobre la vida y muerte de Tutankamón, y la siniestra historia engrosaría lo que, de otro modo, habría sido un libro muy magro, y atraería a los lectores deseosos de leer sobre los pormenores más enigmáticos. El mundo occidental llevaba años leyendo novelas inspiradas en momias, que ponían de relieve el enorme poder de la antigua magia egipcia, y rápidamente, esta ficción se estaba convirtiendo en realidad. Weigall proseguía con la historia, igualmente espeluznante, de Carnarvon y el gato momificado —sobre una momia de gato que parece cobrar vida—, la historia de la lámpara de cerámica —sobre una lámpara que trae mala suerte a todos quienes la poseen— y la historia de la momia maligna del Museo

Británico —sobre un sarcófago de momia, más que una momia, y que, como indica el título del relato, también trae mala suerte—. A lo largo de sus escritos, el autor provoca a sus lectores con historias de sucesos sobrenaturales que también podrían explicarse de manera racional y, al hacerlo, fomenta la leyenda de la maldición de Tutankamón, antes de negar finalmente, y con suavidad, su existencia:[17]

> El gran número de visitantes que llegan a Egipto y de personas interesadas en las antigüedades egipcias que creen en la malevolencia de los espíritus de los faraones y de sus súbditos muertos, es siempre motivo de asombro para mí, en vista de que, de todos los pueblos antiguos, los egipcios eran los más afables y, para mí, los más dignos de amor [...]. Por lo tanto, dejo al gusto del lector encontrar una explicación a los incidentes que aquí relataré.

Cuando Weigall murió, el 2 de enero de 1934, con solo cincuenta y tres años, el *Daily Mail* utilizó el siguiente titular: «Muerte del señor A. Weigall. Vuelve la maldición de Tutankamón».

La maldición, que al principio se limitaba a los que habían asistido a la apertura de la tumba, se convirtió rápidamente en una amenaza para cualquiera que pudiera considerarse que tenía alguna relación con la tumba, o con Tutankamón en general, o, en algunos casos, con Egipto. Incluso Jean-François Champollion (1790-1832), que había descifrado la escritura jeroglífica un siglo antes del descubrimiento de la tumba de Tutankamón, se consideró un asesinato provocado por una poderosa y antigua maldición. En 1934, Herbert Winlock, frustrado por los constantes rumores de muerte sobrenatural, recopiló información sobre las personas que consideraba más vulnerables a la maldición.[18] Esto demostró que, de las veintiséis personas presentes en la apertura de la tumba, solo seis habían muerto en una década; de las veintidós personas presentes en la apertura del sarcófago, dos habían muerto en una década; y de las diez personas presentes en la autopsia de Tutankamón, ninguna había muerto en una década. Al fallecer a los sesenta y cuatro años, Carter sobrevivió a Carnarvon dieciséis años. *Lady* Evelyn, que entró detrás de su padre en la cámara funeraria y estaba con él cuando le picó el mosquito que pondría fin a su vida, murió en 1980 a la edad de setenta y ocho años. Si Tutankamón realmente maldijo a todos los que violaron su tumba, hemos de suponer que sus poderes sobrenaturales fueron notablemente ineficaces.

# 9

# El cuento del aguador

## Ver a Tutankamón con otros ojos

El egiptólogo y conservador de museo I. E. S. Edwards, organizador de la exposición «Tesoros de Tutankamón» de 1972, replantea el descubrimiento de la tumba:[1]

En un momento dado pensé que, tal vez, teníamos un derecho especial a organizar la exposición, porque la tumba había sido descubierta por un arqueólogo británico, pero Magdi Wahba [director de relaciones exteriores del Ministerio de Cultura egipcio] pronto me desilusionó. Dijo que esa no era la opinión del egipcio medio. Se había permitido a los británicos excavar en lo que siempre había prometido ser uno de los yacimientos más ricos de Egipto. Habían hecho este maravilloso descubrimiento gracias a la generosidad de los egipcios que les habían permitido excavar allí, una recompensa suficiente en sí misma.

En vida, Tutankamón estuvo rodeado de mujeres de la realeza. En la muerte, lo arroparon diosas de un gran poder. En su resurrección, fueron hombres quienes lo desenterraron. Estamos familiarizados con el núcleo del equipo responsable del vaciado de la tumba de Tutankamón: el mecenas lord Carnarvon, el arqueólogo Howard Carter, el conservador Arthur Mace, el ingeniero Arthur Callender, el químico Alfred Lucas y, por supuesto, el fotógrafo Harry Burton. El Servicio de Antigüedades Egipcias estaba representado por su director, el francés Pierre Lacau, y por el inspector jefe de antigüedades del sur de Egipto —puesto que había ocupado Carter—, Rex Engelbach, inglés. Los inspectores autóctonos encargados de trabajar directamente con el equipo eran Ibrahim Habib, Mohamed Shaban y un inspector llamado Abadir Effendi, que ahora se sabe que era Abadir Effendi Michrqui Abadir.

Como era de esperar a principios del siglo pasado, no se admitían mujeres en este selecto grupo, y se esperaba que las esposas o hijas que acompañaban a sus maridos a Luxor se ocuparan de actividades femeninas lejos del Valle. *Lady* Evelyn Herbert, hija de lord Carnarvon, actuó como anfitriona de los visitantes de alto rango y apareció en varias fotografías publicitarias, pero no participó en la excavación ni en el vaciado de la tumba. Minnie Burton, esposa de Harry, llevó un diario del 4 de mayo de 1922 al 20 de octubre de 1926 que nos permite comprender las limitadas rutinas de su vida cotidiana —una sucesión constante de compromisos sociales, compras y tareas domésticas—, a la vez que nos ofrece sugerentes atisbos de las menudencias que ocurrían dentro de la tumba:

30 de noviembre de 1922: al banco por la mañana. Luego, al Museo, con un telegrama del señor Carter. Dice: «Descubrimiento más allá de los más codiciosos sueños». Encuentro con la señora de Cramer. El señor y la señora y *lady* Laird-Clowes vinieron a tomar el té. Luego visité a los Garrys. El señor y la señora Grant estaban allí. Noche caledoniana y gran fiesta con los Allan. *Lady* Bernard se quedó en cama con un resfriado.

19 de diciembre de 1922: he pintado mis muebles por la mañana y por la tarde. El señor Carter me ha enviado su burro para que vaya a ver la tumba de Tutankamón. Maravillosa. El señor Callendar estuvo allí, y más tarde, el doctor y la señora Breasted y la niña. Atravesamos la colina para ir y venir. El señor Hauser y Hall volvieron de Asuán. La señora W. y F. fueron a tomar el té a casa de los Davies.

24 de enero de 1923: he ido a las Tumbas de los Reyes por la mañana para ver cómo sacaban el lecho. Harry, con la «pelícu-

la»; yo tomé algunas fotos. Había mucha gente. Los Wilson, el señor Weigall, el señor Engelbach, la señorita Forbes-Smith, la señora Murray Graham, el señor Allan, etcétera. Volví en el coche con el señor Hauser y el señor Hall. Hace mucho calor. La señorita Hayward viene a comer. El señor Carter, a cenar. Fui a la n.º 15 por la mañana y vi el guante y las sandalias reconstruidas.

Aunque ninguna mujer ocupaba un puesto oficial en el equipo de excavación, no se les prohibía ayudar a conservar los bienes funerarios si así lo deseaban. Las fotografías de Burton muestran a Essie Newberry, vicepresidenta del Gremio de Bordadores —y esposa de Percy Newberry, amigo y mentor de Carter—, cómodamente enfundada en un vestido vaporoso, con un sencillo sombrero —en marcado contraste con el traje oscuro formal que llevaba su marido— mientras trabaja para restaurar el lienzo que una vez había cubierto el segundo santuario de la cámara funeraria (n.º 209). Las pesadas rosetas habían sido recortadas de la tela para permitir su extracción de la cámara funeraria, y ella había accedido a coserlas de nuevo en su lugar. Pero esto no era lo común, y nos hace preguntarnos si una mayor aportación femenina podría haber aportado un enfoque distinto a la selección de los objetos destinados a ser conservados. Esto se aplica especialmente al lino, que se perdió en gran parte después del vaciado de la tumba y el desenrollado del cuerpo.

Como ya hemos visto, Tutankamón fue enterrado con una profusión de lino enormemente costoso, desde sus propias vendas y ropas hasta los sudarios y mantos que envolvían a las figuras divinas y funerarias. El equipo de Carter —sin pensar en la importancia de las telas, que se consideraban principalmente de interés femenino— interpretó las vendas como un embalaje básico de la momia, y los mantos y sudarios quizá como el equivalente antiguo de un guardapolvo que podían desecharse sin más. Essie Newberry, con sus conocimientos especializados, podría haber aducido lo contrario, reconociendo tanto la calidad de los tejidos como, lo que es más importante, la relevancia de su colocación.[2] La egiptóloga Margaret Murray, que trabajaba en la Universidad de Mánchester, en el corazón de la industria algodonera británica, ya había reconocido la importancia de las vendas de las momias como artefactos, pero no se dio cuenta de que esas mismas vendas eran parte integral de la momia y no meros envoltorios. En 1908, las vendas retiradas durante el desenvolvimiento de los «Dos Hermanos» se registraron según sus diferentes capas y la calidad de su tejido, y las muestras comparativas se lavaron, montaron y enviaron a otras instituciones. De forma menos admirable, también se entregaron trozos de venda al público que asistió al desenvolvimiento de uno de los «hermanos», Janum Najt.[3]

Mientras que las mujeres vinculadas periféricamente a la excavación aparecen de vez en cuando en las fotografías, el autoproclamado guardián de la tumba, el sargento en funciones Richard Adamson de la Policía Militar, está obstinadamente ausente del registro fotográfico. A finales del siglo XX, Adamson se convirtió en una figura conocida en el circuito de conferencias sobre egiptología —él mismo calculaba que había realizado unas mil quinientas presentaciones, una cantidad seguramente exagerada—; en sus charlas ilustraba con todo lujo de detalles los siete años que había pasado custodiando la tumba de Tutankamón. En 1981, con ochenta años y en silla de ruedas tras la amputación de ambas piernas, Adamson regresó a Luxor con el título de «último superviviente», acompañando a un periodista, John Lawton.[4] Su objetivo declarado era «desafiar [dando, pues, crédito] la legendaria "maldición" del faraón exhumado, que supuestamente se ha cobrado la vida de cuarenta personas». El relato publicado de su viaje está lleno de remembranzas. Por ejemplo, en el siguiente pasaje, Lawton registra los recuerdos de Adamson del día en que se descubrió la tumba. Su historia es sorprendentemente distinta de la de Carter. Adamson recorría un sendero empinado por el Valle de los Reyes cuando oyó un grito:

> Atraído por el cosquilleo de la emoción, Adamson se abrió paso por la empinada ladera hasta donde los egipcios habían desenterrado varias rocas grandes. Pero al no ver ninguna razón para emocionarse por unas cuantas piedras, el joven soldado volvió a su tienda, y los obreros taparon las rocas.

Sin embargo, a la mañana siguiente, cuando Carter llegó y encontró a sus hombres sin trabajar, le preguntó a Adamson qué había pasado. «Nada, señor —respondió el sargento—. Encontraron algunas rocas, pero las taparon». Al oír esto, Carter les ordenó que volvieran a destapar las rocas, y encontraron, junto a una de ellas, un gran escalón de piedra. Echando la vista atrás, Adamson dice ahora: «Los obreros sabían que habían encontrado algo. También sabían que Carter se iba y que podrían volver y adjudicarse el mérito ellos mismos».

No obstante, este relato presenta grandes problemas. No existen menciones de Adamson en la entrada de ningún diario, agenda o escrito privado contemporáneo, y sus recuerdos no salieron a la luz hasta 1966, tras la muerte de su esposa y de los miembros del equipo principal, lo que significa que no había nadie vivo que pudiera contradecirlos. De hecho, existen pruebas fehacientes —como su certificado de matrimonio y las partidas de nacimiento de sus hijos— que sugieren que no estuvo en Egipto en los momentos que declaró. Aunque algunos han interpretado esta falta de pruebas como una conspiración —no hay constancia de que Adamson estuviera en el Valle de los Reyes porque era un espía en la clandestinidad—, los egiptólogos están de acuerdo en que Adamson no custodió la tumba de Tutankamón.[5] Sin embargo, merece la pena contar su historia, ya que pone de relieve el hecho de que no todos los relatos de los testigos oculares de los acontecimientos en el Valle de los Reyes son verídicos.

Tampoco se ha demostrado la historia de un «aguador» anónimo sobre, esta vez, el redescubrimiento de la tumba.[6] Su historia surgió en la década de los setenta, cuando una serie de exposiciones itinerantes había reavivado el interés por Tutankamón. Cuenta que un niño, tras ofrecer una jarra de agua a los hombres que trabajaban en el Valle de los Reyes, excavó él mismo y descubrió un escalón de piedra. Corrió a informar a Carter de su hallazgo, y el resto es historia. Por alguna razón —¿colonialismo, quizá?—, Carter excluyó al aguador de su diario y de su relato publicado sobre el descubrimiento. Sin embargo, durante la temporada de excavaciones de 1926-7, Burton fotografió a un niño egipcio que lucía uno de los elaborados collares de Tutankamón (n.º 267g). Muchos años después, Huseín el-Rasul, miembro de la familia que descubrió el escondrijo real de Deir el-Bahari, dijo ser el niño de la fotografía; más tarde, su familia afirmó que él había descubierto la tumba.

La historia del aguador, al igual que el relato de Adamson, no está respaldada por ninguna prueba, y otras familias de Gurna cuestionan que la familia el-Rasul encontrase la tumba. Parece poco probable que el capataz, Ahmed Gerigar, permitiera a un niño escarbar cerca de la zona oficial de excavación, y aún más improbable que Carter, siempre dispuesto a atraer a un público popular, perdiera la oportunidad de publicitar un relato tan conmovedor. Sin embargo, la historia sirve para recordar que el equipo de especialistas europeos y estadounidenses de Carter contó con el apoyo de un equipo de trabajadores egipcios cualificados, contratados y supervisados por cuatro capataces egipcios experimentados, o *reis*. El número de hombres que trabajaban en la obra variaba, pero a veces, cuando había que excavar o rellenar, podía haber hasta cien. Estos hombres tenían contratos temporales y volvían a sus labores agrícolas cuando terminaba la temporada de excavación o se requerían menos obreros. Carter, al final de una lista sorprendentemente corta de «amigos que me han animado con su ayuda y simpatía», agradece —o trata con condescendencia, según lo vea lector— la contribución de estos hombres a la excavación y el vaciado de las tumbas:[7]

> Por último, quiero recordar a mi personal egipcio y a los *reis* que me han servido bajo el calor y el peso de muchos días, cuyos leales servicios serán siempre recordados por mí con respeto y gratitud, y cuyos nombres se registran aquí: Ahmed Gerigar, Huseín Ahmed Saide, Gad Hasan y Huseín Abu Owad.

Si bien podemos vislumbrar a algunos de estos obreros egipcios en las fotografías de Burton, se ignoran la mayoría de sus nombres.[8] Esto no solo pasaba en Egipto: lo mismo ocurría en la arqueología de otros países, dominada por Occidente, y también en el Reino Unido, donde era raro que un excavador —los principales eran, casi siempre, hombres— nombrase a simples trabajadores en sus publicaciones sobre la excavación. Aunque a menudo se considera que esto es un reflejo de la naturaleza colonialista de la egiptología, quizá sea igualmente probable que se deba a la naturaleza elitista de la excavación arqueológica. Al igual que a Gustave Eiffel se le atribuye la construcción de su torre y, de hecho, al faraón de la IV dinastía Keops se le atribuye la construcción de la Gran Pirámide, también a lord Carnarvon y luego a Howard Carter se les atribuye el descubrimiento y vaciado de la tumba de Tutankamón. La relación entre Carter y la mano de obra egipcia nunca podría ser de igualdad; nadie podría olvidar que Carter era un miembro de la élite gobernante británica. Pero las fotografías que muestran a Carter trabajando junto a los obreros egipcios —todos esforzándose por sacar el lecho con cabeza de hipopótamo de la tumba, por ejemplo— indican que, al menos, no veía una tajante división entre el trabajo manual propio de la mano de obra egipcia y la arqueología más cerebral realizada por los europeos.

Podemos hacernos una idea de la actitud de Carter hacia su mano de obra egipcia si tenemos en cuenta lo que se conoce como el «caso Saqqara», un infame suceso que ocurrió varios años antes de que conociera a lord Carnarvon. En la tarde del 8 de enero de 1905, un grupo de franceses borrachos entró por la fuerza en el Serapeo de Saqqara (el cementerio de los toros Apis divinos). Se negaron a comprar entradas y, al ser desafiados, agredieron a los guardias del lugar primero, y a los inspectores de antigüedades después. Carter, que trabajaba como inspector de antigüedades del norte, dio permiso a sus hombres para defenderse de los franceses. Arthur Weigall fue testigo de la pelea:[9]

> Quince turistas franceses habían intentado pasar a una de las tumbas con solo once entradas, y finalmente habían vencido a los guardias y reventado la puerta [...]. Carter llegó al lugar y, tras algunas palabras, ordenó a los guardias, ahora con refuerzos, que los expulsaran. Resultado: una grave pelea en la que se utilizaron palos y sillas, y en la que dos guardias y dos turistas

quedaron inconscientes. Cuando, más tarde, vi el lugar, me encontré con un charco de sangre.

El hecho de que un inglés incitara a los egipcios a enfrentar a los franceses se consideró inexcusable. Como el incidente se convirtió en un escándalo diplomático, el cónsul general británico, lord Cromer, ordenó a Carter que se disculpara ante el cónsul francés. Carter, obstinado y a la defensiva, se negó. Hoy podríamos considerar que Carter adoptó una posición de principios en apoyo de los trabajadores egipcios oprimidos; en 1905, se consideró algo pueril e inoportuno, y el parecer general era que debía disculparse, aunque no fuera sincero. Gaston Maspero, entonces director del Servicio de Antigüedades, resolvió el asunto sin disculpa de por medio, pero tomó represalias restringiendo la autoridad de Carter. Este último, enfadado por lo que consideraba una falta de respaldo oficial, dimitió de su puesto en el Servicio de Antigüedades en octubre de 1905. Siguieron varios años de mala suerte, en los que se ganó la vida trabajando como artista arqueológico, guía turístico y vendedor de arte y antigüedades. Solo cuando Maspero le presentó a lord Carnarvon mejoró su vida.

No se sabe qué opinaban los trabajadores de Carter y su equipo. Sin embargo, parece que sabían de la primera visita no autorizada a la cámara funeraria —una visita que habría sido muy difícil de ocultar— y, no obstante, optaron por mantener el secreto en lugar de denunciarlo a las autoridades. Otros, los menos relacionados con la excavación, tenían una profunda desconfianza sobre lo que sucedía en el Valle. En general, se suponía que los arqueólogos eran ladrones decididos a robar el tesoro de Tutankamón. ¿Por qué, si no, iban a mantener el ajuar funerario oculto? Cuando Weigall escribió a Carter en enero de 1923, empleó el lenguaje de su época y, al hacerlo, ilustró perfectamente el abismo social que existía entre los egipcios y los europeos en Luxor: «Todos los nativos dicen que, por lo tanto, es posible que usted haya tenido ocasión de robar parte de ese oro valorado en millones de libras».[10]

Circulaba un rumor sobre Tutankamón: se decía que tres aviones habían aterrizado en el Valle y se habían llevado grandes cantidades de tesoros a un lugar desconocido. Los días de visita organizados para los invitados de prestigio fueron, en parte, un intento de contrarrestar estas historias de comportamiento inapropiado y demostrar que todo acontecía de forma correcta y transparente. Así, el 16 de diciembre de 1922, podemos leer en el *Illustrated London News:*

> La inauguración oficial de la tumba o cámara funeraria del rey Tutankamón, descubierta por el conde de Carnarvon y el señor Howard Carter en el Valle de los Reyes, cerca de Luxor, tuvo lugar el 29 de noviembre. Antes de la inauguración, la hija de lord Carnarvon, *lady* Evelyn Herbert, agasajó a un gran grupo que almorzó en el Valle, formado, entre otros, por *lady* Allenby y el gobernador de la provincia de Kena, Abdel Aziz Bey Yehia, que había prestado una inestimable ayuda en la custodia de los tesoros.

Mientras que los egipcios sospechaban que Carter y su equipo querían expoliar a Tutankamón, Carter, a su vez, sospechaba que los egipcios —personas ajenas, y no trabajadores de su confianza— tenían sus propios proyectos para la tumba. Para mantenerlo tranquilo se emplearon tres grupos independientes de vigilantes, cada uno de los cuales respondía a una autoridad distinta.[11]

Si bien Carter se sentía cómodo en el trato con sus trabajadores, su relación con su equipo principal era menos amistosa: se peleó con su viejo amigo Callender por dinero, discutió con su mecenas, Carnarvon, por un asunto no aclarado, y su amistad con Burton se volvió cada vez más tensa con el paso de los años. Sus relaciones con el Servicio de Antigüedades francés y el Ministerio de Obras Públicas egipcio eran aún peores. Obstinado, de ideas fijas y poco diplomático, y siempre consciente de sus orígenes humildes y poco instruidos, Carter era incapaz de responder adecuadamente a cualquier cosa que considerase una interferencia innecesaria en el funcionamiento de «su» excavación. Se había anunciado que un inspector del Servicio de Antigüedades debía estar siempre presente en el lugar: una novedad que Carter no se tomó bien. Cuando, al comienzo de la temporada de excavaciones de 1923-4, se estipuló que el Servicio de Antigüedades debía dar el visto bueno a todos los integrantes del equipo —y, por tanto, podría excluir al periodista del *Times*—, reaccionó mal. Hoy en día es un procedimiento asentado; el Servicio de Antigüedades tiene derecho a vetar a cualquiera que considere no apto para trabajar en cualquier yacimiento arqueológico. Pero en los años veinte se consideró una burda injerencia. Carter intentó dar su opinión, pero no hubo lugar para las negociaciones. Lacau se mantuvo firme: «[...] el Gobierno ya no discute, sino que le comunica su decisión».

Asimismo, el levantamiento de la tapa del sarcófago, en febrero de 1924, se vio empañado por las disputas sobre el número de visitantes a los que se permitió observar los acontecimientos. Carter había invitado a diecisiete personas, pero el Ministerio de Obras Públicas consideró que eran demasiadas. El asunto se resolvió de manera amistosa y, como estaba previsto, se retiró la tapa de granito. Sin embargo, al día siguiente, a las «damas» (las esposas y familiares de los arqueólogos) se les negó la visita que se les había prometido porque no tenían permiso oficial para entrar en la tumba. La visita de las damas fue, por supuesto, un síntoma, no una causa. El problema de fondo era la propiedad de la tumba y su ajuar funerario. Mace dio cuenta de la rápida escalada de los acontecimientos en una larga entrada de su diario, fechada el 13 de febrero de 1924:

A primera hora de la mañana, Carter recibió una nota del subsecretario, diciendo que había recibido un telegrama del secretario prohibiendo tajantemente la visita de las damas por la tarde. Nos informó del asunto y sentimos que debíamos negarnos a continuar nuestras labores, ya que esto no solo era un insulto para nosotros, sino una clara señal de que el Gobierno iba a llevar su política de interferencia a un nivel aún mayor. En tales condiciones, el trabajo científico se hacía imposible [...]

La directriz procedía del ministro de Obras Públicas, Morcos Hanna Bey, un hombre que no tenía ninguna inclinación a complacer a los británicos, quienes, el año anterior, habían calificado su activismo político de traición y habían intentado ahorcarlo. Él, como muchos otros, consideraba a Tutankamón un símbolo de la independencia egipcia: no creía que los británicos tuvieran ningún papel que desempeñar en la resurrección del rey egipcio.

La entrada del diario de Mace termina con un ligero alivio:

A este respecto, será interesante un relato de los movimientos de Marmur [jefe de distrito]. Se le ordenó ir al Valle en algún momento de la mañana. Al encontrarse con Carter en la orilla del río, trató de obtener un coche prestado, camuflando sus acciones diciendo que solo quería que lo llevase a las excavaciones de Mond. Al no conseguirlo, se apoderó arbitrariamente de un taxi que había pedido un grupo de turistas y se marchó en él, dejando a los turistas abandonados. Dejó el coche en casa de Mond y pidió prestado el de M para que lo llevara a él y a su grupo al Valle. Allí le dijo al chófer que volviera a por él sobre las tres de la tarde. Mientras tanto, Mond se había enterado de lo que pasaba, y se negó a dejar que su coche volviera. Después de esperar una hora más o menos, telefoneó al *omdeh* [líder de una aldea egipcia] para que fuera a pedir a Winlock que enviara nuestro coche a por él. Recibimos el mensaje a nuestro regreso, a eso de las seis, y Winlock respondió que, como estaba en el Valle con el expreso propósito de mantener a nuestras esposas fuera de la tumba, no nos correspondía a nosotros sacarlo de allí. Finalmente, abandonó el Valle en burro a eso de las seis y cuarto de la tarde.

Sin embargo, la situación distaba mucho de ser divertida, y el equipo descubrió que tenían vetado el acceso a la tumba mientras los funcionarios del Gobierno y la prensa egipcia escudriñaban los términos del permiso de *lady* Carnarvon para intentar revocarlo. Tan rápido se agravaron los acontecimientos que la tapa del sarcófago quedó precariamente suspendida en el aire, y el manto de lentejuelas que había cubierto el segundo santuario de Tutankamón permaneció desatendido y se pudrió.

Las cosas empeoraron cuando Carter, con gran imprudencia, recurrió a los tribunales para intentar reclamar la excavación, y su abogado, F. M. Maxwell —el letrado que había procesado anteriormente a Morcos Bey Hanna por traición—, acusó con poco tacto al ministerio de comportarse como bandidos. La sugerencia de que eran las autoridades egipcias las que estaban robando no cayó bien en la prensa local. Siguieron meses de negociaciones, complicadas por el hecho de que Carter hacía tiempo que se había comprometido a dar una serie de conferencias en Estados Unidos y Canadá. Entonces, el 19 de noviembre de 1924, *sir* Lee Stack, comandante en jefe del ejército egipcio, fue asesinado. El Gobierno nacionalista cayó, y al primer ministro Saad Zaghlul Pachá lo sustituyó Ahmed Ziwar Pachá, un viejo conocido de Carter. Finalmente, se llegó a un acuerdo. *Lady* Carnarvon, a pesar de su falta de interés por el antiguo Egipto, pudo continuar la labor de su marido y financiar el vaciado de la tumba. El patrimonio de Carnarvon renunció a todos los derechos sobre los bienes funerarios, y el acuerdo con el *Times* tocó a su fin. A partir de entonces, Carter trabajó en estrecha colaboración con el nuevo inspector jefe del sur de Egipto, Tewfik Boulos, y con el inspector local, Ibrahim Habib.

Mientras Carter estaba ocupado con su gira de conferencias —su acento asombraba a los miembros de la audiencia, que creían que Tutankamón había sido un descubrimiento cien por cien estadounidense—, el Servicio de Antigüedades aprovechó la oportunidad para llevar a cabo un estudio exhaustivo de KV62 y las tumbas asociadas utilizadas por el equipo. Esto sacó a la luz una cabeza de madera, casi de tamaño natural, de Tutankamón como un joven Ra, dios del sol, embalada en una caja de vino y guardada en la tumba del almuerzo (KV4). Como la cabeza carecía de número de inventario, los miembros egipcios del comité consideraron que Carter debía de haberla robado. Se envió un telegrama al primer ministro, Saad Zaghlul, y la cabeza fue enviada a El Cairo. Los adeptos de Carter señalaron que no tenía sentido que abandonase un objeto robado donde cualquiera podría encontrarlo. Mientras la disputa continuaba, Herbert Winlock, que recibía informes diarios del *reis* Huseín, envió un telegrama cifrado a Carter:[12]

Envíe toda la información que pueda en relación con el origen STOP Avísenos por carta si se hace alguna pregunta nos pondremos al corriente STOP Causó una mala impresión a los miembros egipcios se comunicó por telegrama a Zaghlul inmediatamente y se envió por expreso a El Cairo STOP Lacau y Engelbach les han sugerido que usted ha comprado por cuenta del conde el año pasado en Amarna no sé si lo creyeron realmente.

La respuesta de Carter proporcionó una explicación adecuada. La cabeza había aparecido entre los escombros que bloqueaban el pasadizo. Se había conservado, y luego se había abandonado cuando KV4 era la única tumba disponible para el almacenamiento. Después cayó en el olvido. Se aceptó esta explicación sin más preguntas y se dio carpetazo al asunto.

Los detalles del reparto original de los descubrimientos se habían establecido en la primera licencia que lord Carnarvon obtuvo para excavar. El artículo 8 dejaba claro que el cuerpo de Tutankamón permanecería en Egipto: «Las momias de los reyes, de los príncipes y de los sumos sacerdotes, junto con sus ataúdes y sarcófagos, seguirán siendo propiedad del Servicio de Antigüedades». Los artículos 9 y 10 se referían al ajuar funerario:

9: Las tumbas que se descubran intactas, junto con todos los objetos que puedan contener, se entregarán al Museo enteras y sin división.
10: En el caso de las tumbas ya registradas, el Servicio de Antigüedades, además de las momias y sarcófagos previstos en el artículo 8, se reservará todos los objetos de capital importancia histórica y arqueológica, y compartirá el resto con el permisionario.

La tumba de Tutankamón, con sus pruebas de al menos dos saqueos antiguos, se clasificaría como una tumba que «ya había sido registrada»; por tanto, Carnarvon podría reclamar una parte de su contenido. Esto ha llevado a algunos a sugerir que tal vez las pruebas de los saqueos antiguos —los daños en las puertas, el túnel a través del pasillo lleno de astillas, el desorden dentro de la tumba y una colección de anillos de oro envueltos en un lienzo— son menos claras de lo que Carter quiere hacernos creer.

Tras haber renunciado a todo derecho sobre el ajuar funerario, Carter pasó el invierno de 1929-30 negociando con las autoridades egipcias un pequeño porcentaje de los hallazgos de Tutankamón. No se trataba de una discusión teórica: Carter carecía de fondos propios y dependía de los Carnarvon y su excavación —además de los honorarios derivados de conferencias, escritos y otras actividades por cuenta propia— para asegurar su futuro. En un principio, el entonces primer ministro, Ahmad Ziwar, había accedido a que se ofreciesen réplicas a los herederos de Carnarvon, pero en 1930, con Mustafa Nahas al mando, el Gobierno egipcio no consideró que debiera entregar nada. Finalmente, *lady* Carnarvon recibiría la curiosa suma de 35 867 libras con 13 chelines y 8 peniques —aproximadamente el poder adquisitivo equivalente a 2 462 168,46 libras de hoy en día—, en compensación por los gastos de vaciado de la tumba. Una vez abonados los derechos de sucesión y los impuestos, pagó a Carter 8 012 libras como adelanto, y otras 546 libras con 2 chelines y 9 peniques a finales de ese año. El Museo Metropolitano de Arte, que había prestado a su personal, incluido a Harry Burton, para trabajar en el yacimiento, no recibió nada.

A partir de 1930, el derecho a trabajar en la tumba pasó a manos del Servicio de Antigüedades, y todos los gastos relacionados con Tutankamón fueron sufragados por el Gobierno egipcio. Esto supuso un problema para Carter, quien, como extranjero sin cargo oficial, descubrió que, de repente, no podía entrar en la tumba ni en el laboratorio en que había establecido sus dominios durante casi una década. Su respuesta inicial, más bien pueril, consistente en aducir que las puertas de acero, las cerraduras y las llaves pertenecían a *lady* Carnarvon y no al Servicio de Antigüedades, no ayudó a resolver el problema. Finalmente se acordó que las llaves estarían en manos de un inspector de antigüedades local, que llegaría todos los días para abrir las tumbas y permitir la entrada de Carter.

La tumba de Tutankamón fue a la vez el punto culminante y el final de la carrera de Carter como arqueólogo de campo. Con la tumba vacía, regresó a Londres para empezar a redactar el informe oficial de la excavación. Nunca lo completó. Cuando murió, el 2 de marzo de 1939, legó una colección privada de antigüedades a su sobrina, Phyllis Walker. La señorita Walker consultó a un trío de eminentes egiptólogos (Burton, Newberry y Gardiner), y los tres llegaron a la misma y problemática conclusión: la colección Carter incluía diecinueve objetos procedentes de la tumba de Tutankamón. Aunque algunos de estos objetos tenían un valor insignificante, otros llevaban inscrito el nombre del rey, y uno de ellos, un reposacabezas de cristal con inscripciones verdes y azules, era único. No está claro cómo ni cuándo obtuvo Carter estos objetos, y es posible que algunos, si no todos, procedieran de la colección de Carnarvon en 1926, antes de su traslado a Nueva York. No obstante, se sospecha que los trajo el propio Carter de Egipto. Los bienes funerarios se entregaron al consulado egipcio de Londres, donde permanecieron toda la guerra. En 1946 se le devolvieron al rey Faruk, quien regaló algunos al Museo de El Cairo y conservó otros en su propia colección. En 1960, los objetos restantes se donaron al museo.

# 10

# El cuento del obispo

## Investigar a los muertos

El obispo de Chelmsford escribe al *Times* en febrero de 1923, y expresa su preocupación por el destino del cuerpo de Tutankamón:[1]

Señor:

Me pregunto a cuántos de nosotros, nacidos y criados en la época victoriana, nos complacería la idea de que, en el año, digamos, 5923, la tumba de la reina Victoria fuese invadida por una partida de extranjeros que la despojasen de su contenido, sacaran el cuerpo de la gran reina del mausoleo en que ha sido colocado entre expresiones del más absoluto dolor por parte de todo el pueblo, y lo exhibieran a todos y cada uno de los que quisieran verlo.

La cuestión es si un proceder que consideramos indecoroso en el caso de la gran reina inglesa no lo es igualmente en el caso del rey Tutankamón. No ignoro el gran valor histórico que puede tener el examen de la colección de joyas, mobiliario y, sobre todo, de los papiros descubiertos en la tumba, y me doy cuenta de que multitud de intereses pueden justificar su investigación exhaustiva e incluso, en situaciones especiales, su retirada temporal. Pero, en cualquier caso, protesto enérgicamente contra el traslado del cuerpo del rey del lugar donde ha descansado miles de años. Tal traslado raya en la indecencia y atenta contra todo sentimiento cristiano sobre el carácter sagrado de los lugares de enterramiento de los muertos.

Ahora que se había descubierto a Tutankamón, ¿qué había que hacer con él? El escritor Rider Haggard contribuyó a generar un vigoroso debate en la sección de cartas de los lectores del *Times* con la sugerencia de que todos los reyes muertos de Egipto deberían ser ubicados en la Gran Pirámide «y sellados allí con hormigón, de tal forma que solo la destrucción de todo el conjunto, compuesto de innumerables bloques de piedra maciza, pudiera revelarlos de nuevo a los ojos del hombre».[2] Al general *sir* John Maxwell no le gustaba la idea de la pirámide, pero estaba de acuerdo en que los cuerpos no debían ser expuestos al público:[3]

> Si la opinión pública en este asunto es genuina, entonces, para ser coherentes, todos los cuerpos de los ricos y de los pobres por igual deberían volver a ser depositados en tierra, y todos los museos nacionales deberían tomar medidas para devolver sus momias a Egipto para su reinstalación. Pero también convendría recordar a la buena gente de nuestra patria que, en todos los museos, en un día festivo, las multitudes dispensan gran cariño a las momias.

Lord Carnarvon ya había dado su opinión: «El cuerpo de Tutankamón será tratado con la mayor reverencia y se quedará en el sarcófago, sin moverlo del lugar donde ha permanecido tres mil años».[4] La gente de Luxor se mostró de acuerdo. El ajuar funerario de Tutankamón podía ir a El Cairo, pero su cuerpo debía permanecer en su tumba, donde atraería a los turistas y generaría ingresos.

Tradicionalmente, el mundo moderno no había tratado a los antiguos muertos egipcios con el respeto concedido a los fallecidos más recientes. En Egipto, donde las momias humanas y animales eran un recurso en apariencia inagotable, los faltos de escrúpulos las consideraban una mercancía valiosa que se desnudaba o quemaba para recuperar sus amuletos, se vendía a los turistas ricos o se entregaba a los comerciantes que vendían la momia en polvo como medicina (caromomia) o como el ingrediente que daba nombre al pigmento «marrón momia». Los buscadores de tesoros y los arqueólogos solían considerar a las momias humanas una molestia, y la actitud de Belzoni es del todo típica cuando no muestra compasión, ni siquiera interés, por los anónimos ocupantes de las tumbas que tanto le fascinaban:[5]

¡Qué lugar de descanso! Rodeado de cadáveres, de montones de momias en todas direcciones; lo cual, antes de acostumbrarme a la vista, me llenaba de horror [...]. En tal situación me encontré varias veces, y, a menudo, volví exhausto y desmayado, hasta que al final me acostumbré y me fue indiferente mi padecimiento, excepto por el polvo, que no dejaba de ahogar mi garganta y mi nariz. Y aunque, afortunadamente, carezco de sentido del olfato, pude paladear el sabor, bastante desagradable, de las momias. Después del esfuerzo de entrar en tal lugar, a través de un pasadizo de cincuenta, cien, trescientos o tal vez seiscientos metros, casi vencido, busqué un lugar de descanso, lo encontré, y me las arreglé para sentarme; pero cuando mi peso cayó sobre el cuerpo de un egipcio, lo aplastó como una cajita de música. Naturalmente, recurrí a mis manos para sostener mi peso, pero no encontraron mejor apoyo, de modo que me hundí por completo entre las momias rotas, con un estruendo de huesos, trapos y cajas de madera, que levantó tal polvareda que me mantuvo inmóvil un cuarto de hora, esperando a que se asentara de nuevo...

Esta manera despreocupada de tratar a los muertos, sin importar el tiempo que lleven fallecidos, hace que los lectores modernos se estremezcan. Pero Belzoni vivió en una época en la que las momias eran consideradas, literalmente, un callejón sin salida. Para él, una momia anónima no era más que una curiosidad, un objeto sin belleza y con escaso valor científico. En lugar de una entidad completa cuyas capas tenían sentido y significado para sus creadores, la momia era considerada como un paquete lleno de tesoros a la espera de ser desenvuelto.[6]

Fuera de Egipto, las momias se habían convertido en un popular entretenimiento. Enteras y desenvueltas, podían ser la principal atracción de un gabinete de curiosidades o de la colección pública de un museo. Y lo que es mejor, podían ser un espectáculo artístico. Los «desenrolles» eran eventos muy populares para los que había que comprar entrada, y el propio Belzoni inauguró su exposición en Londres desenvolviendo una momia para horrorizado deleite de su público. En una demostración del trato dispar entre una momia muerta hacía largo tiempo y un cadáver recién fallecido, el público cristiano, que esperaba la resurrección de la carne —y cuyo pavor a la autopsia hacía casi imposible que las facultades de medicina obtuvieran cuerpos para sus salas de disección—, estaba más que satisfecho de contemplar esta profanación, aunque, como era una época de ahorcamientos públicos, quizá no debería sorprendernos demasiado su falta de sensibilidad. El desenrolle, al igual que la arqueología, era un procedimiento destructivo que podía generar, o no, una valiosa cosecha de amuletos y otros objetos preciosos. Un anatomista competente podía entonces registrar información sobre la altura, el sexo y la presencia o ausencia de dientes y pelo. Incluso podía especular sobre la edad de la muerte y la causa de esta. Pero eso era todo: era imposible obtener más información. La momia ya había contado su historia.

La descodificación de los jeroglíficos y el descubrimiento de dos escondrijos reales cuestionaron este punto de vista. De repente, los egiptólogos se encontraron con una colección de individuos con nombre, en un contexto histórico conocido. Las momias reales, al menos, merecían ser tratadas con respeto. Sin embargo, esto no las salvó de la destrucción. Gaston Maspero y Émile Brugsch, hombres sin formación médica, convencidos de que debían ser ellos quienes realizaran las autopsias reales, las llevaron a cabo ante un público de dignatarios invitados exprofeso. Aunque hay motivos para realizar las autopsias en público y demostrar que no se está «escondiendo» nada, esto recordaba enormemente al desenrollado como entretenimiento público. Las momias reales se expusieron entonces en el museo, lo que llevó a *sir* Edward Poynter a escribir al *Times* en mayo de 1890, expresando su pesar por este final indigno. Previendo el debate sobre Tutankamón, el egiptólogo Édouard Naville sugirió, también a través de la sección de cartas de los lectores del *Times*, que se volvieran a enterrar en las pirámides.

Tutankamón era un caso del todo distinto. Tenía un nombre, una tumba y una historia, y el público, en los últimos años, se había familiarizado con él tanto como era posible familiarizarse con un rey egipcio de hacía tres mil años. Además, había sido descubierto inmediatamente después de la Gran Guerra y la subsiguiente pandemia de gripe, en un momento en que muchos lloraban a sus propios muertos y buscaban la seguridad de que sus cuerpos habían sido tratados con el debido respeto. Carter, el hombre que había dedicado gran parte de su vida laboral a conservar minuciosamente los objetos de la tumba de Tutankamón, tenía la firme opinión de que la momia pertenecía al mundo médico y no al arqueológico. El desenrollado e inevitable destrucción de la momia era, para él, la etapa final y lógica en su búsqueda del rey. Cuando Douglas Derry sugirió que sería innecesario desenvolver a Tutankamón si se le realizaba una radiografía, Carter estuvo de acuerdo con el procedimiento, aunque seguía pensando que había que desenrollar la momia para extraer las joyas y otros objetos preciosos que, de otro modo, la convertirían en objetivo de los ladrones. El argumento habría resultado familiar a los sacerdotes de Amón del tercer período intermedio, pero tenía poco sentido en el Egipto del siglo xx.

Derry, a diferencia de Carter, era consciente de la necesidad de justificar el desenrollado:[7]

> Es oportuno decir aquí unas palabras en defensa del desenrollado y examen de Tut-anj-Amón. Muchas personas consideran que tal investigación es un sacrilegio, y que no se debería haber perturbado al rey. [...] Se entenderá que, una vez que se ha hecho un descubrimiento como el de la tumba de Tut-anj-Amón y se ha tenido noticia de la riqueza de los objetos que contiene, dejar cualquier cosa de valor en la tumba es buscar problemas [...]. El mismo argumento se aplica al desenvolvimiento del rey, cuya persona se libra así de la manipulación grosera de los ladrones, ávidos de obtener las joyas amontonadas en profusión sobre su cuerpo. La historia se enriquece aún más con la información que puede proporcionar el examen anatómico, que en este caso [...] era de considerable importancia.

Por desgracia, el radiólogo elegido, *sir* Archibald Douglas Reid, murió en Suiza en 1924. Su prematura muerte, a los cincuenta y tres años, desataría más tarde el rumor de que había fallecido en el tren hacia Luxor, una víctima más de la maldición de Tutankamón —aunque una víctima curiosa: seguramente el soberano egipcio habría preferido ser radiografiado antes que desenvuelto—. Sin posibilidad inmediata de encontrar un nuevo radiólogo, Carter decidió no esperar, y pidió a Derry que efectuase el desenrollado. Pronto quedó claro que, de hecho, no habría sido posible radiografiar la momia, ya que no podía extraerse entera de su ataúd interior.

En el capítulo 1 conocimos al equipo médico que se encargó de Tutankamón. El profesor Douglas Derry, catedrático de anatomía de la Facultad de Medicina «Kasr el-Aini» de la Universidad de El Cairo, contó con la ayuda del doctor Saleh Bey Hamdi, de Alejandría, exdirector de la misma facultad y actual responsable de Saneamiento de Alejandría. Harry Burton, el fotógrafo, trabajó junto a los anatomistas, documentando su trabajo, y el químico Alfred Lucas estuvo presente para analizar las muestras tomadas de la momia. Pierre Lacau, director general del Servicio de Antigüedades, asistió en calidad de observador oficial, y hubo un pequeño grupo de invitados egipcios y europeos. La autopsia comenzó la mañana del 11 de noviembre de 1925 en el pasillo exterior de la tumba de Seti II.[8] Estaba previsto que durase una semana.

Los ungüentos a base de resina no solo habían causado un desagradable estropicio: habían pegado el rostro vendado a la máscara funeraria, y tanto la máscara como la momia se habían pegado al ataúd más interno, cuya base estaba adherida a la del ataúd del medio. Por lo tanto, Derry tuvo que trabajar dentro de los límites de la base del ataúd interior. Lo ideal habría sido descubrir la momia amortajada retirando primero la cobertura exterior, que estaba unida al cuerpo por vendas que rodeaban los tobillos, las rodillas, las caderas y los hombros, y desenrollar después las vendas individuales en el orden inverso en que se habían aplicado. No obstante, la cobertura estaba demasiado deteriorada como para retirarla de esa forma. Esto fue una sorpresa. Las vendas que envolvían a las momias recuperadas de los dos escondrijos reales habían mantenido su consistencia, pero esas momias, por supuesto, habían sido desenrolladas, lavadas y vueltas a envolver en la antigüedad. Las vendas de Tutankamón habían estado empapadas de ungüento durante tres mil años, y su lienzo había sufrido el efecto combinado de una tumba húmeda, la proximidad a un cuerpo en descomposición y la acción química de los ungüentos que habían provocado su carbonización.

Derry comenzó su trabajo aplicando una generosa cantidad de parafina fundida para endurecer la cobertura exterior, que se rompía a pedazos. A continuación, cortó hacia la mitad de la cobertura, desde el borde inferior de la máscara hasta los pies. Esperaba que ese procedimiento le permitiera levantar el cuerpo vendado para sacarlo de su mortaja, pero no fue posible, porque las vendas bajo la cobertura estaban incluso en un peor estado de descomposición. En cambio, se vio obligado a trabajar en el cuerpo desde las piernas hacia arriba. Al cabo de cinco días, el torso y las extremidades habían sido expuestos, medidos y reforzados con parafina, y se habían retirado, fotografiado e inventariado los amuletos, ropas y joyas repartidos entre las distintas capas. Derry había llegado a la cabeza y los hombros, que aún estaban cubiertos por la máscara funeraria en forma de casco. La cabeza de Tutankamón se extrajo por fin de la máscara utilizando cuchillos calientes. Posteriormente, Carter utilizó el calor generado por varios hornillos de queroseno para separar las bases del ataúd y la máscara. El calor hizo que las incrustaciones de vidrio se desprendieran de la máscara, que se restauró antes de ser conducida, junto al ataúd interior de oro macizo, a El Cairo. Con la atención del mundo centrada ahora en estos asombrosos artefactos funerarios, se prestó mucha menos atención al propio Tutankamón.

El rey salió de su autopsia como un esqueleto amojamado. Le habían cortado la cabeza, seccionado los brazos por los hombros, los codos y las manos; las piernas, por las caderas, las rodillas y los tobillos, y le habían cortado el torso desde la pelvis, en la cresta ilíaca. Una vez finalizada la investigación científica, el cuerpo se volvió a montar en una bandeja cubierta de arena que se había utilizado para almacenar azúcar, y algunas secciones se pegaron con resina para dar la apariencia de un cuerpo intacto. Esta decisión de ocultar el alcance de los daños de la autopsia tuvo consecuencias imprevistas, ya que llevó a sugerir que Tutankamón debía padecer el raro síndrome de Klippel-Feil, una afección que habría fusionado su columna vertebral y le habría impedido mover la cabeza. En realidad, su cráneo había sido simplemente pegado a la columna vertebral para ocultar el hecho de que había sido decapitado.

Su autopsia había demostrado lo que los arqueólogos sospechaban desde hacía tiempo: Tutankamón no era un anciano cortesano que se había convertido en rey al desposar a una princesa real. Era un hombre joven, estrechamente relacionado con la familia real de Amarna. Casi de la noche a la mañana, Tutankamón había perdido su reputación como faraón tradicional y restaurador del Imperio Nuevo —una reputación que se había esforzado en labrar— y había pasado a ser un «niño-rey», un doliente huérfano de Amarna al que había que compadecer en lugar de admirar. Esta visión de un débil Tutankamón sigue siendo popular hoy en día, reforzada por las reconstrucciones de su aspecto físico, ampliamente difundidas, que se centran en sus discapacidades percibidas —pero que distan mucho de estar probadas—: su pie deforme, sus caderas anchas, su ginecomastia y su cabeza anormalmente grande.[9]

Una entrada en el diario de Carter, fechada el 1 de octubre de 1925, deja claro que siempre tuvo la intención de volver a enrollar a Tutankamón:

> Vi a Edgar [Campbell Cowan Edgar, conservador de museo] en el Museo de El Cairo. He acordado con él que la luz eléctrica en las tumbas de los reyes comience a funcionar a partir del 11 de octubre. También le he comunicado mi programa de trabajo para esta temporada, y la necesidad de realizar el examen de la momia real lo antes posible; mencioné que el proceso podía llevarse a cabo el 25 de octubre o alrededor de esa fecha, cuando el profesor Douglas Derry y Saleh Bey Hamdi podrán ofrecer su asistencia. Que este examen científico debía realizar-

se con la mayor tranquilidad y comodidad posible, pero que debía retrasar el reenrollado de la momia hasta que supiera si los ministros desearían inspeccionar los restos reales.

El 23 de octubre de 1926, Carter confirmó que «el primer ataúd exterior que contiene la momia del rey, finalmente envuelto de nuevo, se bajó al sarcófago esta mañana». Lucas recordaría más tarde que se había envuelto a Tutankamón en un lienzo. El rey, aún yaciendo en su bandeja de arena, fue colocado en la base del ataúd más externo —ahora el único— y se cerró la tapa. Finalmente, el sarcófago abierto se cubrió con una tapa de cristal que permitiría a los visitantes ver al Tutankamón-Osiris dorado. La tapa de cristal permaneció en su lugar hasta que fue retirada, y rota, por el equipo de Harrison en 1968. Fue sustituida, sin coste alguno, por un cristal blindado fabricado por Pilkington. Al levantar la tapa del ataúd resultó evidente que Tutankamón había sido desmembrado, un descubrimiento que provocó la indignación de la prensa especializada. Tutankamón estaba cubierto por una manta de algodón atada con vendas, pero las partes de su cuerpo estaban esparcidas por la bandeja de arena, y su casquete con cuentas y el pectoral, que Carter había considerado demasiado frágiles para retirar, habían desaparecido. Es imposible saber si esta alteración se produjo por accidente o si, como parece más probable, es una señal de que el sarcófago y el ataúd fueron abiertos de manera extraoficial y «restaurados» superficialmente al menos una vez entre 1926 y 1968.

La nueva tapa de cristal se levantó en 1978, cuando el equipo de Harris examinó la cabeza de Tutankamón, y se volvió a levantar en 2005, cuando Tutankamón salió de su tumba para visitar un escáner móvil de tomografía axial computarizada. Finalmente, el 4 de noviembre de 2007, justo ochenta y cinco años después del descubrimiento de los escalones que conducían a su tumba, se instaló a Tutankamón en un nuevo ataúd de cristal de última generación, con relleno de nitrógeno, iluminación incorporada y un control preciso de la temperatura y la humedad. Como su cámara funeraria está ocupada casi en su totalidad por su sarcófago pétreo, su nuevo ataúd se colocó en un rincón de la antecámara, mientras que su ataúd más externo se envió a El Cairo para reunirlo con los otros dos. Los tres se expondrán junto a la máscara funeraria en las galerías de Tutankamón del nuevo Gran Museo Egipcio.

Tutankamón no ha realizado el largo y complicado viaje a El Cairo. Está expuesto de forma permanente en su tumba, aún sobre su bandeja de arena, pero tapado ahora por una simple cubierta de lino que deja su cara y sus pies al descubierto y mantiene oculto su maltrecho cuerpo. Ha sido despojado de su cuidadosamente reunido ajuar funerario y de las vendas que cumplían un papel esencial para su transformación en el dios Osiris. Solo nos queda reflexionar si esta es la imagen de sí mismo que Tutankamón hubiera querido dar al mundo.

# Epílogo

## La familia de Tutankamón

Tradicionalmente, los nuevos estudiantes —utilizo aquí el término en sentido amplio para referirme a cualquier persona que tenga interés en aprender más— se sentían atraídos por el antiguo Egipto gracias a una combinación de visitas a museos, conferencias públicas y exhaustivas lecturas. En la actualidad, es más probable que los mismos estudiantes se sientan atraídos por el antiguo Egipto gracias a documentales, recursos de internet y, cada vez más, videojuegos. En muchos sentidos, esto es positivo: un tema que antes era exclusivo de los académicos se ha abierto a un público mucho más amplio. Pero esto plantea un gran problema. Si bien se reconoce que los juegos presentan un mundo de fantasía y que internet proporciona una gran cantidad de información diversa de precisión variable, los documentales producidos de forma costosa tienden a ser aceptados incuestionablemente como la «verdad». Por ello, es lamentable que los documentalistas sean propensos a simplificar el pasado y a identificar una sola de las posibles secuencias de acontecimientos como la correcta. Con demasiada frecuencia, su deseo de contar una historia con un final positivo e, idealmente, espectacular, dentro de las enormes limitaciones presupuestarias y de calendario, prevalece sobre cualquier deseo de narrar una historia completa o redonda. La creencia subyacente es que los espectadores —los mismos que están dispuestos a descifrar los intrincados acertijos y pistas falsas que se presentan en la ficción criminal— no pueden hacer frente a un argumento complicado. Muchos estudiantes llegan a la universidad convencidos de que ya conocen bien a Tutankamón y su mundo porque, en el mejor de los casos, han visto algunos convincentes documentales o, en el peor de los casos, han visto una miniserie «con mucha imaginación».

La reticencia a contar la historia completa se vuelve más significativa cuando los documentalistas pasan de observar e informar a financiar directamente el trabajo arqueológico. Esto no es malo en sí mismo. La arqueología puede implicar unos costes elevadísimos, y los egiptólogos rara vez tienen acceso a un sinfín de recursos. Sin embargo, existen inconvenientes. Los emisores de contenido muy pocas veces están interesados en la publicación completa y científica de los resultados. Tampoco, como acabamos de señalar, les interesan las sutilezas y los entresijos que constituyen una entretenida parte de los estudios del mundo antiguo. Por último, imponen un calendario implacable a quienes trabajan con ellos. La presión para obtener resultados espectaculares en un plazo determinado puede ser durísima. Mientras tanto, sin pruebas de que alguien cuestione o contradiga los espectaculares resultados, el público se ve condicionado a aceptar la historia transmitida, particularmente cuando la narra una reconfortante voz que nos resulta conocida.

Quienes disfrutamos con los crímenes de ficción sabemos que una evidencia científica incontaminada es inapelable. Vemos, cautivados, cómo los patólogos de la televisión se agachan sobre los cadáveres recién fallecidos, recogiendo las muestras de sangre y tejidos que, en una o dos horas de visionado, conducirán a una detención y a una condena. Las pruebas de ADN, en particular, se aceptan sin cuestionarlas; nadie se levanta en una escena del tribunal de televisión para aducir que la ciencia detrás de ellas no es válida, aunque, entre bastidores, hay diferentes métodos de análisis de diferentes formas de ADN, y distintos métodos de interpretación de las pruebas, algunos considerados más fiables que otros.[1]

Por desgracia, el ADN antiguo, la prueba que se busca cada vez más en las momias reales de Egipto, no está fuera de toda duda. Se ha vuelto un asunto muy controvertido, y mientras algunos expertos aceptan el análisis del ADN de las momias como una herramienta científica válida, otros argumentan con bastante vehemencia que no lo es. No cabe duda de que el proceso presenta muchos problemas. Es esta incertidumbre sobre la exactitud del método lo que me ha llevado a relegar las «pruebas» de ADN a un epílogo aparte, donde pueden considerarse en conjunto, aunque por separado, con las pruebas arqueológicas y las pruebas médicas obtenidas por observación y deducción a la antigua usanza.

Se sabe que el ADN se degrada con el paso del tiempo, y que las temperaturas más elevadas provocan un mayor índice de degradación. Esto significa que el tejido congelado recuperado en una montaña helada conservará el ADN mucho mejor que el tejido momificado recuperado en el tórrido desierto egipcio. Al mismo tiempo, la contaminación es un gran problema. Las minúsculas cantidades de ADN antiguo degradado que pueden recuperarse de las personas fallecidas hace tiempo son susceptibles de verse sobrepasadas por el ADN moderno recogido de las bacterias del aire y, por supuesto, de los propios científicos. Esto puede no ser un problema si los científicos están buscando ADN animal, pero cuando se trata de seres humanos, el peligro de una contaminación potencial es muy grande.

Hemos visto cómo, en los últimos ciento cincuenta años, los egiptólogos han podido recuperar a la mayoría de los monarcas egipcios de la XVIII dinastía del Valle de los Reyes. Estos reyes yacen ahora tranquilamente en sus ataúdes en El Cairo, con escasos indicios de perturbación. A un visitante de la sala de momias se le podría perdonar si pensara que simplemente han sido sacados de sus sarcófagos y transportados al norte por su propia seguridad. Pero sabemos que esto está lejos de ser así. Ninguna de estas momias fue obtenida de algo semejante a una «escena del crimen» incontaminada, y algunas han sufrido repetidas interferencias a lo largo de los siglos. Todas fueron evisceradas, disociadas, aceitadas y envueltas durante un largo ritual de embalsamamiento poco después de morir. Después, sufrieron los ataques y el expolio parcial de los saqueadores de tumbas. Muchos años después, los sacerdotes del tercer período intermedio las sacaron de sus tumbas —o a las partes que quedaban de ellas—, las limpiaron y las envolvieron de nuevo. Algunas debieron ser reconstruidas: Tutmosis III, por ejemplo, estaba tan deteriorado que necesitó un refuerzo de cuatro palas en forma de remo escondidas entre las vendas. Tres mil años después, fue nuevamente perturbado cuando los hermanos el-Rasul agujerearon sus pulcros y nuevos vendajes en busca de su inexistente escarabeo de corazón. Finalmente, en El Cairo, fue desenvuelto de manera extraoficial por Émile Brugsch (1881) y oficialmente por Gastón Maspero (1886). Ambos egiptólogos trabajaron ante un público agolpado alrededor de la mesa de autopsia.

Tutankamón experimentó el mismo y largo proceso de momificación. Se salvó de la indignidad de los antiguos saqueos y restauraciones, pero en los tiempos modernos fue examinado por Derry, Harrison, Harris, Hawass y sus equipos. También puede que lo hayan privado de alguna pertenencia una o más veces entre 1926 y 1968. Su cadáver sufrió daños químicos y carbonización muy significativos, causados por los ungüentos vertidos sobre su cuerpo, que se habían infiltrado en sus huesos. La última vez que lo sacaron de su sarcófago, resguardado tras un cristal, el equipo, sin ropa de protección, se acercó a centímetros de su cuerpo.

Al problema general de la contaminación humana hay que añadir los problemas específicos de los daños químicos causados durante el proceso de embalsamamiento.[2] En este caso, por suerte, los egiptólogos disponen de un cuerpo momificado moderno como espécimen de control. En 1994, el profesor Bob Brier momificó a un hombre de setenta años utilizando técnicas, herramientas y sales de secado lo más parecidas posible a las antiguas.[3] Su momia fue sometida a inspecciones periódicas, que demostraron que las células de la piel mostraban ya signos de deterioro. Esto deja claro que el hueso —idealmente hueso plano— o los dientes son la mejor fuente de ADN de la momia. La muestra debe ser minúscula, y para recogerla debe emplearse una aguja de biopsia, de modo que la momia no sufra daños.

Por último, tenemos el problema de la identidad. Los parientes de Tutankamón y Tiy, Yuya y Tuyu, son los únicos miembros de la familia real de finales de la xviii dinastía que se han encontrado en sus propias y casi intactas tumbas. Todos los demás se han identificado por deducción arqueológica (KV55) o por las etiquetas añadidas por los sacerdotes del tercer período intermedio. En al menos un caso es probable que estas etiquetas sean incorrectas. El cuerpo identificado como Amenhotep III ha sido momificado con una técnica poco habitual en los últimos años de la XVIII dinastía. Aunque se ha sugerido que puede ser Ay, la momia debería considerarse probablemente de la XX dinastía.

En 2004, *National Geographic* hizo un generoso donativo al Consejo Supremo de Antigüedades (el antiguo Servicio de Antigüedades de Egipto) de un escáner Siemens de última generación. Esto sentó las bases de un ambicioso proyecto para estudiar las momias de todo Egipto. En enero de 2005, Tutankamón se convirtió en la primera momia en ser examinada. Los resultados del TAC se combinaron más tarde con un proyecto para utilizar el análisis de ADN e identificar a la familia biológica de Tutankamón, y resolver así el enigma de la sucesión de Amarna. Se tomarían muestras de tejido de once momias para establecer las huellas genéticas del ADN heredado de sus parientes. Los científicos también indagaron a partir del ADN mitocondrial (transmitido por línea femenina) y del ADN del cromosoma Y. Las momias que participaron en el estudio fueron:

Tutankamón
KV55
Amenhotep III
Yuya
Tuyu
Feto 1
Feto 2
KV35EL (la Dama Mayor)
KV35YL (la Dama Joven)
KV21a
KV21b

Hemos hablado de todas ellas, excepto de las dos momias femeninas recuperadas en la tumba KV21. La cerámica de su tumba sugiere que datan de principios de la XVIII dinastía, pero, como ambas estaban momificadas con el brazo izquierdo doblado, que suele considerarse un signo de realeza, los investigadores creyeron que también podían estar relacionadas con Tutankamón.

En 2007, Discovery Channel emitió *Secretos de la reina perdida de Egipto,* la apasionante historia de la investigación forense que trata de identificar la momia desaparecida de la faraona Hatshepsut. El programa gozó de gran popularidad entre el público, lo que allanó el camino para un importante acuerdo con Discovery Channel. En dicho acuerdo se consiguieron los fondos para la creación de un laboratorio de ADN antiguo en el sótano del Museo de El Cairo y un segundo laboratorio en la Universidad de El Cairo, donde los resultados del laboratorio principal podrían someterse a una comprobación independiente. Para reducir la contaminación, se prohibió que el equipo de rodaje accediese a los laboratorios, y las escenas de laboratorio que se emitieron posteriormente eran reconstrucciones. El proyecto se estrenó en 2010 como el documental de dos partes y cuatro horas de duración titulado *Tutankamón: quitando la venda.* No todo el mundo se mostró contento con esta colaboración egipcio-estadounidense; a algunos les pareció que los no egipcios estaban entrometiéndose de nuevo en los asuntos de Tutankamón.

Los resultados científicos del proyecto se anunciaron el 17 de febrero de 2010 mediante un comunicado de prensa emitido por el Consejo Supremo de Antigüedades, una conferencia de prensa celebrada en el Museo de El Cairo y un artículo publicado en la *Journal of the American Medical Association.*[4] Las conclusiones fueron impresionantes, ya que todas las momias aportaron ADN, algunas más que otras. Los puntos más destacados del informe fueron:

—KV35EL (la Dama Mayor) es la hija de Yuya y Tuyu y, por tanto, la reina Tiy.
—KV55 es el hijo de Amenhotep III y KV35EL. Se trata, por tanto, de Akenatón, de su hermano mayor, Tutmosis, o de un hermano no identificado anteriormente que podría ser Semenejkara. La conclusión fue que «muy probablemente sea Akenatón».
—KV55 es el padre de Tutankamón.
—KV35YL (la Dama Joven) es tanto la madre de Tutankamón como una hermana completa de KV55. Por tanto, es hija de KV35EL y de Amenhotep III.

—Los fetos no proporcionaron suficiente ADN para permitir una identificación completa, pero no había nada que sugiriera que no fueran las hijas de Tutankamón.

—KV21A fue identificada como la probable madre de los fetos, lo que sugiere que era Anjesenamón.

Mientras la prensa mundial celebraba este triunfo científico («El enigma del rey Tut: el ADN desvela los secretos»), los egiptólogos y los científicos no estaban tan seguros.[5] Los egiptólogos fueron cautelosos en su respuesta, reacios, quizá, a perjudicar su relación con el Consejo Supremo de Antigüedades. Cuando Jo Merchant, una periodista con formación científica, intentó recabar opiniones sobre el estudio de personas con nombre y apellidos, descubrió que «aunque nadie dice en voz alta que los datos sobre Tutankamón y su familia son decididamente erróneos, me cuesta encontrar a alguien que los crea».[6]

La identificación de KV35EL como Tiy fue generalmente aceptada. La identificación de KV55 como pariente cercano de Tutankamón también parecía razonable: la anatomía ya lo había sugerido. Sin embargo, como hemos visto anteriormente, muchos expertos están de acuerdo en que KV55 apenas tenía veinte años cuando murió, y esto hace difícil que sea Akenatón.

La identificación de la momia KV21A como Anjesenamón causó más sorpresa, ya que no hay nada que indique que KV21 sea una tumba real, y es difícil imaginar cómo su cuerpo acabó allí. No está del todo claro por qué se incluyó en las pruebas esta momia, que en general se creía que databa de principios de la XVIII dinastía.

La identificación de KV35YL como madre de Tutankamón y hermana mayor de Akenatón fue igual de sorprendente. Amenhotep III y Tiy exhiben a sus hijas en su arte oficial; podemos nombrarlas y, hasta cierto punto, rastrear sus vidas. No hay indicios de que ninguna de ellas desposara a su hermano. ¿Podría ser Nefertiti una hermana de Akenatón que llevara un nombre diferente? O, si KV55 es, como opina la autora de este libro, el hijo de Akenatón, Semenejkara, ¿podría KV35YL ser Meritatón —lo que sugiere que Semenejkara y Meritatón podrían haber sido los padres de Tutankamón— o Anjesenamón, si esta última no es KV21A? En la prensa alemana, un miembro del equipo de investigación ha afirmado que KV35YL podría ser la nieta, y no la hija, de KV35EL. Si este es el caso, es posible que KV35YL sea una de las princesas perdidas de Amarna. No obstante, un examen más detallado de los datos genéticos publicados por el equipo egipcio indica que los fetos no podrían ser hijos de Tutankamón y de cualquier hija engendrada por KV55.[7] Esto deja tres posibilidades: Tutankamón tuvo una o más esposas desconocidas que fueron la(s) madre(s) de los fetos; KV55 no es Akenatón, padre de Anjesenamón, que es a su vez la madre de los fetos; o los fetos no son miembros de la familia inmediata.

Los científicos, más directos en su planteamiento, han criticado la metodología en que se basa la recogida y el análisis del ADN, y han destacado las discrepancias entre la información proporcionada en el comunicado de prensa y la información del artículo publicado. En particular, han expresado su sorpresa por el hecho de que se haya podido recuperar tanto ADN útil de los restos egipcios antiguos.[8] También han mostrado su preocupación por las técnicas analíticas utilizadas. Mientras que los estudios sobre momias suelen buscar el ADN mitocondrial —el que se transmite de madre a hijo—, el equipo de la familia de Tutankamón buscó el ADN nuclear, que analizó mediante huellas de ADN. Este es un método menos fiable, más propenso a errores causados por contaminación. Por último, se ha aducido que las pruebas deberían haberse realizado a ciegas para descartar la posibilidad de influencias y sesgos inconscientes, y que los datos brutos deberían haberse publicado en su integridad, lo que, hasta ahora, no ha ocurrido.

Por supuesto, es muy fácil criticar un valiente intento de utilizar una nueva técnica para desentrañar los misterios del pasado. El análisis del ADN de las momias es una ciencia relativamente nueva, y tendremos que esperar a que se realicen pruebas más sofisticadas, un control más eficaz de la contaminación y un análisis más riguroso de los datos para estar seguros de que los resultados obtenidos son válidos. Mientras tanto, es muy posible que Akenatón, Semenejkara y Anjesenamón aún no hayan sido identificados. ¿Han logrado los científicos identificar con éxito a la familia de Tutankamón? Como en tantas otras cuestiones relacionadas con el antiguo rey, los expertos están divididos: algunos dicen firmemente que sí, y otros, con igual firmeza, señalan que no.

# Glosario de términos clave

**Alto Egipto (o sur de Egipto):** el tórrido, largo y estrecho valle del Nilo.

**Amarna:** nombre moderno de la antigua ciudad de Ajetatón, construida por Akenatón para servir a su dios, Atón.

**Atón:** dios solar; centro del culto estatal durante el período de Amarna.

**Bajo Egipto (o norte de Egipto):** el delta del Nilo, húmedo, extenso y llano.

**Campo de Juncos:** la tierra de los muertos, gobernada por el dios Osiris.

**Cartucho:** lazo que rodea el nombre del trono y el nombre personal del rey.

**Dinastía:** término moderno para referirse a una línea de reyes que estaban conectados pero no necesariamente emparentados por sangre. Tutankamón gobernó durante la XVIII dinastía.

**Época dinástica:** período en el que Egipto era una tierra independiente gobernada por un rey conocido hoy como «faraón». La época dinástica comenzó aproximadamente en el año 3100 a. C. con la unificación de las ciudades-Estado independientes del delta y el valle del Nilo, y terminó en el año 30 a. C. con la muerte de Cleopatra VI.

**Escritura hierática:** la escritura cursiva y cotidiana del Imperio Nuevo en Egipto.

**Estela:** una losa de piedra o madera tallada o pintada, utilizada para transmitir un texto o una imagen importante. Las «estelas fronterizas» de Amarna rodeaban la ciudad y contaban la historia de su fundación.

**Imperio Nuevo:** término moderno para las dinastías XVIII, XIX y XX (1550-1069 a. C.).

**Jeroglíficos:** la «escritura con imágenes» utilizada en textos monumentales y significativos.

*Ka:* el espíritu o alma que se desprende del cuerpo al morir.

**Listas Reales:** registro de nombres reales y duración de los reinados mantenido por los sacerdotes egipcios.

**Óstraco:** pieza rota de cerámica o lasca de piedra caliza, utilizada para registrar escritos y pinturas informales.

**Período de Amarna:** los reinados de Akenatón y Semenejkara, cuando Egipto era gobernado desde Amarna y la deidad solar conocida como Atón era el dios principal oficial.

**Pilono:** puerta monumental de un templo.

**Sala hipóstila:** sala cuyo techo está sostenido por muchas columnas, que suele encontrarse en los templos egipcios.

**Tablero de momia:** cubierta decorada que se coloca encima de una momia dentro de su ataúd.

**Templo funerario (o templo conmemorativo):** el lugar donde se mantendría eternamente el culto a determinados muertos.

**Trenza lateral:** una elaborada trenza que, en los niños de la élite, caía sobre un lateral de la cabeza rapada.

**Ureo:** la serpiente erguida sobre la frente del rey.

# Agradecimientos

Muchas personas me han ayudado y animado a escribir este libro. En especial, me gustaría dar las gracias al doctor Paul Bahn, al doctor Robert Connolly, a la profesora Fayza Haikal, al doctor Meguid el Nahas, al doctor Nicky Nielsen y a James Wills. Estoy especialmente agradecida al profesor Steven Snape, que proporcionó muchas de las traducciones de jeroglíficos utilizadas en este libro.

De la editorial inglesa Headline me gustaría dar las gracias a Georgina Polhill, Fiona Crosby, Iain MacGregor, Holly Purdham y Mark Handsley: todos ellos mostraron una gran paciencia cuando los continuos achaques de mala salud amenazaron la finalización de este proyecto. Por último, me gustaría dar las gracias a los estudiantes *online* de Egiptología de la Universidad de Mánchester por sus muchos años de apoyo leal y sus debates que invitan a la reflexión.

# Recursos y fuentes

## Recursos en línea

«Tutankamón: Anatomía de una excavación» permite el libre acceso a los registros de la excavación, fotografías, diarios y agendas que documentan el descubrimiento y vaciado de la tumba de Tutankamón desde varios puntos de vista: http://www.griffith.ox.ac.uk/discoveringtut/

La página web del Proyecto Amarna permite a los visitantes explorar la ciudad de los primeros años de Tutankamón: www.amarnaproject.com

El Proyecto de Mapeo Tebano proporciona un pasaporte digital al Valle de los Reyes: https://thebanmappingproject.com/

## Fuentes publicadas

Agnew, N. y Wong, L. (2019), «Conserving and Managing the Tomb of Tutankhamen», *Getty Magazine,* invierno de 2019: 8-11.

Aldred, C. (1973*), Akhenaten and Nefertiti.* Londres: Viking Press.

Aldred, C. (1988), *Akhenaten: King of Egypt.* Londres: Thames and Hudson.

Allen, J. P. (1988), «Two Altered Inscriptions of the Late Amarna Period», *Journal of the American Research Center in Egypt* 25: 117-26.

Allen, J. P. (2009), «The Amarna Succession», en P. J. Brand y L. Cooper, eds., *Causing his Name to Live: Studies in Egyptian*

*Epigraphy and History in Memory of William J. Murnane*. Leiden: Brill: 9-20.

Allen, J. P. (2010), «The Original Owner of Tutankhamun's Canopic Coffins», en Z. Hawass y J. Houser Wenger, eds., *Millions of Jubilees: Studies in Honour of David P. Silverman*. El Cairo: American University in Cairo Press: 27-41.

Allen, S. J. (2002), «Tutankhamun's Embalming Cache Reconsidered», en Z. Hawass, ed., *Egyptology at the Dawn of the 21st Century: Proceedings of the Eighth International Congress of Egyptologists, Cairo, Egypt. 2000*. El Cairo: American University in Cairo Press: 23-9.

Arnold, D. (1996), «Aspects of the Royal Female Image during the Amarna Period», en D. Arnold, ed., *The Royal Women of Amarna: Images of Beauty from Ancient Egypt*. Nueva York: The Metropolitan Museum of Art: 85-120.

Beinlich, H. (2006), «Zwischen Tod und Grab: Tutanchamun und das Begräbnisritual», *Studien zur altägyptischen Kultur* 34: 17-31.

Belekdanian, A. O. (2015), *The Coronation Ceremony during the Eighteenth Dynasty of Egypt: An Analysis of Three 'Coronation' Inscriptions*. Tesis doctoral inédita, Universidad de Oxford.

Bell, M. A. (1990), «An Armchair Excavation of KV 55», *Journal of the American Research Center* 27: 97-137.

Belzoni, G. B. (1820), *Narrative of the Operations and Recent Discoveries in Egypt and Nubia*, Verona. Nueva edición de 2001, editada por Alberto Siliotti. Londres: British Museum Press.

Berman, L. M. (1998), «Overview of Amenhotep III and his Reign», en D. O'Connor y E. H. Cline, eds., *Amenhotep III: Perspectives on his Reign*. Ann Arbor: University of Michigan Press: 1-25.

Bickerstaffe, D. (2005), «The Royal Cache Revisited», *Journal of the Ancient Chronology Forum* 10: 9-25.

Bickerstaffe, D. (2009), *Identifying the Royal Mummies: The Royal Mummies of Thebes*. Chippenham: Canopus Press.

Bosse-Griffiths, K. (1973), «The Great Enchantress in the Little Golden Shrine of Tutankhamun», *Journal of Egyptian Archaeology* 59: 100-8.

Boyer, R. S., Rodin, E. A., Grey, T. C. y Connolly, R. C. (2003), «The Skull and Cervical Spine Radiographs of Tutankhamen: A Critical Appraisal», *American Journal of Neuroradiology* 24: 1142-7.

Brier, B. y Wade, R. S. (2001), «Surgical Procedures during Ancient Egyptian Mummification», *Chungará* 33: 1.

Bruce, J. (1790), *Travels to Discover the Source of the Nile*, Vol. 1. Edimburgo.

Bryan, B. (2006), «Administration in the Reign of Thutmose III», en E. H. Cline y D. O'Connor, eds., *Tuthmose III: A New Biography*. Ann Arbor: University of Michigan Press: 69-122.

Carnarvon, F. (2007), *Carnarvon and Carter: The Story of the Two Englishmen Who Discovered the Tomb of Tutankhamun*. Newbury: Highclere Enterprises.

Carter, H. (1927), *The Tomb of Tut.ankh.Amen: The Burial Chamber*. Londres: Cassell and Company Limited. Reeditado en 2001 con un prólogo de Nicholas Reeves. Londres: Gerald Duckworth and Co. Ltd.

Carter, H. (1933), *The Tomb of Tut.ankh.Amen: The Annexe and Treasury*. Londres: Cassell and Company Limited. Reeditado en 2000 con un prólogo de Nicholas Reeves. Londres: Gerald Duckworth and Co. Ltd.

Carter, H. y Mace, A. C. (1923), *The Tomb of Tut.ankh.Amen: Search, Discovery and Clearance of the Antechamber*. Londres: Cassell and Company Limited. Reeditado en 2003 con un prólogo de Nicholas Reeves. Londres: Gerald Duckworth and Co. Ltd.

Carter, H. y White, P. (1923), «The Tomb of the Bird», *Pearson's Magazine* 56 (noviembre): 433-7.

Cerny, J. (1929), «Papyrus Salt 124», *Journal of Egyptian Archaeology* 15: 243-58.

Chamberlain, G. (2001), «Two Babies That Could Have Changed World History», *The Historian* 72: 6-10.

Colla, E. (2007), *Conflicted Antiquities: Egyptology, Egyptomania, Egyptian Modernity*. Durham, NC, y Londres: Duke University Press.

Connolly, R. C. *et al.* (1980), «An Analysis of the Interrelationship between Pharaohs of the 18th Dynasty», *Museum Applied Science Centre for Archaeology Journal* 1(6): 178-81.

Cross, S. W. (2008), «The Hydrology of the Valley of the Kings», *Journal of Egyptian Archaeology* 94: 303-10.

Crowfoot, G. M. y Davies, N. de G. (1941), «The Tunic of Tut'ankhamūn», *Journal of Egyptian Archaeology* 27: 113-30.

Curl, J. S. (1994), *Egyptomania. The Egyptian Revival: A Recurring Theme in the History of Time*. Mánchester: Manchester University Press.

Darnell, J. C. y Manassa, C. (2007), *Tutankhamun's Armies: Battle and Conquest during Egypt's Late Eighteenth Dynasty*. Hoboken: John Wiley & Sons, Inc.

Davies, B. G. (1992), *Egyptian Historical Records of the Later Eighteenth Dynasty, Fascicle IV*. Warminster: Aris & Phillips.

Davies, B. G. (1995), *Egyptian Historical Records of the Later Eighteenth Dynasty, Fascicle VI*. Warminster: Aris & Phillips.

Davies, N. de G. (1905), *The Rock Tombs of El Amarna*, Part II: *The Tombs of Panehesy and Meryra II*. Londres: Egypt Exploration Society.

Davies, N. de. G. (1906), *The Rock Tombs of El Amarna*, Part IV: *The Tombs of Penthu, Mahu and Others*. Londres: Egypt Exploration Society.

Davies, N. de G. (1923), «Akhenaten at Thebes», *Journal of Egyptian Archaeology* 9: 132-52.

Davies, Nina de G. y Gardiner, A. H. (1926), *The Tomb of Huy: Viceroy of Nubia in the Reign of Tut'ankhamun*. Londres: Egypt Exploration Society.

Davis, T. M. (1910), *The Tomb of Queen Tiyi*. Londres: Archibald Constable and Co. Reeditado en 2001 con un prólogo de Nicholas Reeves. Londres: Gerald Duckworth and Co. Ltd.

Davis, T. M. (1912), *The tombs of Harmhabi y Touatânkhamanou*. Londres: Archibald Constable and Co. Reeditado en 2001 con un prólogo de Nicholas Reeves. Londres: Gerald Duckworth and Co. Ltd.

Derry, D. E. (1927), «Appendix I: Report upon the Examination of Tut-Ank-Amen's Mummy», en H. Carter, *The Tomb of Tut-ankh-Amen: The Burial Chamber*. Londres: Cassell and Company Limited: 143-61.

Derry, D. E. (1931), en R. Engelbach, «The So-Called Coffin of Akhenaten», *Annales du Service des Antiquités* 31: 98-114.

Derry, D. E. (1972), «The Anatomical Report on the Royal Mummy», en F. F. Leek, *The Human Remains from the Tomb of Tut'ankhamūn*. Oxford: Griffith Institute: 11-20.

Diodoro Sículo, *Biblioteca histórica*, Libro I. Edición de 2001, traducción de Francisco Parreu Alasà. Madrid: Gredos.

Dodson, A. (1990), «Crown Prince Djhutmose and the Royal Sons of the Eighteenth Dynasty», *Journal of Egyptian Archaeology* 76: 87-96.

Dodson, A. (1999), «The Canopic Equipment from the Serapeum of Memphis», en A. Leahy y J. Tait, eds., *Studies on Ancient Egypt in Honour of H. S. Smith*. Londres: Egypt Exploration Society: 59-75.

Dodson, A. (2009a), «Amarna Sunset: The Late-Amarna Succession Revisited», en S. Ikram y A. Dodson, eds., *Beyond the Horizon: Studies in Egyptian Art, Archaeology and History in Honour of Barry J. Kemp*. El Cairo: Consejo Supremo de Antigüedades: 29-43.

*Dodson. A. (2009b), Amarna Sunset: Nefertiti, Tutankhamun, Ay, Horemheb and the Egyptian Counter-Reformation*. El Cairo: American University in Cairo Press.

Eaton-Krauss, M. (1993), *The Sarcophagus in the Tomb of Tutankhamen*. Oxford: Griffith Institute.

Eaton-Krauss, M. (2000), «Restorations and Erasures in the Post-Amarna Period», en Z. Hawass, ed., *Egyptology at the Dawn of the Twenty-First Century: Proceedings of the Eighth International Conference of Egyptologists*, Vol. 2: 194-202.

Eaton-Krauss, M. (2015), *The Unknown Tutankhamun*. Londres: Bloomsbury Academic.

Edgerton, W. F. (1951), «The Strikes in Ramses III's Twenty-Ninth Year», *Journal of Near Eastern Archaeology* 10:3: 137-45.

Edwards, I. E. S. (2000), *From the Pyramids to Tutankhamen: Memoirs of an Egyptologist*. Oxford: Oxbow Books.

El-Khouly, A. y Martin, G. T. (1984), *Excavations in the Royal Necropolis at El-Amarna*. El Cairo: Supplément aux Annales du Service des Antiquités de l'Égypte, Cahier 33.

Engelbach, R (1915), *Riqqeh and Memphis VI*. Londres: British School of Archaeology in Egypt.

Engelbach, R. (1931), «The So-Called Coffin of Akhenaten», *Annales du Service des Antiquités de l'Égypte* 31: 98-114.

Faulkner, R. O. (1994), *The Egyptian Book of the Dead*. San Francisco: Chronicle Books.

Fletcher, J. (2004), *The Search for Nefertiti; The True Story of a Remarkable Discovery*. Londres: Hodder and Stoughton.

Forbes, D. C. (2014), «New 'Virtual Autopsy' Creates a Grotesque Tutankhamen», *KMT* 25:4: 24-5.

Frayling, C. (1992), *The face of Tutankhamun*. Londres: Faber and Faber.

Gardiner, A. (1946), «Davies's Copy of the Great Speos Artemidos Inscription», *Journal of Egyptian Archaeology* 32: 43-56.

Gardiner, A. (1953), «The Coronation of King Haremhab», *Journal of Egyptian Archaeology* 39: 13-31.

Gardiner, A. (1957), «The So-Called Tomb of Queen Tiye», *Journal of Egyptian Archaeology* 43:1: 10-25.

Geddes, L. (2010), «Fallible DNA Evidence Can Mean Prison or Freedom», *New Scientist Online*, 11 de agosto.

Germer, R. (1984), «Die angebliche Mumie der Teje: Probleme interdisziplinärer Arbeiten», *Studien zur altägyptischen Kultur* 11: 85-90.

Giménez, J. (2017), «Integration of Foreigners in Egypt: The Relief of Amenhotep II Shooting Arrows at a Copper Ingot and Related Scenes», *Journal of Egyptian History* 10: 109–23.

Graefe, E. (2004), «Final Reclearance of the Royal Mummies Cache DB320», *KMT* 15(3): 48-57 y 62-3.

Green, L. (1996), «The Royal Women of Amarna: Who Was Who», en D. Arnold, ed., *The Royal Women of Amarna: Images of Beauty from Ancient Egypt*. Nueva York: The Metropolitan Museum of Art: 7-15.

Grimm, A. (2001), «Goldsarg ohne Geheimnis», en S. Schoske y A. Grimm, eds, *Das Geheimnis des goldenen Sarges: Echnaton und das Ende der Amarnazeit*. Múnich: Staatliches Museum Ägyptischer Kunst: 101-20.

Güterbock, H. G. (1959), «The Deeds of Suppiluliuma as Told by his Son, Mursili II», *Journal of Cuneiform Studies* 10: 41-68, 75-98, 107-30.

Haikal, F. (2010), «Egypt's Past Regenerated by its Own People», en S. MacDonald y M. Rice, eds., *Consuming Ancient Egypt*. Londres: UCL Press.

Hankey, J. (2001), *A Passion for Egypt: Arthur Weigall, Tutankhamun and the «curse of the Pharaoh»*. Londres y Nueva York: I. B. Tauris.

Harer, W. B. (2007), «Chariots, Horses or Hippos: What Killed Tutankhamun?», *Minerva* 18: 8-10.

Harer, W. B. (2011), «New Evidence for King Tutankhamun's Death: His Bizarre Embalming», *Journal of Egyptian Archaeology* 97: 228-33.

Harris, J. (1973a), «Neferneferuaten», *Göttinger Miszellen* 4: 15-17.

Harris, J. (1973b), «Nefertiti Rediviva», *Acta Orientalia* 35: 5-13.

Harris, J. (1974), «Neferneferuaten Regnans», *Acta Orientalia* 36: 11-21.

Harris, J. E. *et al.* (1978), «Mummy of the 'Elder Lady' in the Tomb of Amenhotep II: Egyptian Museum Catalogue Number 61070», *Science* 200: 1149-51.

Harris, J. E. y Wente, E. F. (1980), *An X-Ray Atlas of the Royal Mummies*. Chicago: University of Chicago Press.

Harrison, R. G. (1966), «An Anatomical Examination of the Pharaonic Remains Purported to Akhenaten», *Journal of Egyptian Archaeology* 52: 95-119.

Harrison, R. G. (1971), «Post Mortem on Two Pharaohs: Was Tutankhamen's Skull Fractured?» *Buried History* 4: 114-29.

Harrison, R. G., Connolly, R. C. y Abdalla A. (1969), «Kinship of Semenejkara and Tutankhamen Affirmed by Serological Micromethod: Kinship of Semenejkara and Tutankhamen Demonstrated Serologically», *Nature* 224: 325-6.

Harrison, R. G., Connolly, R. C., Ahmed, S. *et al.* (1979), «A Mummified Foetus from the Tomb of Tutankhamun», *Antiquity* 53(207): 19-21.

Hawass, Z. *et al.* (2009), «Computed Tomographic Evaluation of Pharaoh Tutankhamun, ca. 1300 BC», *Annales du Service des Antiquités de l'Égypte* 81: 159-74.

Hawass, Z. et al. (2010), «Ancestry and Pathology in King Tutankhamun's Family», *Journal of the American Medical Association* 303(7): 638-47.

Hellier, C. A. y Connolly, R. C. (2009), «A Re-assessment of the Larger Fetus Found in Tutankhamen's Tomb», *Antiquity* 83: 165-73.

Heródoto, *Historia*, Libro II. Edición de 2000, traducción de Carlos Schrader. Madrid: Gredos.

Hohneck, H. (2014), «Alles für die Katz'? Nochmals zum "Katzensarkophag" des Prinzen Thutmosis», *Zeitschrift für Ägyptische Sprache und Altertumskunde* 141(2): 112-31.

Homero, *La Ilíada*, Libro IX. Edición de 1991, traducción de Emilio Crespo Güemes. Madrid: Gredos.

Hoving, T. (1978), *Tutankhamun: The Untold Story.* Nueva York: Simon and Schuster.

Ikram, S. (2013), «Some Thoughts on the Mummification of King Tutankhamun», *Institut des Cultures Méditerranéennes et Orientales de l'Académie Polonaise des Sciences.* Études et Travaux 26: 292-301.

James, T. G. H. (1992), *Howard Carter: The Path to Tutankhamun.* Londres: Kegan Paul International.

Johnson, W. R. (2009), «Tutankhamen-Period Battle Narratives at Luxor», *KMT* 20(4): 20-33.

Johnson, W. R. (2010), «Warrior Tut», *Archaeology* 63(2): 26-8.

Krauss, R. (1986), «Kija — ursprüngliche Besitzerin der Kanopen aus KV 55», *Mitteilungen des Deutschen Archäologischen Instituts Abteilung Kairo* 42: 67-80.

Kurth, D. (2012), «Die Inschriften auf den Stöcken und Stäben des Tutanchamun», en H. Beinlich, ed., *'Die Männer hinter dem König': 6. Symposium zur ägyptischen Königsideologie.* Wiesbaden: Harrassowitz: 67-88.

Lansing, A. (1951), «A Head of Tut'ankahmūn», *Journal of Egyptian Archaeology* 37: 3-4.

Lawton, J. (1981), «The Last Survivor», *Saudi Aramco World* 32(6): 10-21.

Leek, F. F. (1972), *The Human Remains from the Tomb of Tut'ankhamūn*. Oxford: Griffith Institute.

Lichtheim, M. (1973), *Ancient Egyptian Literature, I: The Old and Middle Kingdoms*. Berkeley: University of California Press.

Lichtheim, M. (1976), *Ancient Egyptian Literature, II: The New Kingdom*. Berkeley: University of California Press.

Loeben, C. E. (1986), «Eine Bestattung der grossen königlichen Gemahlin Nofretete in Amarna? — die Totenfigur der Nofretete», *Mitteilungen des Deutschen Archäologischen Instituts Abteilung Kairo* 42: 99-107.

Loeben, C. E. (1994), «No Evidence of a Coregency: Two Erased Inscriptions from Tutankamón's Tomb», *Amarna Letters* 3: 105-9.

Loret, V. (1899), «Les Tombeaux de Thoutmès III et d'Aménophis II», *Bulletin de l'Institut Égyptien, El Cairo*.

Lucas, A. (1931), «The Canopic Vases from the 'Tomb of Queen Tiyi'», *Annales du Service des Antiquités* 31: 120-22.

Lucas, A. (1942), «Notes on Some Objects from the Tomb of Tut-Ankhamun», *Annales du Service des Antiquités de l'Égypte* 41: 135-47.

Mace, A. C. (1923), «The Egyptian Expedition 1922-23», *The Metropolitan Museum of Art Bulletin* 18(2): 5-11.

Mallinson, M. (1989), «Investigation of the Small Aten Temple», en B. J. Kemp, ed., *Amarna Reports 5*. Londres: Egypt Exploration Society.

Martin, G. T. (1985), «Notes on a Canopic Jar from Kings' Valley Tomb 22, en P. Posener-Kriéger», ed., *Mélanges Gamal Eddin Mokhtar II*. El Cairo: Institut Français d'Archéologie Orientale: 111-24.

Martin, G. T. (1989a), *The Memphite Tomb of Horemheb, Commander- in-Chief of Tutankhamun. I: The Reliefs, Inscriptions and Commentary*. Londres: Egypt Exploration Society.

Martin, G. T. (1989b), *The Royal Tomb at el-Amarna 2*. Londres: Egypt Exploration Society.

Martin, G. T. (1991), *A Bibliography of the Amarna Period and its Aftermath*. Londres: Kegan Paul International.

Mayes, S. (1959), *The Great Belzoni: The Circus Strongman Who Discovered Egypt's Ancient Treasures*. Londres: Bloomsbury.

McDowell, A. G (1999), *Village Life in Ancient Egypt: Laundry Lists and Love Songs*. Oxford: Oxford University Press.

Merchant, J. (2011), «New Twist in the Tale of Tutankhamun's Club Foot», *New Scientist* 212(2833): 10.

Merchant, J. (2013), *The Shadow King: The Bizarre Afterlife of King Tut's Mummy*. Filadelfia: Da Capo Press.

Moran, W. L. (1992), *The Amarna Letters*. Baltimore: Johns Hopkins University Press.

Moser, S. (2006), *Wondrous Curiosities: Ancient Egypt at the British Museum*. Chicago y Londres: University of Chicago Press.

Murnane, W. J. (1977), *Ancient Egyptian Coregencies*. Chicago: Oriental Institute Studies in Ancient Oriental Civilization: 40.

Murnane, W. J. (1995), *Texts from the Amarna Period in Egypt*. Atlanta: Society of Biblical Literature.

Murnane, W. J. y Van Sicklen, C. C. (1993), *The Boundary Stelae of Akhenaten*. Londres y Nueva York: Kegan Paul International.

Navratilova, H. (2012), *Visitors' Graffiti of Dynasties 18 and 19 in Abusir and Northern Saqqara*. Liverpool: Abercromby Press.

Newberry, P. E. (1927), «Appendix III: Report on the Floral Wreaths Found in the Coffins of Tut-ankh-Amen», in H. Carter, *The Tomb of Tut·ankh·Amen: The Burial Chamber*. Londres: Cassell and Company Limited: 189–96.

Newberry, P. E. (1928), «Akhenaten's Eldest Son-in-Law 'Ankhkheperure», *Journal of Egyptian Archaeology* 14: 3-9.

Newberry, P. E. (1932), «King Ay, the Successor of Tut'ankhamūn», *Journal of Egyptian Archaeology* 18(1): 50–52.

Ockinga, B. (1997), *A Tomb from the Reign of Tutankhamun*. Warminster: Aris & Phillips.

Peden, A. J. (1994), *Egyptian Historical Inscriptions of the Twentieth Dynasty*. Jonsered: Paul Åstroms förlag.

Pendlebury, J. D. S. (1935), *Tell el-Amarna*. Londres: Lovat Dickson & Thompson.

Pendlebury, J. D. S. (1951), *The City of Akhenaten, Part III: The Central City and the Official Quarters*. Londres: Egypt Exploration Society.

Perlin, M. W., Belrose, J. L. y Duceman, B. W. (2013), «New York State TrueAllele® Casework Variation Study», *Journal of Forensic Sciences* 58: 6: 1458-66.

Pfluger, K. (1946), «The Edict of King Haremhab», *Journal of Near Eastern Studies* 5(1): 260-76.

Phizackerley, K. (2010), «DNA Shows the KV55 Mummy Probably Not Akhenaten», https://katephizackerley.wordpress.com/2010/03/03/dna-shows-that-kv55-mummy-probably-not-akhenaten/ (2 de marzo de 2010).

Pococke, R. (1743), *A Description of the East and Some Other Countries*, Vol. 1: *Observations on Egypt*. Londres.

Porter, B. y Moss, R. L. B. (1972), *Topographical Bibliography of Ancient Egyptian Hieroglyphic Texts, Reliefs, and Paintings II: Theban Temples*, segunda edición, revisada y aumentada. Oxford: Clarendon Press.

Price, C. (de próxima publicación), «Interpreting the 'Two Brothers' at Manchester Museum; Science, Knowledge and Display». *Archaeologies: The Journal of World Archaeology.*

Ray, J. (1975), «The Parentage of Tutankhamūn», *Antiquity* 49: 45-7.

Redford, D. B. (1975), «Studies on Akhenaten at Thebes II: A Report on the Work of the Akhenaten Temple Project of the University Museum, The University of Pennsylvania, for the Year 1973-4», *Journal of the American Research Center in Egypt* 12: 9-14.

Reeves, C. N. (1981), «A Reappraisal of Tomb 55 in the Valley of the Kings», *Journal of Egyptian Archaeology* 67: 48-55.

Reeves, C. N. y Wilkinson, R. H. (1996), *The Complete Valley of the Kings: Tombs and Treasures of Egypt's Greatest Pharaohs*. Londres: Thames and Hudson.

Reeves, N. (1990), *The Complete Tutankhamun: The King, the Tomb, the Royal Treasure*. Londres: Thames and Hudson.

Reeves, N. (2015a), «The Burial of Nefertiti? Amarna Royal Tombs Project: Valley of the Kings», *Occasional Paper* 1.

Reeves, N. (2015b), «Tutankhamun's Mask Reconsidered», en A. Oppenheim y O. Goelet, eds., *The Art and Culture of Ancient Egypt: Studies in Honor of Dorothea Arnold*. Bulletin of the Egyptological Seminar 19: 511-26.

Reid, D. M. (2015), *Contesting Antiquity in Egypt: Archaeologies, Museums, and the Struggle for Identities from World War I to Nasser*. El Cairo y Nueva York: American University in Cairo Press.

Riggs, C. (2014), *Unwrapping Ancient Egypt*. Londres: Bloomsbury.

Riggs, C. (2018), *Photographing Tutankhamun: Archaeology, Ancient Egypt, and the Archive*. Londres: Routledge.

Riggs, C. (2020), «Water Boys and Wishful Thinking. Blog Photographing Tutankhamun» https://photographing-Tutankhamun.com/2020/06/20/the-waterboy-who-wasn't/ (20 de junio).

Riggs, C. (2021), *Treasured: How Tutankhamun Shaped a Century*. Londres: Atlantic Books.

Robins, G. (1981), «Hmt nsw wrt Meritaten», *Göttinger Miszellen* 52: 75-81.

Robins, G. (1984), «Isis, Nephthys, Selket and Neith Represented on the Sarcophagus of Tutankhamun and in Four Free-Standing Statues Found in KV 62», *Göttinger Miszellen* 72: 21–5.

Romer, J. (1988), *Valley of the Kings*. Londres: Michael O'Mara Books.

Rühli, F. J. e Ikram, S (2014), «Purported medical diagnoses of Pharaoh Tutankhamun, *c.* 1325 BC», *HOMO: Journal of Comparative Human Biology* 65(1): 51-63.

Schulman, A. R. (1978), «Ankhesenamun, Nofretity and the Amka Affair», *Journal of the American Research Center in Egypt* 15: 43-8.

Seele, K. C. (1955), «King Ay and the Close of the Amarna Age», *Journal of Near Eastern Studies* 14: 168-80.

Smith, G. E. (1910), «A Note on the Estimate of the Age Attained by the Person Whose Skeleton Was Found in the Tomb» en T. M. Davis, *The Tomb of Queen Tiyi*. Londres: Archibald Constable and Co.: XXIII-XXIV.

Smith, G. E. (1912), *The Royal Mummies*. El Cairo: Service des Antiquités de l'Égypte.

Snape, S. (2011), *Ancient Egyptian Tombs: The Culture of Life and Death*. Oxford: Wiley-Blackwell.

Stevens, A. (2017), «Death and the City: The Cemeteries of Amarna in their Urban Context», *Cambridge Archaeological Journal* 28:1: 103-26.

Strouhal, E. (2010), «Biological Age of Skeletonized Mummy from Tomb KV 55 at Thebes», *Anthropologie* XLVIII(2): 97-112.

Strudwick, N. (2005), *Texts from the Pyramid Age*. Atlanta: Society of Biblical Literature.

Troy, L. (1986), *Patterns of Queenship in Ancient Egyptian Myth and History*. Uppsala: Acta Universitatis Upsaliensis.

Tyldesley, J. A. (1998), *Nefertiti: Egypt's Sun Queen*. Londres: Viking.

Tyldesley, J. A. (2012), *Tutankhamun's Curse: The Developing History of an Egyptian King*. Londres: Profile Books.

Tyldesley, J. A. (2018), *Nefertiti's Face: The Creation of an Icon*. Londres: Profile Books.

Tyndale, W. (1907), *Below the Cataracts*. Londres: Heinemann.

Van der Perre, A. (2012), «Nefertiti's Last Documented Reference (for Now)», en F. Seyfried, ed., *In the Light of Amarna: 100 Years of the Nefertiti Discovery*. Berlín: Michael Imhof Verlag: 195–7.

Van Dijk, J. (1993), *The New Kingdom Necropolis of Memphis: Historical and Iconographical Studies*. Tesis: Universidad de Groninga.

Van Dijk, J. y Eaton-Krauss, M. (1986), «Tutankhamun at Memphis», *Mitteilungen des Deutschen Archäologischen Instituts Abteilung Kairo* 42: 35-41.

Vandenberg, P. (1975), *The Curse of the Pharaohs*. Londres: Book Club Associates.

Vogelsang-Eastwood, G. M. (1999), *Tutankhamun's Wardrobe: Garments from the Tomb of Tutankhamun*. Leiden: Van Doorn & Co.

Weigall, A. E. P. B (1922), «The Mummy of Akhenaten», *Journal of Egyptian Archaeology* 8: 193-200.

Weigall, A. E. P. B. (1923), *Tutankhamen and Other Essays*. Londres: Thornton Butterworth.

Wente, E. F. (1990), *Letters from Ancient Egypt*. Atlanta: Society of Biblical Literature.

Willerslev, E. y Lorenzen, E. (2010), «King Tutankhamun's Family and Demise», *Journal of the American Medical Association* 303(24): 2471.

Winlock, H. E. (1941), *Materials Used at the Embalming of King Tutankhamun: The Metropolitan Museum of Art Papers 10*. Reeditado en 2010 con el prólogo de D. Arnold, «Tutankhamun's Funeral». Nueva York: The Metropolitan Museum of Art/Yale University Press, New Haven and London.

Zivie, A. (2009), *La Tombe de Maïa: mère nourricière du roi Toutânkhamon et grande du harem*. Toulouse: Caracara Edition.

Zivie, A. (2013), *La Tombe de Thoutmès: Directeur des Peintres dans la Place de Maât*. Toulouse: Caracara Edition.

Zivie, A. (2018), «Pharaoh's Man: 'Abdiel: The Vizier with a Semitic Name», *Biblical Archaeology Review* 44(4): 22-31.

Zwar, D. (2007), «Tutankhamun's Last Guardian», *History Today* 57:11.

# Notas

## Prólogo

1 «Anatomía de una excavación»: www.griffith.ox.ac.uk/gri/4tut.html.
2 *National Geographic* en línea, 8 de noviembre de 2017.
3 *Egypt Today* en línea, 31 de marzo de 2020.

## 1. El cuento del príncipe

1 Extracto del *Gran himno a Atón,* inscrito en la pared de la tumba de Ay en Amarna. Traducción inglesa de Steven Snape. Para una traducción del texto completo, véase Lichtheim (1976: 96-100).
2 Estatuilla de sacerdote, Museo del Louvre, París E2749 N792, y Dodson (1990); sarcófago de gato, Museo de El Cairo CG5003, pero véase Hohneck (2014); estatuilla de momia, Ägyptisches Museum Berlin VAGM1997/117.
3 Allen (2009: 13 y Fig. 5).
4 Extracto de la estela S del límite de Amarna. Traducción inglesa de Steven Snape. Para una traducción del texto completo, véase Lichtheim (1976: 48-51).
5 Para más detalles sobre las jarras de vino de Tutankamón, véase Reeves (1990: 202-3).
6 Derry (1972: 15). La investigación de Derry fue a su vez investigada por Leek (1977).
7 Pendlebury (1951, Vol. 2: pl. 95: n.º 279).
8 Carter y Mace (1923: 171).
9 Carter y Mace (1923: 172).

10  Reeves (1990: 158).

11  Museo del Instituto del Oriente Próximo, Chicago E12144.

12  Museo Británico, Londres EA2; Ray (1975).

13  Tyldesley (2018: 9).

14  Extracto de la estela fronteriza K de Amarna. Traducción inglesa de Steven Snape. Para una traducción del texto completo, véase Murnane y Van Siclen (1993: 33-47).

15  Martin (1989b: 37-41).

16  Discutido en Arnold (1996: 115).

17  Museo Metropolitano de Arte, Nueva York 1991.237.70.

18  Tumba del Bubasteion 1.20: Zivie (2009).

19  Bryan (2006: 97-9).

20  Zivie (2018).

21  Ockinga (1997).

22  *La sátira de los oficios.* Para la traducción inglesa completa, véase Lichtheim (1973: 184-92).

23  Reeves (1990: 166-7).

24  TT109. Discutido en Giménez (2017).

25  Extracto de la estela de la esfinge de Amenhotep II. Traducción inglesa de Steven Snape. Para una traducción del texto completo, véase Lichtheim (1976: 41-2).

26  Extracto del *Gran himno a Atón.* Traducción inglesa de Steven Snape. Para una traducción del texto completo, véase Lichtheim (1976: 96-100).

27  Stevens (2017).

28  Mallinson (1989: 138).

29  Davies, N. de. G. (1906: 16 y lámina XXXII).

30  Davies, N. de. G. (1905: 38-43 y lámina XXXVII).

31  Tyldesley (1998: 151).

32  Véase, por ejemplo, Davies (1923: 133); Pendlebury (1935: 28-9); Seele (1955: 168-80).

33  Van der Perre (2012).

34  Extracto de la inscripción del templo de Seti en Abidos. Traducción inglesa de Steven Snape. Para una traducción del texto completo, véase Murnane (1977: 58).

35  Extracto de la estela de Kubán. Traducción inglesa de Steven Snape. Para una traducción del texto completo, véase Murnane (1977: 59).

36  Harris (1973a, 1973b, 1974).
37  Davies (1905: 43-4).
38  Reeves (1990: 199); Loeben (1994).
39  Allen (2009: 9).
40  EA10: Museo Británico, Londres EA 029786. Traducción inglesa de Moran (1992: 19).

## 2. El cuento del rey

1  Extracto de la estela de la restauración de Tutankamón. Traducción inglesa de Steven Snape. Para una traducción del texto completo, véase Murnane (1995: 212-14).
2  Museo de Turín 1379. Traducción inglesa de Steven Snape. Para una traducción del texto completo, véase Gardiner (1953).
3  Belekdanian (2015).
4  Lansing (1951) y Eaton-Krauss (2015: 55-6). Museo Metropolitano de Arte, Nueva York 50.6.
5  Reeves (1990: 153-4). Un tercer mayal no está inscrito y falta el correspondiente cayado (n.º 44u).
6  Traducción inglesa de Steven Snape.
7  Ägyptisches Museum Berlin ÄM 37391 y ÄM 34701.
8  Tumba del Bubasteion 1.19: Zivie (2013).
9  Tyldesley (2018).
10  Murnane (1995: 211[97]).
11  Navratilova (2015: 122-5).
12  Separadas, las figuritas *shabti* se encuentran en el Museo del Louvre, en París, y en el Museo de Brooklyn. Véase Loeben (1986) y Aldred (1988: 229).
13  Traducción inglesa de Steven Snape. Para una traducción del texto completo, véase Davies, B. G. (1995: 30-33). Parte de un texto duplicado se descubrió en los cimientos del templo de Montu. Museo de El Cairo JE 41504 y 41565.
14  Extracto de la inscripción de Speos Artemidos. Para la traducción inglesa del texto completo, véase Gardiner (1946: 47-8).
15  Traducción inglesa de Steven Snape. Para leer más decretos de Horemheb, véase Pfluger (1946).

16 EA64: Museo Británico, Londres EA29816. Para la traducción inglesa de la carta completa, véase Moran (1992: 135-6).

17 EA170: Staatliche Museen, Berlín VAT327. Para la traducción inglesa de la carta completa, véase Moran (1992: 257-8).

18 Johnson (2009) y (2010).

19 Reeves (1990: 170-73).

20 Hawass *et al.* (2010).

21 Merchant (2011).

22 Kurth (2012).

23 Lichtheim (1973: 61-80).

24 Extracto de la estela de Maya: Museo Garstang, Universidad de Liverpool E583. Traducción inglesa de Steven Snape. Para una traducción del texto completo, véase Murnane (1995: 215-16).

25 Museo de El Cairo JE57 195; Van Dijk y Eaton-Krauss (1986: 39-41).

26 Discutido en Eaton-Krauss (2015: 49).

27 Murnane (1995: 219).

28 Los proyectos nubios de Tutankamón se analizan en Eaton-Krauss (2015: 70-71).

29 Eaton-Krauss (2000).

30 Museo Egipcio, El Cairo CG 42091.

31 Carter (1927: 41).

32 Vogelsang-Eastwood (1999: 17-19).

33 Cifras publicadas en *The Independent*, 3 de agosto de 2000.

34 Carter, diario, 16 de noviembre de 1925.

35 Zahi Hawass: comunicado de prensa, Consejo Supremo de Antigüedades, 10 de mayo de 2005.

36 Martin (1989b: láminas 110-12).

37 Dodson (1999: 62).

38 Nina de G. Davies y Gardiner (1926: láminas IV-VIII y XXII-XXXI).

39 Newberry (1927).

40 Carter (1927: 86).

41 Mace (1923: 6).

42 Harrison (1971).

43 Boyer, Rodin, Grey y Connolly (2003:1146-7); Hawass *et al.* (2010).

44 Zahi Hawass: comunicado de prensa, Consejo Supremo de Antigüedades, 10 de mayo de 2005.

45 Harer (2007).

## 3. El cuento del enterrador

1 Traducción inglesa de Steven Snape. Para una traducción y discusión del conjunto completo de textos del sarcófago de Tutankamón, véase Eaton-Krauss (1993).

2 Traducción inglesa de Steven Snape. Para una traducción del texto completo, véase Gardiner (1953, 14).

3 Discutido en Van Dijk (1993: 10-64).

4 Darnell y Manassa (2007: 178-84).

5 Snape (2011: 242) analiza el mecanismo de compra de un ataúd en una tierra sin moneda.

6 Heródoto, *Historia* II: 86. Traducido por Carlos Schrader (2000).

7 Brier y Wade (2001).

8 Porter y Moss (1972: 454-9).

9 Museo de El Cairo JE 59869; Instituto Oriental, Chicago 14088; Ägyptisches Museum Berlin 1479/1.

10 Heródoto, *Historia* II: 89. Traducido por Carlos Schrader (2000).

11 Diodoro Sículo, *Biblioteca histórica* I: 91. Traducido por Parreu Alasà (2001: 308).

12 Harer (2011).

13 Brier y Wade (2001).

14 Allen (2010).

15 Carter y Mace (1923: 184).

16 Robins (1984).

17 Papiro Vindobonense 3873: Österreichische Nationalbibliothek, Viena.

18 Carter, diario, 18 de noviembre de 1925.

19 La máscara está hecha de láminas de oro juntas; el oro de la superficie tiene 18,4 quilates; el del tocado, 22,5 quilates y el de la máscara subyacente, 23 quilates.

20 Extracto del Libro de los Muertos, conjuro 151. Traducción inglesa de Steven Snape. Para una traducción completa de este conjuro, véase Faulkner (1994: 123).
21 Reeves (2015b).
22 Winlock (1941: 21-3).
23 Winlock (1941).
24 Discutido en S. J. Allen (2002).
25 Discutido por Arnold en Winlock (1941: 16-17).
26 Las otras son KV55 y KV63.
27 Eaton-Krauss (2015: 106); todas las medidas están tomadas de Reeves (1990: 70-71).
28 Traducción inglesa de Steven Snape.
29 Reeves (2015b: 514-15).
30 Beinlich (2006).
31 Carter (1927: 41).

## 4. El cuento de la reina

1 Güterbock (1959: 94).
2 Neues Museum, Berlín 14145.
3 Traducción inglesa de Steven Snape. Para una traducción del texto completo, véase Lichtheim (1976: 96-100).
4 Redford (1975); Robins (1981).
5 Extracto de las *Instrucciones del Nuevo Reino de Ani*. Traducción inglesa de Steven Snape. Para una traducción completa, véase Lichtheim (1976: 135-46).
6 Discutido con más referencias en Eaton-Krauss (2015: 3-6).
7 Carter y Mace (1923: 119). Las escenas que decoran el Pequeño Santuario Dorado se analizan en Troy (1986: 100 y ss.). Véase también Bosse-Griffiths (1973).
8 Carter y Mace (1923: 117).
9 Arnold (1996: 107).
10 Eaton-Krauss (1993); Robins (1984).
11 Derry, citado en Leek (1972: 21-3).
12 Museo de El Cairo JE 39711; Reeves (1990: 123).
13 Harrison *et al.* (1979).
14 Chamberlain (2001); Hellier y Connolly (2009).

15 Carter (1933: 28).

16 Newberry (1932).

17 «Escarabeo nupcial» de Amenhotep III: Davies, B. G. (1992: 38).

18 Güterbock (1959: 94-5). Véase también Schulman (1978).

19 EA4: Staatlichen Museen, Berlín VAT1657. Para una traducción de la carta completa, véase Moran (1992: 8-9).

20 Güterbock (1959: 96-7).

## 5. El cuento del saqueador

1 Extracto del papiro hierático Mayer B. Reeves y Wilkinson (1996: 192).

2 Engelbach (1915: 12).

3 Inscripción de advertencia en la tumba de Peteti en Guiza. Strudwick (2005: 437).

4 Tumba de Ineni: TT81.

5 Óstraco OIC 16991 (McDowell (1999: 218)) y óstraco Deir el-Medina 317 (Wente (1990: 154)).

6 Cross (2008) y comunicación personal.

7 Traducción basada en Edgerton (1951: 141).

8 Peden (1994: 245-57).

## 6. El cuento del abogado

1 Davis (1912: 3).

2 Diodoro Sículo, *Biblioteca histórica* I: 46. Traducido por Parreu Alasà (2001: 235-236).

3 Homero, *La Ilíada,* Libro IX. Traducción de Emilio Crespo Güemes (1991: 277).

4 Pococke (1743: 97-8).

5 Bruce (1790: 126-8).

6 Moser (2006: 34).

7 El Museo Británico se negó a pagar dos mil libras por el sarcófago, que hoy se exhibe en el Sir John Soane's Museum, en Londres.

8 Museo Británico, Londres EA24.

9 Para una reevaluación del escondrijo DB320, véase Bickerstaffe (2005). Para los detalles del estudio más reciente, véase Graefe (2004).

10 Loret (1899).

11 Loret (1899), traducción inglesa de Romer (1988: 161-2).

12 Smith (1912: 38).

13 Harris *et al.* (1978).

14 Germer (1984).

15 Connolly *et al.* (1980).

16 Bickerstaffe (2009: 105-12).

17 Hawass *et al.* (2010).

18 Weigall (1922: 193).

19 Davis (1910). La publicación de Davis debe leerse junto con Bell (1990) y Reeves (1981).

20 Cross (2008: 305) y comunicación personal en 2011.

21 Martin (1985: 112).

22 Krauss (1986).

23 Lucas (1931).

24 Citado en Gardiner (1957: 25).

25 Davis (1910: 9 y 2). El pan de oro inscrito se conserva en el Museo de El Cairo. Se entregaron a Davis seis láminas sin inscribir; hoy en día se encuentran en las colecciones del Museo Metropolitano de Arte de Nueva York.

26 Engelbach (1931: 98ss).

27 Traducción inglesa de Steven Snape. Véase J. P. Allen (1988), y Gardiner (1957: 19-20).

28 Davis (1910: 2).

29 Weigall (1922:196).

30 Hankey (2001: 93).

31 Derry (1972: 14); Connolly, Harrison y Ahmed (1976).

32 Smith (1910: xxiv).

33 Smith (1912: 52, 54).

34 Derry (1931: 116).

35 Harrison (1966: 111).

36 Harris y Wente (1992).

37 Discutido por Eaton-Krauss (2015: 8, nota 28).

38 Hawass *et al.* (2010: 640).

39  Gardiner (1957: 10).
40  Citado en el *Manchester Guardian*, 27 de enero de 1923.
41  Davis (1912: 3).
42  La contribución de Maspero a la publicación de Davis (1912: 11123) ignora más o menos su «descubrimiento de la tumba de Tutankamón».

## 7. El cuento del arqueólogo

1  Carter y Mace (1923: 76).
2  *The Times*, 30 de noviembre de 1922.
3  Carnarvon (2007: 14).
4  Introducción a Carter y Mace (1923: 25).
5  Citado en James (1992: 413-15).
6  Carter y Mace (1923: 82).
7  Escrito de Carnarvon para *The Times*, 11 de diciembre de 1922.
8  Carter y Mace (1923: 86).
9  Carter y Mace (1923: 87); Carter, diario, 1 de noviembre de 1922; Cross (2008: 308, Fig. 4).
10  Carter y Mace (1923: 95-6).
11  James (1992: 253).
12  Lucas (1942: 136).
13  Entrada del diario de Mace del 12 de febrero de 1924.
14  Anotación en el diario de Carter del 28 de octubre de 1925.
15  Agnew y Wong (2019); los detalles de este proyecto figuran en el sitio web de Getty: https://www.getty.edu/conservation/our_projects/field_projects/tut/index.html.
16  https://www.factumfoundation.org/pag/207/recording-the-tomb- de-tutankhamun.
17  Reeves (2015a).
18  Citado en el artículo de la BBC en línea «Nefertiti Was Buried inside King Tut's Tomb», 11 de agosto de 2015.

## 8. El cuento del periodista

1  Abaza (1924), citado en Colla (2007: 172).

2  Curl (1994: 211-20).

3  Colla (2007: 13); Haikal (2010).

4  Discutido en Reid (2015: 64).

5  Hankey (2001).

6  Frayling (1992: 33).

7  James (1992: 326).

8  Véase, por ejemplo, Hoving (1978: 194).

9  Weigall (1923: 136).

10  Que se hubieran apagado todas las luces de El Cairo no es nada sorprendente. Al parecer, Susie murió poco antes de las 4 de la madrugada, hora de Londres. En 1923, Inglaterra tenía una diferencia horaria con Egipto de dos horas menos. Susie murió en realidad cuatro horas después de su amo.

11  Vandenberg (1975: 20).

12  Vandenberg (1975: 20).

13  Traducción inglesa de Steven Snape. Véase Carter (1933: 33, 40-41).

14  Artículo inédito citado en James (1992: 371).

15  Carter y White (1923).

16  Carta escrita a Edward Robinson, director del Museo Metropolitano de Arte, 28 de marzo de 1923. Citado en Hoving (1978: 82).

17  Weigall (1923: 138).

18  Winlock, *The New York Times* (26 de enero de 1934: 19-20).

## 9. El cuento del aguador

1  Edwards (2000: 271-2).

2  Véase Riggs (2014) para la importancia de las telas como envoltorios.

3  Discutido en Price (de próxima aparición).

4  Lawton (1981).

5  Zwar (2007).

6  Hoving cuenta esta historia (1978: 76-7), y cita unas memorias inéditas del agente estadounidense de Carter, Lee Keedick. Se discute en Riggs (2020).

7  Carter (1927: XXIV).

8  Discutido por Riggs (2018: 5). El propio Burton fue apoyado en su trabajo fotográfico por «camarógrafos» egipcios adultos.
9  Carta escrita a su mujer, Hortense; citada en Hankey (2001: 51).
10  Citado en Hankey (2001: 265).
11  Carter y Mace (1923: 125-6).
12  James (1992: 315).

## 10. El cuento del obispo

1  *The Times*, 3 de febrero de 1923.
2  *The Times*, 13 de febrero de 1923.
3  *The Times*, 20 de marzo de 1923.
4  *The New York Times*, 24 de febrero de 1923.
5  Belzoni, *Narrative* (1820/2001: 168-9).
6  Riggs (2014) habla de la importancia de considerar la momia enrollada como una entidad completa, en lugar de un paquete envuelto.
7  Derry (1927: 145).
8  Derry publicó un breve resumen de su trabajo como apéndice del segundo libro divulgativo de Carter sobre Tutankamón (1927), pero su informe científico permaneció inédito hasta que Leek (1972) reconstruyó los resultados de la autopsia.
9  Forbes (2014).

## Epílogo

1  Véase, por ejemplo, Geddes (2010); Perlin *et al.* (2013).
2  Merchant (2013: 206) debate sobre un argumento alternativo, a saber, que el proceso de desecación rápida y, en particular, la resina puede haber ayudado realmente a preservar el ADN.
3  Brier y Wade (2001).
4  Hawass *et al.* (2010).
5  Titular del *Sydney Morning Herald,* 18 de febrero de 2010.
6  Merchant (2013: 198).
7  Phizackerley (2010).

8   Por ejemplo, Willerslev y Lorenzen (2010) señalan que en la mayoría de los restos egipcios antiguos, el ADN no sobrevive en un grado que sea actualmente recuperable.

# Créditos de las imágenes

1 Caja pintada © Roger Wood/CORBIS/VCG via Getty Images
Estela de Amarna © Heritage Image Partnership Ltd./Alamy

2 Cabeza con la corona azul, Museo Metropolitano de Arte, fondo
Rogers, 1950
Estatua de Tutankamón, Wikimedia Commons

3 Pareja © Steven Snape

4 Ataúd KV55 © Steven Snape
Muro este de la tumba © Fabio Concetta/Dreamstime

5 Estatuas de los guardianes © The Print Collector/Alamy
Pequeño Santuario Dorado © Heritage Image Partnership Ltd./Alamy

6 Santuario canópico, Wikimedia Commons
Sarcófago © robertharding/Alamy

7 Máscara, DeA Picture Library/A. Jemolo/Getty Images
Cofre canópico © Heritage Image Partnership Ltd./Alamy

8 Autopsia © Süddeutsche Zeitung Photo/Alamy
Cabeza de la flor de loto, Wikimedia Commons

# Índice onomástico

Ático de los Libros le agradece la atención
dedicada a *Tutankamón,* de Joyce Tyldesley.
Esperamos que haya disfrutado de la lectura
y le invitamos a visitarnos
en www.aticodeloslibros.com,
donde encontrará más información
sobre nuestras publicaciones.

Si lo desea, puede también seguirnos
a través de Facebook, Twitter o Instagram y suscribirse a
nuestro boletín utilizando su teléfono móvil
para leer los siguientes códigos QR: